河南师范大学学术专著出版基金资助

行动与理解

二语教师实践性知识建构路径研究

From Action to Understanding:

Exploring the Practical Knowledge Construction of Second Language Teachers

张军民　著

中国社会科学出版社

图书在版编目（CIP）数据

行动与理解：二语教师实践性知识建构路径研究 / 张军民著.--北京：中国社会科学出版社，2023.1
ISBN 978-7-5227-1393-9

Ⅰ.①行… Ⅱ.①张… Ⅲ.①汉语—对外汉语教学—师资培养—研究 Ⅳ.①H319.3

中国国家版本馆CIP数据核字（2023）第026161号

出 版 人　赵剑英
责任编辑　夏　侠
责任校对　李　妲
责任印制　王　超

出　　版　中国社会科学出版社
社　　址　北京鼓楼西大街甲158号
邮　　编　100720
网　　址　http://www.csspw.cn
发 行 部　010-84083685
门 市 部　010-84029450
经　　销　新华书店及其他书店

印　　刷　北京君升印刷有限公司
装　　订　廊坊市广阳区广增装订厂
版　　次　2023年1月第1版
印　　次　2023年1月第1次印刷

开　　本　710×1000　1/16
印　　张　16
字　　数　254千字
定　　价　88.00元

凡购买中国社会科学出版社图书，如有质量问题请与本社营销中心联系调换
电话：010-84083683

序　　言

张军民博士在上海外国语大学攻读博士学位期间，我真切地感受到他是那样一丝不苟地投身于科学研究之中，他遵循科研规律，博览群书，细读文献，积极思考，乐于分享，勤于反思，得益于多年在一线教学岗位上的丰富实践积累。他精准选题，数据翔实，分析独到，逻辑严谨，论证合理，采用学科前沿理论，并结合最新研究成果对其研究发现展开哲学思考，诠释和提炼，使其研究具有较高的理论贡献，并对教学实践起到积极的指导作用。张军民博士之所以能做到这一点，源于他乐于结合我国汉语国际教育实际，乐于深入这一课堂教学沃土，并乐于主动接近一线教师来深入地了解他们的内心世界，进而来深刻地了解汉语国际教育改革、教学环境和教师职业的现状，并提出行之有效的对策。显然，这项重要的实证研究已经直接影响，并还将进一步深入影响我国汉语国际教育改革和教师专业发展的质量和方向。基于此，当我读到张军民博士寄来的《行动与理解：二语教师实践性知识建构路径研究》书稿，遂欣然命笔作序。

教师专业发展研究领域一般从两个层面关注研究的价值，一是从本体论视角分析教师发展的内涵，而是从方法论层面探究如何实现教师发展，前者强调的是研究的理论意义，后者强调的是研究的方法论意义。这项研究从这两个方面来讲极具创新的理论意义和较高的实践指导价值。

在理论方面，该研究采用质化研究范式，以自下而上的方式探究高校国际汉语教师在教学实践过程中呈现出的实践性知识内涵，探析处在动态教学情境中的教师如何在反思实践和与环境互动中寻求解决方案，研究视角和研究内容方面具有一定的创新性，将心理学、社会学等交叉学科知识运用到本研究中，研究结果进一步丰富二语教师实践性知识研究理论，并为其他二语教师实践性知识研究提供参考。本研究为汉语作为第二语言教学研究领域提供一定的理论贡献，一定程度上弥补理论研究滞后于教学实践需求的状况。

在实践方面,本研究可为国际汉语教师提高教学科研能力提供实证参考。本研究通过呈现教师的日常教学实践活动，通过实践性知识的理论框架探究教师个人理论的建构以及在教学中对教师教学决策的指导作用，其中教师在处理教学情境中的具体事件以及背后教师的反思内容，可为教师审视个人教学生活带来一定的启示，帮助教师理解在面对可能出现的教学困境和挑战时应该采取何种解决策略，实现个人实践性知识的不断重构，促进自身专业顺利发展。该研究中的研究方法，尤其是其数据分析和提取的方法在汉语国际教育研究中还不多见，极具参考价值。此外，本研究还可以为高校教育管理部门制定政策时提供参考，有助于高校建立有利于教师专业发展的工作环境和文化氛围；研究结果可为教师职业培训和职前教师课程研发提供参考。

这项研究有两个特别值得肯定之处。其一，本研究采取生活史叙事方式和实践理论方式相结合的视角，探究了三位教师的实践性知识建构过程，从宏观层面叙述教师生活史，从微观层面描述教学实践的具体细节，较为立体化地呈现了教师实践性知识发展的持续变化特征，呈现出教师知识由个人获取的理论知识通过教学实践发生升华的过程。这一研究视角为本领域未来的研究提供了方法论上的借鉴。同时验证了 Borko（2004）提出的“双重分析”视角的合理性，既关注教师个体内在认知变化，又从社会文化视角下关注教师与外部环境互动，两个视角相互补充。

这项研究值得肯定的另一个方面在于方法论部分，在单独的一章里，作者介绍了质化个案研究选择的理据，从研究问题的提出，到数据收集、分析、呈现、诠释，再到理论生成是互动、共生的。从这项研究的方法论设计，可以比较清晰地看出数据收集和分析为数据诠释解读提供依据，同时数据诠释解读又证明了研究设计的正确性；研究结果分析呈现和研究报告的撰写反馈到后续数据分析、诠释、研究结论。这比较契合应用语言学研究领域个案研究实施步骤中关键要素之间的互动关系。

通过张军民博士在书中跌宕起伏的精彩描述，我们犹如与这些一线的汉语国际教育的教师们面对面地在交流谈心，就像是在学术沙龙会上，就像是倚靠在教室的窗户边，倾听着他们在讲述着各自的故事，其中有多少喜悦，有多少执着，有多少追求，有多少向往，又有多少甘苦，有多少纠结，有多少挣扎，又有多少困顿！透过对这些教师在教学第一线进行教学与科研实践的摸爬滚打和辛酸苦辣的体味，一幅汉语国际教师专业发展道路上的“清明上河图”被形象生动、栩栩如生地勾勒了出来。

尽管是在讲述故事，透过字里行间，我们能够读出本研究重视探究教师在特定教学工作情境影响下，与他人和环境之间的相互作用，通过教学和研究实践开展的学习探究，获得知识与重塑知识的成长过程，还可以看到汉语国际教育教师们的教学工作环境和学习行为对他们教学与科研所产生的各种影响，于是就能从更高的层面和视角激发包括我们在内更多的研究者去了解，去探究教师职业生涯各个阶段发展的规律，并揭示隐藏在教师内心中更加丰富的价值观、世界观、身份认同，教师领导力和能动性等，从而更好地推进我国教师专业发展的可持续发展。

郑新民（香港大学 PhD）

上海外国语大学教授，博士生导师

2022 年 6 月 8 日于上海

前　言

教师实践性知识是教师专业发展的知识基础，基于教师日常教学活动的实践性知识对于二语教师专业发展有着重要的理论和实践意义。本书的研究目的在于探究第二语言教师的实践性知识内涵、建构特征及其影响因素，从教师的课堂教学活动入手，与教师日常教学生活紧密相关，为促进二语教师专业发展有一定的参考价值。

本书以汉语作为第二语言教学为探究范围，主要研究目的包括：（1）理解二语教师的实践性知识内涵；（2）探究二语教师实践性知识的建构特征；（3）解析二语教师实践性知识建构的影响因素。

为达到上述研究目的，本书遵循阐释主义研究范式，采用质化研究中的多例个案研究方法和自下而上的研究路径，选择三位汉语作为第二语言教师（Chinese as a Second Language Teacher）为研究对象，通过课堂观察和深度访谈等手段收集数据，以叙事法、课堂话语分析、内容分析等方法对收集到的数据进行归纳、整理和分析，深入讨论教师实施教学过程中展现出的实践性知识及其建构特征和相关影响因素。

本书主要研究发现包括，首先，二语教师实践性知识的内涵可以概括为由学科教学知识、学科知识、自我知识和学生知识交叉融合而成的知识连贯体。其中学科教学知识是将各种知识运用到具体教学情境中的策略综合体，包容并整合了汉语学科教学法知识、一般教学法知识、课程知识以及教学策略知识等。位于连贯体中的各类生态知识群落相互交叉关联，相互影响，共同对教学实践产生作用。

其次，教师实践性知识的建构过程呈现出情境性、反思性、互动性和阶段性特征。本研究中的教学情境包括作为学习活动主体的学生以及教师所在的教育机构等处境。教师在面对由教师个体和外部触发事件引发的问题情境时，结合所处环境实施自我互动和反思，同时以多样化方式与外部环境进行互动式对话，其中与外部环境的互动表现两个方面，一是教师与人际环境的互动，包括师生及与同事的日常交流；二是教师在实践共同体中协商，包括参与教学共同体和学术研究共同体活动。教师在与外部环境进行互动过程中，学生反馈信息、同事同行教学专长和情感支持起到教师实践性知识建构的脚手架作用。整体而言，教师因问题情境而开展自我反思，进而与学生、同事以及其他利益相关者互动，这表明教师实践性知识的建构具有符合环境规则的意涵。此外，二语教师实践性知识在建构过程呈现较为显著的阶段性特征，具体体现在入职初期表现为从偏重理论知识向情境教学知识转型，如教学材料的筛选使用等，同时对组织课堂教学活动等微观教师技巧的需求较为强烈；当处于专家教师阶段时，教师实践性知识侧重于关注学生学习生活以及和谐师生关系。

再者，在影响教师实践性知识建构的各种因素中，国外进修学习和汉语教学经历、教师职业能动性、自身专业背景、知识基础等教师内部因素构成个人基础，院系氛围与教研活动、教学管理、不同文化背景的学生等构成外部媒介，同时国家汉语国际教育政策、国际学术交流机会以及传统教育理念等社会文化因素构成发展的宏观环境。

基于上述研究发现，本研究提出了二语教师实践性知识建构路径理论模型，呈现出教师在日常教学环境下的实践性知识内涵，深度描述教师实践性知识建构的动态过程和内部、外部以及宏观环境之间的复杂关联。研究发现为教师认知研究的拓展增添了中国语境下的理论贡献，对国际汉语教育事业和二语教师专业发展具有一定的参考价值。

在本书的撰写过程中，我的导师郑新民教授给予了很多帮助。从开始选题、研究设计到数据收集，从初稿撰写到反复润色，无不倾注了导师的心血。郑教授教会我的不只是学术研究的方法，更是治学与修身的态度。我要感谢参与该项研究的三位教师，感谢他们在研究开始阶段给我机会走进他们的课堂，在研究过程中理解、支持我，在繁忙的工作间隙给我访谈的机会，同时不厌其烦地给我提供专业知识方面的指导。如果没有他们的帮助，我不可能完成这项研究。由于学识水平有限，本书难免存在纰漏，敬请各位读者不吝赐教。

目　录

第一章　导论……1
1.1　研究背景……1
1.2　研究范围……7
1.3　研究目的……9
1.4　研究意义……10
1.5　研究方法……11
1.6　本书结构……12
第二章　教师实践性知识研究综述……14
2.1　引言……14
2.2　教师认知研究……14
2.3　教师实践性知识研究……20
2.4　教师学习研究……38
2.5　二语教师实践性知识研究动态……46
2.6　本研究的理论视角……61
2.7　研究概念框架……65
2.8　本章小结……67
第三章　研究设计：范式、工具、理据……68
3.1　引言……68
3.2　研究方法选择与理据……68
3.3　研究场地与研究对象……75
3.4　资料收集……78
3.5　数据分析……85

3.6 信度效度 89
3.7 研究伦理 91
3.8 本章小结 92
第四章 孟老师：习与智长，化与心成 94
4.1 引言 94
4.2 孟老师学习与教学经历 94
4.3 本个案教学环境 96
4.4 孟老师的授课之道 98
4.5 语言魅力需“用”与“悟” 103
4.6 鼓励并理解学生 107
4.7 学习教学中认知自我 110
4.8 孟老师：学习中积累教学专长 112
4.9 本章小结 117
第五章 高老师：博学于文，好古敏求 118
5.1 引言 118
5.2 高老师学习与教学经历 118
5.3 本个案教学环境 120
5.4 高老师的授课之道 121
5.5 知识系统性与文化融入 125
5.6 关注并理解学生 128
5.7 理想自我带来动力 130
5.8 高老师：教研结合自成一体 131
5.9 本章小结 135
第六章 苏老师：育人若水，润泽生命 137
6.1 引言 137
6.2 苏老师学习和教育经历 137
6.3 本个案教学环境 139
6.4 苏老师的授课之道 140
6.5 学用结合体验文化 145

6.6 倾听学生声音 147
6.7 知己而善于行 151
6.8 苏老师：在“参与”中成长 153
6.9 本章小结 157
第七章 讨论 158
7.1 引言 158
7.2 基于个案数据的教师实践性知识内涵总体分析 159
7.3 教师实践性知识特征分析 170
7.4 教师实践性知识的建构过程 174
7.5 影响教师实践性知识建构的因素 186
7.6 本章小结 194
第八章 结论 197
8.1 主要发现 197
8.2 研究贡献 202
8.3 研究启示 203
8.4 研究局限性及对未来研究的建议 206
8.5 结语 208
参考文献 209
附录 访谈提纲 238

表目录

表 1　国内汉语作为第二语言教学研究统计.. 3
表 2　二语教师认知研究范式演变.. 19
表 3　教师实践性知识概念梳理.. 22
表 4　教师专业发展阶段理论.. 40
表 5　二语 / 外语教师实践性知识研究的主题与方法.. 47
表 6　国际汉语教师实践性知识研究的主题与方法.. 54
表 7　教师实践性知识研究方法.. 59
表 8　研究对象的具体信息.. 76
表 9　访谈实施情况.. 80
表 10　基于个案数据的教师学科教学知识汇总.. 159
表 11　基于个案数据的教师学科内容知识汇总.. 163
表 12　基于个案数据的教师有关学生的知识汇总.. 165
表 13　基于个案数据的教师关于自我的知识汇总.. 168

图目录

图 1　教师认知、课堂实践及相关影响因素......16
图 2　教师实践性知识三级结构示意图......24
图 3　教师实践性知识与教学互动多维模型......26
图 4　教师实践性知识架构原理图......33
图 5　教师实践性知识洋葱圈模型......36
图 6　教师学习与专业发展成因关联模型......41
图 7　二语教师专业发展模型......42
图 8　二语教师反思学习模型......44
图 9　近年来中国知网刊登国际汉语教师研究文献统计......52
图 10　转化学习理论模型......64
图 12　本研究总体研究设计框架......69
图 13　研究范式的选择......70
图 14　个案研究实施关键要素与步骤流程图......74
图 15　本研究数据分析流程图......88
图 16　基于个案数据的国际汉语教师实践性知识内涵......170
图 17　国际汉语教师实践性知识建构理论模型......195

第一章　导论

本书围绕二语教师专业发展，探究目前实证研究尚不多的二语教师实践性知识，聚焦于教师日常教学情境中所呈现出来的实践性知识内涵、建构特征及其影响因素。本书的研究对象是三位高校汉语作为第二语言教师，研究遵循阐释主义范式下的质化研究路径，通过课堂观察、深度访谈等手段收集资料，试图呈现其课堂教学行为，结合教师个人生活史和与教学情境的互动情况，分析其实践性知识的内涵、建构特征和影响因素。

1.1　研究背景

1.1.1　国际汉语教育发展战略需要

二十一世纪以来，在全球化进程的背景下，世界范围内“汉语热”持续升温，各国汉语学习的强烈需求日益凸显，尤其是近几年来越来越多的国家把汉语教学纳入国民教育体系。在这一进程中孔子学院助力海外汉语的传播，据国家汉办统计，全球已有 162 个国家（地区）建立 550 所孔子学院和 1172 个中小学孔子课堂。2019 年，各国孔子学院和课堂各类学员总数 232 万人，目前海外将近有 2 亿人在学习汉语，全球汉语教师缺口量已逾 500 万人[1]。2019 年召开的国际中文教育大会以“新时代国际中文教育的创新和发展”为主题，围绕国际中文教育政策、标准、师资、教材、教学方法、考试、品牌项目建设，以及深化中外合作等国际中文教育等议题展开。来自 160 多个国家 1000 余名中外代表参会，其中包括孔子学院所在大学校长、各国大学中文院系主任等。在国内，来华留学生数量逐年增加，据教育部发布的信息，

1　数据来源：http://www.gov.cn/xinwen/2019-12/10/content_5459864.htm

2018 年共有来自 196 个国家和地区的 492,185 名各类外国留学人员在全国 31 个省（区、市）的 1004 所高等院校学习，比 2017 年增加了 3,013 人[1]。来华留学生选择汉语专业学习，或是因专业学习需要而学习汉语。随着来源国和总体数量增多，留学生群体表现出更加多元的历史文化背景和程度各异的教育基础。国际汉语教育事业蓬勃发展，而汉语教师数量不足和师资质量问题已经成为制约因素，导致国际汉语教育面临着巨大挑战，尤其是在教学目标、教学理念和教学手段的革新方面（孙德坤，2014）。

为了应对上述现状，国家教育政策层面做出了相应的调整，尤其是汉语国际教育学科的迅速发展方面给予的支持。2007 年，国务院学位委员会决定在原来对外汉语专业的基础上设立汉语国际教育硕士专业学位（Master of Teaching Chinese to Speakers of Other Languages，简称 MTCSOL），目的在于为快速发展的国际汉语教育事业培养高质量的教师队伍，由此开启专业化师资培养。2012 年，教育部在原有高校专业目录的基础上，将对外汉语、中国语言文化、中国学合并为新的汉语国际教育专业。这一变化标志着汉语国际教育事业实现突破性发展，教师专业化发展具备一定政策保障和宏观环境（王淑华，2017）。但高素质的国际汉语师资队伍是应对这些挑战的关键因素，教师被认为是国际汉语教学领域中“三教”问题中的核心问题（崔希亮，2012），无论在数量还是质量上都亟需建设能够胜任汉语教学任务的师资队伍。

1.1.2 国际汉语教师发展研究现状

在国际汉语教学实践活动中教师所发挥的重要作用已在学界达成共识，教师专业发展研究逐步发展成为一个重要课题（Gong et al., 2020; Lai，Li，& Gong，2016），国际学术界有关汉语教师研究数量逐渐增多，研究范围涉及世界不同地域，研究内容涵盖汉语教师的教学信念、身份认同、实践性知识等（Goh，2017；Liao，Yuan，& Zhang，2017；Moloney，2013；Moloney & Wang，2016；Moloney & Xu，2015；Sung & Poole，2016；

1　数据来源：http://www.moe.gov.cn/jyb_xwfb/gzdt_gzdt/s5987/201904/t20190412_377692.html

Wang & Du，2016）。相比之下，国内现有研究中对教师发展问题并没有引起充分关注。根据最近的一项文献综述类期刊文章（Ma *et al.*，2017）[1]，2005 年至 2015 年十年间国内国际汉语教学研究领域四本主要期刊发表的 909 篇论文中，教师专业发展有关的文章所占比例非常有限（见表 1），仅有 48 篇，其中 20 多篇是实证研究，其余属于思辨型文章，总体数量在该领域发表论文总量中所占比例非常低。上述证据表明，国际汉语教师专业发展这一关键问题尚未得到学界充分重视，尚有大量课题有待深入研究（吴勇毅，2017）。

表 1　国内汉语作为第二语言教学研究统计[2]

类别	语言教学方法	语言学习与应用	语言政策与规划	语言测试	教师发展
数量（篇）	398	357	54	52	48
百分比（%）	44	39	6	6	5

随着汉语学习热在全球范围内的扩展，汉学学习者群体变得越来越多元化，这些带着不同文化背景和不同语言的学生进入到汉语课堂，形成一种跨文化、多语言的教学环境，对教师的教学方法是一个很大的挑战（Wang，2016；Zhou & Li，2015）。随之，学界所呼吁的适应跨文化情境的革新教学方法已经提上日程，以期取得理想的教学效果，这一呼声已经在世界范围内得到学者的响应，如澳大利亚（Moloney & Xu，2015），欧洲（Wang & Du，2016）等。国内面向来华留学生的汉语教学面对着同样重要的议题。为满足不断变化的教学情境需求，教师需要结合教学情境，采纳多元化理论，形成更具实践性、动态化、符合语境特征的课堂教学方法（Zheng，2005）。进入 21 世纪全球化快速发展，外语教学方法进入“后方法”时代，旨在突破长久以来存在的教学理论与实践的二元壁垒，实现教学理论实践化和教学实践理论化的融合。库玛提出的后方法理论（Kumaravadivelu，2006）引起学界的普遍关注，该理论提出的基本假设是，语言学习和教学中，

1　Ma, Gong, Gao 和 Xiang（2017）综述文章选择的四本期刊分别是《汉语学习》、《华文教学与研究》、《世界汉语教学》和《语言教学与研究》。

2　参见 Ma，Gong，Gao，& Xiang，2017。

学习者的需求以及情景存在多样性，教师应当成为策略型实践者，能够根据具体的情境生成所需要的观念和教学法。基于这个基本假设，库玛提出了十项宏观策略框架，作为语言教学提供总体参考，强调了语言教学的情境属性，教师根据教学情境生成所需要的教学观念和由个体特征的教学法。“后方法”基于语境的教学方法主张和宏观策略强调“学习者自主、教师赋权”等理念，从根本上提倡教师根据教学情境创设适合个性化的教师课堂教学方法。

鉴于教学情境对教师教学方法的影响，Zheng（2005）区分了教师教法和教学方法，指出教学方法（methodology）是教师在实施语言教学中遵从某一教学理论，如 Rodgers（2001）的解释，教师采用某一类理论化的方法，如语法翻译法、直接法、听说法等，应该是广义的教学方法（language teaching methodology），它包括了教学理论（approach）、教学设计（design）和具体的教学实践（procedure）三个层次的内容。其特征表现为由专家外在建构、笼统概括而成，自上而下地影响到教学实践，建立在某一理论基础之上，具有明确性和一致性，具有一定的普遍应用性。而教师课堂教学方法（或教师教法，pedagogy）的特征表现为由教师个体根据教学情境个性概括、自下而上地建构而成，综合采纳多元化理论，扎根于某一具体教学情境，受外部环境和教学处境以及教师个人教学信念等多重因素的影响，教师教法具有动态性、包容性、实践性等显著特征（Zheng，2005）。综上，围绕教师教学的相关课题有待进一步深入研究。

1.1.3 二语教师实践性知识研究发展趋势

从上文可知教师根据所处教学情境走出合理教学决策，这一复杂过程可以从教师知识研究中得到一定的启示。经过文献梳理发现，教师知识研究主要受到三种不同认识视角的影响，包括行为主义习得观、认知建构观和社会文化观（Burns *et al.*，2015；Meirink *et al.*，2009；宋改敏、陈向明，2009）。在行为主义习得观的影响下，教师作为被动接受者，主要是通过消化吸收专家提供的专业知识，提高自身技能；认识建构主义批判了这种教师被动接受的认识论，关注教师发展的内在过程，受其影响而产生的理论成果包括教师知识基础（Shulman，1987）和基于反思性实践的教师发展过程

（Schön，1983；Wallace，1991），尤其强调教师实践性知识的内在主动建构，教师被视为具有主观能动性的知识建构者，教师知识建构蕴含在教师学习教学的整个动态过程。在教育领域，社会文化观打破了认知建构主义影响下教师内在建构机制的局限性，提倡把教师内在的认知机制与外在环境的互动关系考虑在内，教师学习和知识的建构被放置在社会文化环境下研究（Borg，2006；Johnson，2009；Lave & Wenger，1991；Wenger，1998；张莲，2008）。

上述分析表明，教师专业发展受到认识理论更迭的影响和推动而发生了研究视角的转变，教师的角色从被动接受转换为积极构建，其学习方式从单一消极吸收转换为主动合作学习，学习内容从外在的专家知识转换为内在构建的实践性知识。此类研究趋势能够更好地理解教师专业发展过程中多元化知识和技能的构成机制，有助于帮助教师应对当前变革时代所带来的实践困境和多重实践需求（Kumaravadivelu，2012）。近年来的教师实践性知识研究总体趋势表明，从把实践性知识作为教师教学行为的外部实在原因转向作为教师教学行为的内在需求，从对教师实践的外部理解转向内部理解（吴刚平，2017）。这种由内而外的视角有助于深度挖掘教师在日常教学活动中呈现出来的个性化教学智慧，与教师专业生活密切相关，能够综合反映教师成长复杂、动态过程，对教师专业发展具有重要指导意义。教师专业发展过程中外授型理论知识的作用被认为需要在实践中经由教师内化，教师运用“行动中的知识”（knowledge-in-action）才能灵活应对教学情境中的具体问题（Schön，1983）。总体而言，基于实践的、建构主义的认识论为教师发展研究提供了全新视角，教师成为教学智慧和实践性知识的建构者，教师的个人知识应受到足够重视（Connelly & Cladinin，1985；Elbaz，1983）；“本地化”实践知识应合法地与“外授型”理论知识共同构成教师的专业知识基础（Verloop，Driel & Meijer，2001）。这对教师专业发展有着重要意义。

在第二语言教学研究领域，研究者选择不同角度对教师知识开展研究，所得出的研究结果带给人们不同的思考，同时“教师知识”被冠以不同的术语名称，比如“教学原则”（Breen *et al.*，2001），“准则或技艺知识”（Richards & Farrell，2005），“教学法知识”（Gatbonton，2000），“意象”（Johnson，1994），“个人实践性知识”（Golombek，1998），“个人教学法系统”（Borg，1998），“实践中的专业知识”（Wette，2010）等等。尽管选择的研究视角和术语称谓存在多样性，但从实质上来说，不同学者持有相似观点，即教师知识具有明显的情境特质，教师个人教学理念与情境互动过程中不断调整更新，教师在教学实践中随时可以调取储备的知识库，通过观察或与其他老师交谈，或通过个人教学经历和培训不断发展教师知识（Breen *et al.*，2001；Farrell & Bennis，2013；Fleming *et al.*，2011；Freeman & Richards，1996；Gatbonton，1999；Golombek，1998；Johnson，1994；Woods & Cakir，2011）。现有研究较多聚焦处于静态的教师知识，本研究选择“教师实践性知识”概念，作为“教师认知”的下义词来透视国际汉语教师在动态教学情境中呈现出来的知识内涵和特征。

根据文献梳理发现，目前国内外二语研究领域教师实践性知识研究呈现以下特征。其一是关注教师实践性知识的来源。Borg（2017）在总结回顾近些年来教师专业发展相关研究，发现有大量的研究关注教师所知与教师所为，教师专业发展模型通常假定教师可以通过从外部输入而获取的知识来提升自己的教学能力，这些外部输入形式包括讲座、工作坊或讨论会等，这些获取的知识随之由教师运用到课堂教学中。这种专业发展模式有诸多特征，如学习内容由外界制定，而不是教师自己；输入是主要的教师学习模式；教师发展被看作是一个专业实践环境之外的过程；教师需要发展的教学专长存在于外部专家之手；有效教学被看作是一个将理论用于实践的过程。其二，关注某一具体学科领域的研究，例如有研究者聚焦于二语教师阅读教学实践性知识（Irvine-Niakaris，2015；Macalister，2010；Meijer，Verloop & Beijaard，1999；张庆华，2015），为了更好地阐释教师阅读教学中使用的知识，有的研究采用学科教学知识（pedagogical content knowledge）的框架（Irvine-Niakaris，2015；Meijer *et al.*，1999）。其三，目前的教师实践性知识研究集中以西方社会文化为研究背景，以英语作为二语或外语的教师研究为主，从其他文化背景角度和其他语言教学领域研究教师实践性知识尚有不足（Ben-Peretz，2011；Borg，2006；Sun，2012）。目前在国际汉语教育研究领域，教师实践性知识的研究还有待进一步研究（Sun，2012；吴勇毅等，

2014）。总体而言，该领域在理论视角和对象选择等方面都存在深入研究的实际价值。

综上所述，国际汉语教育事业的发展和教学质量的提升有赖于教师队伍的建设。教师实践性知识是教育教学改革的实际起点和教师专业发展的知识基础（Xu & Connelly，2009；陈向明，2011），教师实践性知识的积累与发展、深化与显化是教师专业发展的有效途径，应该得到充分重视。近些年来，学界开始关注教师知识和教学能力培训等课题（崔希亮，2012；吴伟平，2013），但关于汉语教师实践性知识的研究在数量上非常有限，研究内容上多停留在经验总结和思辨论证方面，以讨论教师的“应然”状态为主，未能从实证研究角度提供真实的数据支撑和理论验证（Han，2017；Ma *et al*，2017；Sun，2012；吴勇毅，2015）。这与目前国际汉语教育事业的蓬勃发展和国际汉语教师所发挥的重要作用并不相符，因此国际汉语教师实践性知识的相关研究议题亟需提上议程。“国际汉语教师实践性知识研究”这一课题旨在从教师日常教学活动出发，探寻教师实践性知识如何在教学环境中建构而成，又如何影响到教师课堂教学决策。该研究有助于理解国际汉语教师日常教育教学活动，推进教育教学革新和提高教师教育质量。

1.2 研究范围

本研究以国内高校汉语作为第二语言教学研究作为研究领域，关注日常教学生活中的教师认知与教学实践活动。教师认知研究 20 世纪 90 年代出现在第二语言教学研究领域（Borg，2003；Freeman，2002；Freeman & Richards，1996；Johnson，2009）。普遍的观点是“师采取主动思考的方式做出教学决策”，教学策略的选择往往是“利用教师知识、教师思想和教师信念的网络，起典型特征是其具有复杂性，基于实践的取向，个性化和对情境非常敏感”（Borg，2006）。普通教育领域和第二语言教育领域有大量的研究关注教师知识基础。这些研究中用到了不同的术语，如“实践性知识（practical knowledge）”（Elbaz，1983），或“个人实践性知识（personal practical knowledge）”（Clandinin & Connelly，1987；Golombek，

1998），本研究采纳的是前者，即“教师实践性知识”。

本研究旨在探究汉语作为第二语言教师的实践性知识，选取长三角某高校为研究场所，学生群体为外国成年汉语学习者。本研究旨在填补汉语作为第二语言教学研究领域教师实践性知识研究空挡，此外，本研究的部分结论将有助于教师教育工作者，学校行政管理部门能够更好地理解和支持教师专业发展，对于一线教师来说，本研究的一些研究发现可以作为素材参考来反思自己的汉语教学理念和教学实践。

目前国际汉语教育研究领域，对于国内高校从事汉语作为第二语言教学活动的教师存在多种表述方式，包括“对外汉语教师”、“国际汉语教师”、“汉语作为第二语言（CSL）教师”等。目前学界仍有观点认为，在中国环境下教授外国人学习汉语的教师应该延续使用对外汉语教师的称谓。随着近些年来，汉语教育事业在国际范围内迅速发展，大量汉语教师前往国外非汉语环境下从事汉语教学工作，被称为“国际汉语教师”（黄启庆、刘薇，2017）。同时也有学者从“汉语作为第二语言”的学习角度，把从事汉语二语教学的教师称为“CSL 教师”（石旭登，2015）。术语的多样性表明学者采用的研究视角不尽相同,但开展相关研究时无法脱离学科发展的大环境。

在国际汉语教育事业持续发展的大背景下，对外汉语的学科属性基本达成共识，如赵金铭（2013）所说，国际汉语教育（或汉语国际教育）不仅包括国内的汉语教学，也包括海外的汉语教学。它是原有对外汉语学科的延伸和拓展。为适应国际汉语教育事业快速发展的需求，国家汉办在 2012 年修订完成的《国际汉语教师标准》（简称《标准》）作为系统的教师能力评估标准。在回顾国际汉语教育研究现状时，赵金铭（2011）认为国际汉语教学延续了对外汉语教学研究的传统，但是内涵更深、外延更广，作为术语使用，国际汉语教育的学科内涵包括国内外汉语作为第二语言 / 外语教学的教学、研究、教学管理，汉语教师培训等内容。有学者从语言国际化的视角，对比了“国际英语教学”的发展演变过程，指出国际汉语教学不仅仅指在非汉语环境下的汉语教学，同时也指汉语作为国际语言的教学（张新生，2014）。同时，有学者采用“国际汉语教师”这一概念（李泉，2012；孙德坤，2014；王添淼，2015），用来指代从事对外国人进行汉语教学工作的教师，不再刻意区分是在目的语环境下还是在非目的语环境下从事的汉语教学工作。

基于上述分析，本研究拟采用“国际汉语教师”这一术语，用来描述三位研究对象，他们均在国内高校从事汉语作为第二语言教学工作。总体而言，选择该术语主要有三个方面的考虑。其一，适应国际汉语教育事业发展趋势的需要，国际汉语教学的内涵和外延都有所扩展，且已有在《标准》等官方文件中使用，本研究主张采用“国际汉语教师”作为统一概念；其二，“国际汉语教师”概念着重于强调是从事针对“外国人学习汉语”的教学，重在强调教学对象国际化，同时随着国际汉语教育事业的迅猛发展，国内汉语教师派往国外非汉语环境从事教学工作越来越频繁。为避免混淆概念，适宜用统一概念；其三，“国际汉语教师”作为固定概念，便于学术交流与传播，更好地服务汉语作为国际语言的发展目标和定位，不仅是汉语国际教育学科发展的需要，也是国家战略和国际汉语教学和中国文化海外传播的需要。

1.3　研究目的

本研究围绕我国国际汉语教师实践性知识的外显型特征，以及教师如何在教学活动中与周围教学环境互动、发挥个人能动性，通过反思重新构建实践性知识，试图通过自下而上的研究方式，从课堂教学的细微之处切入，结合教师个人生活史探究教师实践性知识的建构过程。已有研究表明，教师实践性知识的建构与发展受个人过往经验与个体因素有有关，但是基于具体学科课堂教学的相关研究仍然比较欠缺，本研究以阐释主义为研究范式，通过课堂观察、深度访谈等方法收集数据，主要采用叙事方式和课堂话语分析，呈现国际汉语教师课堂教学中呈现出的具体教学行为，以及这些教学行为背后的教师教学理念、影响因素之间的互动关系，进而探讨教师实践性知识如何建构而成又是如何作用于教师教学活动。基于上述研究目的，本研究提出的具体研究问题包括：

1）二语教师实践性知识包括哪些方面的内涵?

2）二语教师实践性知识的建构呈现出什么样的特征?

3）二语教师实践性知识的建构受到哪些因素影响？

第一个研究问题旨在探究二语教师实践性知识的内涵，属于描述性问题；第二个问题旨在深入课堂教学行为的背后，挖掘这些外显知识类型经过哪些演变过程，如何从理论知识最终化为教师的教学行为，进而分析；第三个问题试图寻找指导信念与指导实践之间的联系，并呈现这种联系的方式。前两个问题属于描述性问题，第三个问题属于解释性问题。但是整体来说，本研究是采用阐释主义范式的自下而上的质化研究，重点在于描述二语教师在教学情境下的外显型知识这一现象，并尝试透过现象理解背后的意义。

1.4 研究意义

本研究主要探究高校国际汉语教师的实践性知识内涵、建构特征及其影响因素，从教师的课堂教学活动入手，与教师日常教学生活紧密相关，为促进国际汉语教师专业发展有一定的参考价值。教师专业发展研究领域一般从两个层面关注研究的价值，一是从本体论视角分析教师发展的内涵，而是从方法论层面探究如何实现教师发展（朱旭东，2011），前者强调的是研究的理论意义，后者强调的是研究的方法论意义。具体结合本研究而言，研究的实际意义体现在理论和实践两个层面上。

在理论方面，本研究采用质化研究范式，以自下而上的方式探究高校国际汉语教师在教学实践过程中呈现出的实践性知识内涵，探析处在动态教学情境中的教师如何在反思实践和与环境互动中寻求解决方案，研究视角和研究内容方面具有一定的创新性，将心理学、社会学等交叉学科知识运用到本研究中，研究结果进一步丰富二语教师实践性知识研究理论，并为其他二语教师实践性知识研究提供参考。本研究为我国国际汉语教学研究领域提供一定的理论贡献，一定程度上弥补理论研究滞后于教学实践需求的状况。正如赵金铭（2000）所言，本研究一方面吸收西方二语教学理论，扩充国内研究的视野，另一方面扎根汉语教学实践，深度挖掘理论内涵，增添教学理论方面的实际价值。Han（2017）认为汉语教学研究正在经历转型过程，从以往"关注教学的内容（what to teach and learn）转换为如何去教（how to teach and learn, or pedagogy）”（p.30），但是汉语教学方法的发展基本上是基于汉语教学或者英语作为第二语言教学的研究成果，大多是在教学经验的总结基础上所做的思辨类研究，缺乏基于数据资料的科学研究（Gong, Y., Lai, C., & Gao, X., 2020）。目前的国际汉语教学研究领域正在经历由以往经验总结型过渡到科学研究型（赵金铭，2011）。由此看出，基于数据的实证研究对于国际汉语教学领域的理论发展有着重要意义。

在实践方面,本研究可为国际汉语教师提高教学科研能力提供实证参考。本研究通过呈现教师的日常教学实践活动，通过实践性知识的理论框架探究教师个人理论的建构以及在教学中对教师教学决策的指导作用，其中教师在处理教学情境中的具体事件以及背后教师的反思内容，可为教师审视个人教学生活带来一定的启示，帮助教师理解在面对可能出现的教学困境和挑战时应该采取何种解决策略，实现个人实践性知识的不断重构，促进自身专业顺利发展。此外，本研究可以为高校教育管理部门提供参考，有助于高校建立有利于教师专业发展的工作环境和文化氛围；研究结果可为教师职业培训和职前教师课程研发提供参考。

1.5　研究方法

如 1.3 所述，本研究遵循探究阐释性的质化研究范式，聚焦于对现象背后复杂含义的阐释，以研究者自身为研究工具，以描述性资料为主要数据来源，重点对特定情境下研究对象行为和理念的解释（Creswell, 2013; 陈向明，2000）。本研究旨在探究我国社会文化环境下国际汉语教师实践性知识的内涵与建构特征，考察不同社会文化因素对教师发展的影响机制，其研究意义在于增加教师专业发展研究领域中含有中国因素的知识成果，同时对为更好地开展国际汉语教师职前和职中师资培训提供借鉴。

本研究选取国内某大学三位国际汉语教师为研究对象，选择标准依据个案研究中信息最大化的原则，在学术背景、教学经历和参加研究时所承担的教学任务等方面符合研究目的的需要。基于研究目的和研究问题，本研究聚焦教师日常教学活动，探究教师如何实施教学实践、如何理解所教学科内容、如何认识自我和学生，同时探寻教师如何产生这些特有的知识。基于研究目的和研究问题，本研究选取阐释 - 探究范式的质化研究路径，在数据收集手段方面，本研究在以往教师认知研究方法的基础上（Borg，2006；Breen *et al.*，2001；Sun，2012）有选择地增加一些新的辅助手段，具体来说主要采用课堂观察、深度访谈、田野笔记、网络志等方法获取质化数据，结合类属分析和情景分析方法对质化数据进行梳理呈现，以期揭示教师实践性知识的内涵和建构路径。

1.6 本书结构

本研究主要探索国际汉语教师实践性知识内涵，通过对教师日常教学活动的描述，探究教师实践性知识如何受到外部环境的影响建构而成，分析影响这种建构过程的各类因素。本研究采用质化研究方法，以课堂观察、深度访谈收集到的质化资料为主，探究国际汉语教师实践性知识的内涵、建构特征及其影响因素，并印证各类影响因素如何作用于教师课堂教学决策过程，基于研究发现尝试构建教师实践性知识理论模型。

本书共分为八章。第一章为导论，主要介绍研究选题的研究背景，包括国际汉语教学领域的师资现状和二语教师认知研究现状，逐步聚焦到本研究的研究目的，并提出具体的研究问题，界定具体的研究范围和实施方法，阐述了理论和实践层面的研究意义，并简要介绍整本书的章节结构。第二章主要在确定的研究目的和研究问题的基础上做了相关文献的回顾，首先介绍了教师认知研究的发展、相关概念，然后对教师实践性知识的概念、结构内容以及影响因素等核心问题进行了系统梳理；之后对教师学习和教师反思研究的内容做了简要回顾，对教师学习与教师实践性知识的影响做了分析；之后回顾了国内外二语教学研究领域教师实践性知识研究现状以及国际汉语教师实践性知识研究现状，指出了本研究焦点和研究问题；第六节明确了本研究主要采用的理论视角，第七节论证并尝试提出了指导整个研究的概念框架。第三章呈现了研究设计过程，首先陈述了提出的研究问题，阐述了质化研究选择的理据，然后陈述了个案研究方法的选择理据，之后介绍了研究对象的选择，以及课堂观察、访谈等具体数据收集手段和数据收集过程；随后论证了质化资料的分析方法，以及研究过程中信度和效度的保证措施以及研究伦理的保障措施。第四章、第五章和第六章为个案呈现，分别呈现了三位教师的个案内容，其中包括三为教师的职业发展历程，各自所处的教学环境，研究发现的教师关于学科教学、学科内容、自我和学生的知识内容，分析了教师面对教学困境时的认知和反思内容,以及在与外部环境互动时采取的策略。第七章为讨论部分，以研究问题为指导，以现有文献中的已有结果为支撑，指出本研究与前人研究发现的异同，明确本研究的主要发现，进一步做了综合讨论，在讨论的基础上对概念框架进行修正，尝试建立了国际汉语教师实践性知识建构理论模型。第八章为结论部分，对本研究进行了总结，阐述了本研究的发现，解答了研究问题；然后论证了本研究的理论意义和实践价值，指出了本研究存在的局限性并为将来的研究提出了建议。

第二章　教师实践性知识研究综述

2.1　引言

本章简要总结国内外教师实践性知识研究现状，界定了研究的范围和研究问题。

本章通过文献梳理、评述以确定研究定位，从研究取向、理论视角、研究空档等几个方面探寻本研究的适切性和可操作性，依据本研究的研究目的和研究问题、理论视角和现有研究的发现，搭建适合本研究开展研究设计、数据收集与分析的概念框架。

2.2　教师认知研究

教师认知是教师在教学中建构信念、形成知识体系和做出教学决策的过程，教师认知研究旨在解析教师学习、教学实践和学生学习之间错综复杂的关系，更好地理解教师和教学活动。本节将对教师认知的定义和研究意义，以及教师认知的复杂性展开讨论。

2.2.1　教师认知研究缘起与概念

近些年二语教师专业发展相关研究中，教师认知（teacher cognition）受到学界越来越多的关注（Borg，2003；Freeman，2002；Irvine-Niakaris & Kiely，2015；孙德坤，2008；陶建敏，2015），从一定程度上看出教育教学研究范式的转变，学界关注的焦点从教师的外在教学行为变为教师隐性的“精神生活”，即教师的所思所知所信（Borg，2003），以及教师在教学过程中建构信念、形成知识体系和做出教学决策的过程。

从发展缘起来说，教师认知研究始自于教育领域对教师角色的反思。在二十世纪七十年代以前，行为主义哲学思想影响到教学研究，最为根深蒂固的研究范式常常遵循“过程—结果”传统，从技术理性角度出发，考察教学行为及其有效影响因素，进而探寻如何实现有效教学（刘学惠、申继亮，2006）。受到该研究范式的影响，在实际操作层面常常采用实验控制手段来探寻教学方法和学生学习成绩之间的关联。随着社会科学研究范式的转变，学界认识到此类范式把教学行为和教学行为主体即教师的内在特征隔离开来，并且与教学情境完全脱离而变成一种简单的重复动作（Clandinin & Connelly，1987；Colombek，1998；Freeman & Johnson，1998）。但越来越多的研究表明，教学活动涉及复杂多样的影响因素，从某种程度上来说，教学研究不能采用单一视角，只关注教师应该具备的知识基础或实施教学活动的技巧和能力，这个层面的研究无法充分解释教学活动的复杂性，当研究视角转向教师时，应该关注的是教师面对复杂的教学情境如何建构和运用所拥有的知识（Schön，1983）。研究表明，教师内在的思维活动应该成为全面理解教学行为和教学过程的关键（Shavelson & Stern，1981）。在这种范式转变的影响下，教育教学研究侧重于深度了解隐藏在教师教学行为内部的心理活动和认知过程（Carter，1990），同时教师被视为是教学事件发生的主动思考者和决策者，其信念、态度和知识影响着教学实践活动。

教师认知研究对教师专业发展领域产生了巨大影响，在这一视阈下，教师的教育学习经历带来有关教学和学习的信念，潜在的影响是教师对新的教学任务和教学环境根据原有教学信念进行全新理解或调整已有知识（Kennedy，1991）。在二语教学研究领域教师教育的“全人路径”（the whole person approach）引起关注，而不再仅从技术理性层面理解教师发展，根据 Freeman 和 Johnson（1998：401）的观点，教师不是等待填充理论知识和技能的空容器，他们在开始教师培训项目之前带有以往的“经历、个人价值观和信念”，这些都影响到他们关于教学的知识和教学活动中的具体做法。教师认知研究带来的启示还包括，研究者在探究教学过程的内在机制时需要立足于教师内部视角，注重教师对教学的个人阐释，因为在学习教学的同时，教师已有的信念、知识和态度转变转化为教师个人的教学理论（Freeman & Richards，1996）。

关于教师认知的定义，引用最为广泛的是 Borg（2006）所提出的概念，语言教师认知是教学活动中语言教师的所知、所思、所信，主要包括教师在教学中建构信念、形成知识体系和做出教学决策的过程，是教师对教学、师生、教材、课程、自我、课堂活动等的观点和看法。语言教师认知的内涵可以通过课堂实践以及相关影响因素之间的关键进行系统描述（见图 1）。如图所示，语言教师认知受到教师学习经历、职业培训和外部环境的影响，是关于语言教学与学习有关实践活动的认知系统，具体包含教师信念、知识和教学决策等下位系统，其中各要素之间相互交叉、相互关联。

其中教师知识是教学决策的基础。教师信念起到过滤作用，教师借助该过滤作用对感知到的外部信息、知识进行加工处理，进而调整教学决策，影响具体的教学行为（Pajares，1992）。Freeman（2002）指出教师认知包括教师语言理论观、语言教学观、师生角色和教学方法的使用等。Zheng（2005）在阐述中国外语教改中的“教师认知”问题时指出，教师的语言观是在实践活动中教师选取特定方法时起到指导作用，同时参考学生学习需求和教学情境中的其他要素。郑新民（2012）认为教师认知是教师在学习和教学实践中逐步形成的语言教学观、学科知识和经验积累，在日常教学中与同事和学生互动交流并积极反思，渗透于课堂教学之中，是教师教学理念和价值观的综合思想。

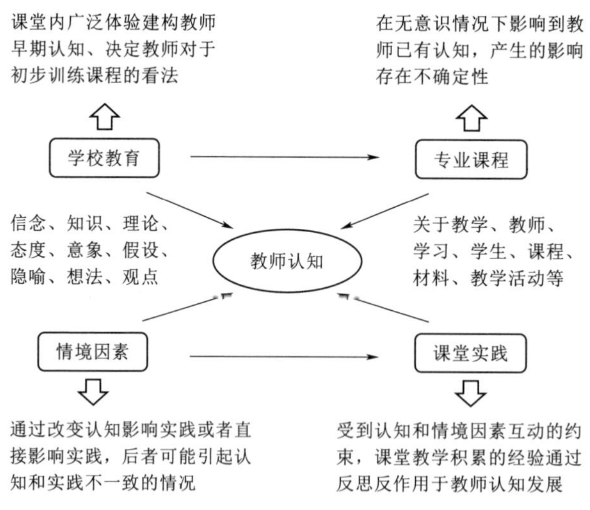

图 1　教师认知、课堂实践及相关影响因素[1]

1　修改自 Borg，2006。

综上所述，教师认知研究所突出的是教师思维中带有强烈个人色彩、具有鲜明的经验性和实践性特点的认知活动。本研究对教师认知的界定采用了后一种理论认识，即将教师知识、教师实践知识、教师信念等一系列反映教师内在思维特征的概念混同起来，在本研究中以“教师认知”这一概念统领，侧重于考察教师教学行为背后的整体内在思维过程和心理活动过程、讨论教师心理活动的自然发展及其与教学实践和社会环境之间的共生关系。

结合以往的定义和相关研究，本研究将“教师认知”定义为教师所具有的关于学科、教学、课堂、教学情境等教学层面的知识、态度和信念，它具有复杂性、动态性、情境性和高度个人化等特点。结合第二语言教学领域教师认识的研究发现，二语教师认知可以被定义为：二语教师持有的有关语言文化、语言学习、语言课程、二语学习者以及语言教学过程等与语言教学有关的知识、态度和信念的综合思想。

2.2.2　二语教师认知研究范式及演变

随着二语教学研究在理论深度与广度上的发展，研究者对二语教师认知复杂程度的理解与探究也在不断延伸，具体表现在教师认知研究范围与研究范式方面的变化。

首先，在研究范围与范式层面，教师认知研究范式从传统的教师行为的描述转向及教学行为背后教师的思维活动，开始关注教师思维生活在教学决策中的重要地位；随着认知心理学在语言教育研究领域的影响不断扩大，在二十世纪八十年代，研究者越来越多地把教师决策研究深化、扩展至教师知识研究，并逐步形成一项核心研究议题；进入到二十世纪九十年代以后语言教师认知研究呈现出教师知识、教师信念研究的不断丰富，并引入普通教育学研究领域的成人学习理论，演化为教师学习，持续关注复杂的教师认知活动。就研究范围而言，语言教师认知研究主要涉及教师语言理论观、语言教学观、知识基础、师生角色、课堂活动设计和教学方法的选择使用等方面（Freeman，2002；郑新民，2012）。在实施过程中，研究者选择对复杂的教学过程中的各种细节进行“深描”（thick description）包括教学环境、学习者的语言水平、文化差异等，教师对上述细节的认知如何作用于课堂教学决策，教学情境又是如何影响到教师的认知，相互之间如何互动协商，进而发展新的认知系统（Zheng，2005）。总之，教师所思、所知、所信作为教师认知关注的核心内容，已成为研究者集中关注并有巨大研究潜力的领域。

近些年来，教师认知研究有了进一步的发展，其内涵延伸至教师态度、身份认同以及教师情感等（Borg，2012），在探究不易观测的教师思维活动方面继续发展，以求更加清晰地揭示教师认知与教学实践之间的关系。教师身份认同在最近几年逐渐成为教师认知研究的一个显性主题，已成为该领域学者关注较为集中的一个普遍性话题（Morton & Gray，2010）。Borg（2012）认为应该把教师身份认同研究归入到教师认知研究；同样教师情感研究也应该纳入到教师认知研究的范畴，原因在于教师职业学习与行为均受到因教学体验而产生的情感反应。当代的神经科学研究不支持决策过程中理性和情感的传统二分法，思维过程需要调动个体情绪，因为各种情绪感受使得我们能够更好地体会无法理解的外部信息，基于此，教学过程中有诸多无法观察到的教师内心思维层面的现象，在研究复杂的教师认知过程中无法忽视教师情感的因素。

在涉及二语教师研究发展趋势时，Crandall（2000）认为，二语教师教育领域受到普通教育领域理论发展的影响，经历了“四次重大转变”，1）从教学和学习的传输/结果导向理论（transmission/product-oriented theories）到建构/过程导向理论（constructivist/process-oriented theories）；2）从去情景化理论到基于课堂情境的教师认知和实践；3）从忽视教师过往学习经历的重要性到强调教师过往学习经历在塑造有效教学信念中的重要性；4）从把教学看作一种技艺到视为一种事业。为了应对上述理论视角转变，教师教育的取向从教师培训转为教师教育，后来更加强调的是教师发展。Crandall（2000：36）认为，教师培训取向强调技能发展，教师教育取向强调知识的发展，这两种范式中，教师被视为是“他人传送知识的被动接受者”，完全忽略语言教师在自身发展中的主动作用。相反，教师发展取向强调的是需要协作或自主学习的终身成长过程，但是最为显著的特征是教师积极参与这个学习过程并且主动对实践进行反思（Crandall，2000）。

二语教师专业发展被视为教师自主引领、通过不断探究并且与教师职业生活直接相关的一个过程（Burns & Richards，2009），其目的在于培养教师多维意识以及将此类意识应用于教学情境的能力。研究表明，无论是在普通教育领域还是在二语教学研究领域，教师信念作为教师的“隐性理论”已经得到研究者越来越多的关注（Clark，1988），而这一趋势是基于认知理论的两个层面，其一，教师信念影响教师理念和判断力，进而影响到教师在课堂教学中的所言、所行，其二，教师信念在教师学习如何教学的过程中起到过滤效果，在与教学环境进行互动过程中接收新的信息，经过信息处理加工，内化为新的个人认识（Goodman，1988）。

表 2　二语教师认知研究范式演变

认知本体论	研究主题	研究方法	研究示例
个体观	教师决策、思想、信念	通常涉及量化、教师信念量表、观察、刺激回忆、频率统计	Johnson(1992)
社会观	社会环境下的意义和解释	质化、内省方法，如日志、深度访谈	Numrich(1996)
社会历史文化观	通过社会历史环境下互动和协商，教师特定时空内的思维	质化、访谈、叙事方法；研究者立场很重要，研究过程包括研究者和研究对象之间的对话和意义重构	Breen *et al.* (2001)
复杂系统观	教师认知作为涉及多维元素互动的动态系统	质化、访谈、日志、互动分析；研究包括社会、文化、历史和政治等多重因素分析	Kiss(2012)

(参见 Burns *et al.*, 2015)

总体而言，二语教师认知研究受到普通教育领域教师研究的影响，在研究范式方面经历过几个不同的阶段。Burns *et al.*（2015）对 25 年以来语言教师认知相关实证研究做了系统梳理（见表 2），从认识本体论视角看，语言教师认知研究经历了四个阶段，分别是个体观、社会观、社会历史观以及复杂动态观。语言教师认知观视角下的研究主要关注语言教师教学信念与教学行为之间的关联机制；社会观视角下的研究则关注在社会情境环境下教师如何获取知识和开展学习活动；社会历史文化观视角下的研究关注的是教师认知是如何受到社会历史、文化价值、伦理认同等上位因素的影响，教师如何与特定的时空幻境和社会文化环境不断互动协商，获取知识的发展。复杂系统观视角下的研究主要聚焦于教师认知是如何通过教师与教学的物理环境、社会环境在动态的耦合系统中互动建构而成，其基本理论假设是教师认知存在于动态系统之中，变化过程与所处环境中的动力源有关。

上述研究视角的变化并不代表某一类研究范式存缺陷或者不合理性，但是认识视角的演变为揭示语言教师认知的复杂性和情境性提供了有力的理论基础，不同研究范式的出现并不是相互替代、以旧带新的关系，而是在研究成果和哲学思潮的推动下，研究视角和研究内容不断地扩充和完善（裴淼、刘静、谭士池，2011）。虽然研究视角在不断变化，但是作为教师认知研究中一个重要议题，教师实践性知识研究一直缺少足够的实证数据，有待进一步探究（Borg，2006）。下一节将重点讨论教师实践性知识的相关研究。

2.3 教师实践性知识研究

教师实践性知识概念的提出为揭示实际教学环境中教师所使用的知识和教学策略提供了适宜路径，成为解释教师专业化发展实质的重要分析框架，并逐步成为一个核心研究课题（Calderhead，1996；Grossman，1990；Shulman，1986，1987；Sun，2012；陈向明，2009）。本节首先系统梳理教师实践性知识的概念，然后基于文献分析教师实践性知识的内容分类和影响教师实践性知识发展的各类因素。

2.3.1 教师实践性知识的概念梳理

如前文所述，教师认知涵盖教师所知、所信、所想，从教师的“内部”视角关注教师思维与教学实践（Borg，2006），本研究关键概念“实践性知识”的解读的前提是将该概念置于教师认知的宏观范畴之中。

在西方教育研究领域，实践性知识思想由来已久，相关研究最早始于Schwab提出的“实践性样式(practical discipline)”和Polanyi的“默会知识(tacit knowledge)”理念，显示出情景性特征和教师个体特性。“实践性知识”作为固定的概念最早是由Elbaz（1981）提出，他的研究发现，教师在实践中呈现出一种特殊知识形式，可以看作是教师对一定教学情景的反应性行为。

Elbaz（1981，1983）基于研究发现界定了五类知识内容，分别是自我知识、环境知识、学科内容知识、课程知识及教学知识；进一步解析了实践性知识表征形式，从具体到抽象可分为教学规则、教学原则和意像三个层次（具体内容将在 2.3.2 中具体展开陈述）；这类知识不是指某种知识内容和结构，而是一种与情景想联系的，在头脑里获得的一种来自经验的实践能力，是教师特有的实践性话语和思维的产物；Clandinin 和 Connelly（1987）认为教师实践性知识是“个人性知识”。因为对于教师来说，实践性知识主要来自教师本人的课堂教学活动，凸显“个人性”和“情景性”特征。同时他们把教师实践性知识视作一种“实践知识图景”的隐喻，这表明实践性知识的广度和复杂性特征；这些复杂性源于教师个人的、民族的、智慧的和社会的维度。实践性知识与专业知识场景、教师专业身份之间存在紧密的关系。

作为标志性研究，Elbaz（1981）提出的“实践性知识”概念在教师认知研究领域产生了重大影响力，区分了“为教师准备的知识（knowledge for teachers）”和“教师创造的知识（knowledge of teachers）”，前者主要源自研究者，而后者主要有教师个体创造（Fenstermacher，1994）。由此可以认为，教师自身依据教学情境和对自身经历所做的反思而产生的知识（Golombek，1998）。如 Borg（2006）所言，教师所知大部分源自教学实践，并用于解决教学中的实际问题，因此此类知识既能影响教学活动，也源自于教学实践中。我国学者陈向明（2009）同样认为教师的教育教学观在很大程度上取决于教师拥有什么样的知识，如何运用这些知识以及教师是如何获取这些知识的。

如表 3 所示，就具体定义而言，Elbaz（1983）将其界定为教师以独特的方式拥有的一种特别的知识，以特定的实践环境和社会环境为特征，显示出高度经验化和个人化；Verloop *et al.*（2001）研究发现教师实践性知识是构成教师实践行为的所有知识和洞察力，是隐含在教师行为背后的知识和信念。Connelly 和 Clandinin（1987）在 Elbaz 的研究基础上做了进一步探索，认为此类实践性知识有“个人化”特征。他们的研究尤其强调实践性知识的“个体性（individuality）”，把实践性知识的术语表述为“个人实践性知识”，认为个人实践性知识即是存在于某人的过去经历，当下的思维和身体，以及未来的职业规划和行为，此类知识反映出个人过往知识，强调教师知识的情景化本质，受情境因素影响，同时随着教师对所处情境进行反思建构和重构。从上述解释来看，Connelly 和 Clandinin（1987）认为实践性知识具备动态性和情境性特征，为获取对实践性知识更好的理解，有必要深入了解教师生活史，对教师所工作的教学环境进行充分了解。

表 3　教师实践性知识概念梳理

研究者	教师实践性知识定义	教师实践性知识特征
Elbaz（1981）	教师关于学生、课堂、学校、环境、学习和社会理论等所有这些类型的知识，被每位教师整合成为个人价值观和信念，并以他的实际情境为取向。	情境取向，个人取向，社会取向，经验取向，理论取向
Van Menan（2008）	教学机智是一种实践性知识，在教学行动中实践，行动过程自身已经构成了一种知识	身体化，情景化，关系性
Verloop *et al.*（2001）	构成教师实践行为的所有知识和洞察力，隐含在教师行为背后的知识和信念。	个人的，缄默的，反思的，与情境和学科相关
Connelly & Clandinin（1987）	教师通过教学经验所获得的实际东西，教师身份认同表达了从经验中获得的，在工作和生活环境中学到的，在实际情境中展示的个人实践知识。	默会的，经验的，个人的，文化的
陈向明（2009）	是教师真正信奉的，并在其教育教学实践中实际使用和表现出来的对教育教学的认识。	默会但可反思，实践感，行动性
钟启泉（2004）	教师教学中的体验和经验，通过反思自己的时间、展开研究性学习和积极参与研究性会议等生成的知识	反思性、参与性
姜美玲（2008）	教师通过体验、沉思、感悟等方式来发现和洞察自身的实践经验之中的意蕴，逐渐积累而成的运用于教学实践中的知识以及对教育教学的认知。	实践性、个人性、情境性、默会性、综合性
吴勇毅（2012）	教师自己在教学实践中积累、形成并且运用的经验和他的提升，会对教师的教学产生直接影响。	

国内研究中普遍认可的是陈向明（2011）提出的定义，教师实践性知识是教师对自己的教育教学经验进行反思和提炼后形成的，教师真正信奉的，并通过自己的行动做出来（enacted）对教育教学的认识。同时不同研究者都提出了自己的定义（姜美玲，2008；吴勇毅，2012；钟启泉，2004），尽管研究者的出发点各不相同，但是都关注到实践性知识的个人属性，认为它存在于教师的过往经验中、现时的身心中、未来的计划和行动中，贯穿

于教师实践的全过程，二语教师把握现在，重构过去与未来（Connelly & Clandinin，1987）。对于教师实践性知识的理解，学界所使用的术语较为多样。如 Meijer *et al.*（1999）所述，不同者的研究虽然都是用了“实践性知识”这一术语，但是界定实践性知识的时候角度各不相同。同时也存在不同的术语表述方式，与教师实践性知识有关的表述包括有“实践性知识”（Elbaz，1981），“个人实践性知识”（Clandinin & Connelly，1987），教师的“言说（talking and walking）”(Marcos & Tillema，2006)，“技艺知识”（Grimmett & MacKinnon，1992）。上述不同的术语拥有一个共同的假设，即教师能够从教学活动中生成个人知识基础。但综合以往研究发现，教师实践性知识不完全是个人的，它具有一定的普适性，例如在道德层面的规范作用（陈向明，2009）。虽然具有内隐性，但是可以从教学活动中提取并用于分享，可以在师徒式合作学习中被传承，继而被其他教师所学习或感悟获得，同时由于教育活动特殊属性，教师实践不仅仅有个人认知和行为上的个体情感体验特征，而且还具备示范、引领作用。

本研究中采用“教师实践性知识”这一概念，主要基于以下三点原因，首先本研究旨在探究国际汉语教师在复杂的教学情境下实际使用的、主导教师课堂教学决策的理念和知识，应用过程中受到社会文化、教育制度、课程设置等背景因素的影响（Tsui，2003）通过文献回顾发现，不同的概念在实质上都没有超出教师实践性知识的范畴；其次，已有研究表明（Gatbonton，2000；Mullock，2006），教师实践性知识是教师个体内化形成，但又在不同教师之间有共性，可以共享交流。再者，经过文献梳理发现，该表述方式已被普遍接受，成为约定俗成的共识（Elbaz，1981；Meijer *et al.*，2001；Wyatt & Borg，2011）。

综合已有研究，本研究把教师实践性知识概括为：教师在实践过程中结合个人生活史、教学中的反思实践，逐渐积累起来的获得关于教学的所有认识和动态化知识体系，教师学习教学是获得实践性知识的过程。

2.3.2 教师实践性知识的结构与内容

教师实践性知识关系到教学过程的方方面面，是一个复杂的知识体系，因此引发学者越来越多的关注。现有研究大多集中在实践性知识的内容方面（Wyatt & Borg，2011）。Tsang（2004）认为教师主要通过两个阶段将其实践性知识运用于教学活动中，其中实践原则（practical principles）包括教师关于教学的宽泛的、更具包含性的观念，而实践规则（rules of practice）是实践原则具体运用。本节将重点回顾教师实践性知识内部结构和具体内容的相关界定。

2.3.2.1 教师实践性知识结构

从内部结构分析，Elbaz（1983）认为教师实践性知识包含三个层级（见图 2），分别是实践规则（rule of practice）、实践原则（practical principle）以及意象 (image)，层级之间相互关联形成一个有机整体。

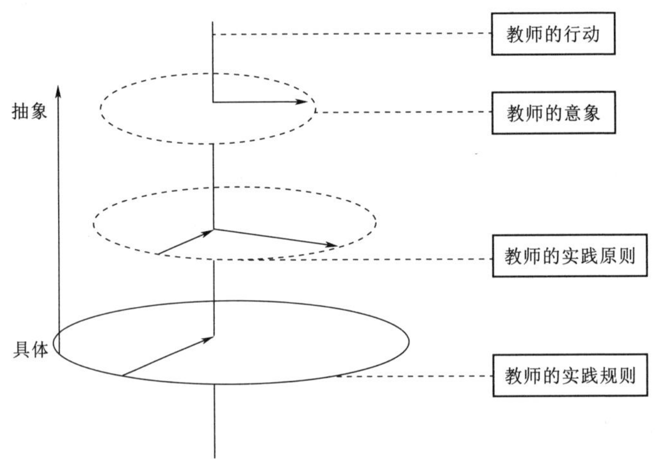

图 2 教师实践性知识三级结构示意图[1]

在上图所示的结构分析框架内，实践规则属于教师实践性知识的第一层，是关于教学实践中经常遇到的特殊情境中如何应对的具体做法（Elbaz，1983）。教师的实践规则一般比较特殊化，关系到如何处理课堂教学中遇到的问题情境。在 Elbaz 的研究中，Sarah 面对的问题情境是一个有学习障碍的学生，她所持有的实践规则是，尽量让学生明白老师在关注他，包括他学

1 参见 Elbaz，1983。

习方面的问题，让他从老师的注视中收获信心。该框架中的第二层是实践原则，是一个具有包容性、不太具体的表述方法，相比于实施规则，实践原则旨在表明隐含在教师行为中的目的。Elbaz(1983)认为，虽然都源自教学经验，但实践原则更多地表达出实践知识的个人维度，而实践规则更加具体和特殊化；实践原则的持有者可以为自己的教学行为做出解释，教学行为与其教学信念保持一致，实践原则可能源自于理论知识或自身经验。总体而言，实践原则比实践规则更加抽象。该框架中的第三层次是意象(image), Elbaz(1983)认为意象是教师的情感、价值观、需求以及信念融合而成，可以包络教师个人的教学形态，意象以知觉的形式指引教师教学行为。

三个层次之间是个相互关联的整体，意象或实践原则可能产生相关实践规则，各层次之间并非是单向运作；通常情况下，实践规则、实践原则和意象主要在同一教学情境下使用。三个层次反映了调解思想与行动的不同方式，实践规则时指导教师教学行为的指南，形成“推力”（push）；意象是个人使其行为显示出趋向性，形成“引力”（pull）。实施原则可能是上述两种方式调解教学理念和教学行为。

另外，实践性知识本质上是“knowing how”或称之为“程序性知识”，即以特殊形态存在的“范例”，更依赖于情境和实践，体现的是知识拥有者糅合普遍和特殊、一般和个体的能力。而“knowing that”或“理论知识”强调的是一般性、普遍性知识，即“规则”。在库恩的范式（paradigm）概念中，范例就是具体问题的解决，被视为范式的具体化，实际包含者探讨规则的方法论。规则即是已经被确定的公认的理论知识，是新的研究的基础，影响着后续研究。但在规则之外，范例成为指导科学实践的重要因素，且相对规则而言，范例具有优先性（陈向明，2011）。教师作为实践者在解决问题过程中不单单依靠对范例进行理解、模拟，还需要对自己所做出的决策进行权衡利弊，做出适当调整。由此说明，在实践性知识发展过程中范例并不是被单纯模仿，还有反馈之后的创新过程，以更好地作用于实践活动。

以上论述从认知论层面论证了实践性知识中的“范例”与“规则”的关系，有利于指导如何解释教师实践性知识发展过程中的“实践知识”与“理论知识”的关系。为了更加清晰的理解教师实践性知识的内在结构，可以从教师知识与教学活动之间的关系中寻求理论解释（Clandinin，2017）（详见图 3）。

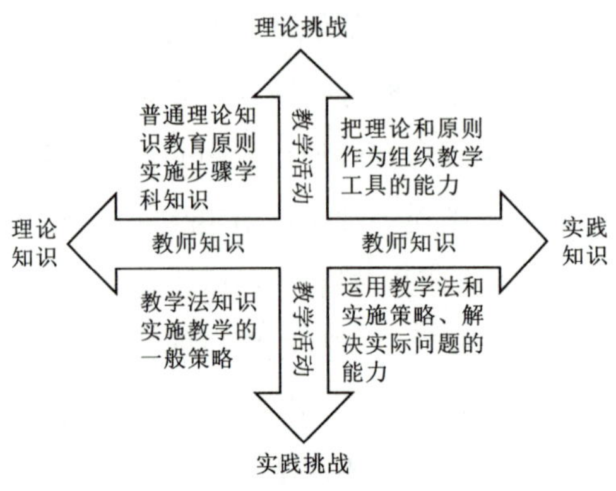

图 3 教师实践性知识与教学互动多维模型[1]

如该模型显示，教师所拥有的理论知识或称之为陈述性知识，在理论挑战层面上包含普通理论知识、教育原则以及学科知识等，在实践挑战层面包括教学法知识和实施教学的一般策略；教师具备的实践知识又称之为程序性知识，在理论挑战层面包括把理论和教学原则作为组织教学工具的能力，在实践挑战层面包括运用教学法和实施策略、解决实际问题的能力（Clandinin，2017）。上述内容反映出教学活动中教师获取的理论知识与实践中运用的实践性知识之间的逻辑关系，有助于更好地理解国际汉语教师在日常教学中运用的知识类型。

2.3.2.2　教师实践性知识内容

教师实践性知识研究中对内容分类属于早期研究的关注点，其中 Elbaz（1981）发现，教师实践性知识包括有课程内容，课堂组织和教学技巧，学生需求、能力或兴趣，学校所处环境及社会结构，教师自身的优势和缺陷。后来的研究大多延续了 Elbaz（1981）的分类框架，该框架说明了教师的实践规则和指导实践的“意象”（Black & Halliwell，2000；Clandinin，1985；Colombek，1998；Chou，2008）。美国学者 Shulman（1987）提出的教师知识主要包括：学科内容知识；一般教学法知识；课程知识；学科教学知识；关于学生及其特性的知识；教育情境知识；教育目标与价值的知识。上述知识分类中 Shulman 认为学科教学知识最为基础，最具有区别各个学科专家的一个重要领域，最能表明教师职业的专业特性。

但上述分类方法是基于静态的知识观所展开的研究。进入 20 世纪 90 年

1　参见 Clandinin，2017。

代，受到建构主义哲学思想的影响，Cochran *et al.*（1993）对 Shulman 的教师知识理论进行了进一步研究，认为 Shulman 提出的学科教学知识概念本质上是一种静态的知识观，其本质没有摆脱“客观知识论”的影响，没有充分认识到教师职业能动性的驱动功能。Cochran *et al.*（1993）认为，教师知识的形成和发展与教师的主动反思有着天然联系，教师已拥有的知识基础上综合考量教学情境中的学生、教学环境等因素进行内化重组，生成新的复合型知识群落，因此，他们在 Shulman 原有的静态学科教学知识的基础上，提出了“学科教学识知”（pedagogical content knowing，即 PCKg），具体理解为教师对一般教学法、学科内容、学生特征和学习情境等知识的综合理解。在此基础上，Cochran *et al.*（1993）认为教师知识包括学科内容知识、教学法知识、教学情境知识、关于学生的知识。而处于动态建构过程中的学科教学认知是多种知识群落的综合体，是教师个体在某种教学情境中对不同社会、文化环境因素的反应的结果，是对原有知识基础的内化和发展。相比于以往教师知识的理解，Cochran *et al.*（1993）所提出的学科教学认知更加强调教师对教学情境（即社会政治、文化等外部因素）的认识、关于学习者（学习能力、学习动机、认知水平等因素）的认知，从某种程度上来说，这一理论从原来的静态知识观迈出了重要一步，反映出教师知识的个体性、情境性和建构性等特征。

结合信息技术在教育教学领域普遍使用的现状，有学者提出在原有教师学科教学知识的基础上提出“整合技术的学科教学知识”（Technological Pedagogical Content Knowledge，或 TPACK）（Mishra & Koehler，2006），即是教师持有的技术知识融入教学过程中，与学科内容和教学方法融为一体，具体表现为运用信息技术实施一定的教学策略和教学内容的呈现。总而言之，融入技术的教师知识同样是一种整体性的知识系统。

基于上述文献梳理可以发现，虽然教师实践性知识的类型范畴分类方法存在差异，但涉及的核心内容大致相同，都包含教师的教学信念、自我、学生、学科、教学方法和课程等知识。但其实各类知识之间的界限并不是完全清晰，而且现有的研究成果已经能够呈现出非常系统的分类标准。因此，本研究中的教师实践性知识分类标准包括以下四个方面：学科知识、学科教学知识、学生知识、自我知识。下面将结合现有研究成果对每个类别进行解析。

（1）学科知识

学科知识（Subject matter knowledge）指的是教师在理论学习过程中积累而成并在课堂教学中运用的关于该学科教与学的知识（Golombek，1998）。Elbaz（1983）认为教师的学科知识源自实践情境，在实践中不断更新，是实践性知识的重要组成部分。教师在教学中表现出的教学决策自信程度与教师对学科内容的认识程度有关。在 Elbaz 的研究中，研究对象 Sarah 是一名英语教师，她认为英语文学是对文学作品内在审美进行赏析的学科，同时英语又作为表达情感和价值观的媒介。在教学中 Sarah 更关注文学作品如何影响学生的学习情趣，如何引发学生思考。作为英语阅读科目教师，她所持有的学科知识指的是有关对语言的人文主义观点。

Shulman（1986）认为教师具备的学科知识，需要理解学科内的知识和概念，还要理解学科内部的知识结构，包括词类划分和句法结构。陈向明（2011）的教师实践性知识划分体系中，科目知识是一个涵盖很多内容的概念，包括学科知识、课程知识、教学知识、学科教学法知识以及教学资源，其中学科知识包括学科知识内容和方法路径。姜美玲（2008）同样把学科内容知识归入到实践性知识的类型范畴内，用以指代教师持有的学科内部相互联系的主要事实、概念及其相互联系的知识。由此可以看出，几位学者的观点大致相似，都认为学科知识应该包括对学科本质的内容和方法结构的认识。

基于对现有文献的理解，本研究认为，教师实践性知识中的学科知识应该包括教师对学科内容的理解，学科内部事实和概念的认识，具体而言，就是国际汉语教师对汉语语言和文化内容的理解，以及相关原理和方法的认识。

（2）学科教学知识

学科教学知识（pedagogical content knowledge）是由 Shulman（1986）提出的概念，认为它是学科内容和教学法的综合体，是教师独有的知识领域，也是教师职业理解的特殊形式。Van Driel *et al.*（1998）和 Verloop *et al.*（2001）提出学科教学知识是教师实践性知识的一个具体表现形式。陈向明（2011）虽然认为学科教学知识是教师实践性知识的组成部分，但是却把它纳入到学科知识范畴内。姜美玲（2008）将学科知识和教学法知识有效整合的基础上产生的学科教学法知识归为教师实践性知识的重要内容，占有核心地位。这类知识在教师教学实践中的作用具体体现在教师如何根据学生的能力和兴趣差异，将特定的学科主题或问题组织、表征和调整已进行教学（Shulman，1987）。在 Shulman 定义的基础上，陈向明（2011）对学科教学知识解释为，学科内容和教学法的特殊混合体，这种教师职业所特有的知识能够帮助教师运用模拟、图解、举例、解释、示范等方式表现所要教的学科内容，促进学生理解，是一种教师将其所知转换为学生能理解的表征形式的知识。

但也有研究认为，教师的学科教学知识包含着更加丰富的内容，如教师对课程的理解和对教学情境的认识都可以体现在具体的教学活动中（Golombek，1998）。基于文献梳理，本研究中的学科教学知识是由学科知识、教学法知识、课程知识、信息技术知识等知识群落组成的综合体，教师通过特定方式把学科内容知识转化为可以被学生接受或者可以被教授的知识，在教师对学科内容理解的基础上把技术知识、教学方法和教学内容进行的融会贯通。

（3）学生知识

教师实践性知识中关于学生的知识，指的是教师对学生的学习动机、学习困难、认知能力差异等特征所持有的认知。Elbaz（1983）认为教师有关学生的知识是教师实践性知识的组成部分，例如对学生的同情和喜好，对学生学习缺陷的认识等。Grossman（1990）把有关学生的知识归入到一般教学法知识，认为学生知识与一般教学法知识紧密相关。但大多数研究者意识到有关学生的知识在教师实践性知识中的特殊作用，给予了特殊的重视，并把有关学生的知识单独列为一类。Shulman（1987）认为教师关于学习者及其特征的知识是重要内容，陈向明（2011）同样认为有关学生的知识是教师实践性知识重要部分，认为教师对学生动机、学习态度、成绩表现或认知能力等的理解，例如教师如何理解学生的特点、学生的学习优势和劣势，采用何种教学策略应对与学生之间的关系。Meijer *et al.*（1999）有关阅读教师实践性知识的学生知识分类，包括了学生特点的认识、学生动机的认识等。

基于上述分析，本研究中的有关学生的知识涵盖教师对学生特质的理解，如语言学习动机、学习困难、学习态度、学生的文化背景等，同时在汉语二语教学过程中采用的与学生特点有关的教学策略和教学观点。

（4）自我知识

教师关于自我的知识主要是指教师如何看待自己的教学能力、知识基础、职业身份等，是构成教师实践性知识的重要内容。Elbaz（1983）认为教师自我知识包括教师的个人价值观，教师如何看待自己作为教师的形象，如何理解自己在课堂教学中的作用和责任。Elbaz（1983）的研究对象 Sarah 的自我知识包括几个方面的内容，将自己作为资源（相信并充分利用自己的能力、遇到难题能寻找解决办法），自己与他人的人际关系的理解（集体备课中与同事之间的关系，与学生之间的关系等），认真听取内心声音，包括自己的才能和局限性。陈向明（2011）的教师实践性知识中的自我知识包括自我认同、自我概念、自我效能感、个人背景知识、价值观，以及教师的教学信念，同时认为教师自我存在扩展层面的意义，包括作为教师身份的存在（being）、行动（doing）和发展（becoming）。

基于对文献的梳理，本研究中教师自我知识包括教师的教育理念、对个体特征的看法，如何看待教学互动中自己的位置和角色，如何理解教学活动中个人的职业身份以及职业发展定位等。

从上述分析来看，本研究中所涉及的几类知识类型可以作为理解教师实践性知识的分析框架，方便深入解析国际汉语教师实践性知识的丰富内涵。已有研究者指出，各类知识类型之间的界限并不明确（Grossman，1990），在教学活动中常常以一个整体的形式出现（Elbaz，1983），教学活动的核心内容即是各类知识的融合再现（Tsui，2003；姜美玲，2008）。本研究的目的并不在于对教师实践性知识进行分类，如文献所示，教师关于课程目标的知识在学科教学知识就有所体现，本研究并没有单独把课程知识单独分为一类。

2.3.3 教师实践性知识的影响因素

已有研究表明，教师实践性知识受到教师个人生活史和教学情境等各种因素的影响（Duffee & Aikenhead，1992），本节将围绕各类影响因素进行文献梳理。

2.3.3.1　过往经历对教师实践性知识的影响

已有研究表明，过往经历（prior experience）在二语教师认知发展过程中起到重要作用（Basturkmen，2012；Ellis，2006；Flowerdew，1998）。教师关于第二语言教学与学习的初步理念很大程度基于自己的语言学习经历（Basturkmen，2012）。教师所经历的语言学习经历中自己语言学习的方法对教师有着关键的启发作用。Flowrdew（1998）发现，第二语言学习过程中遇到的困难带给教师一定的启发，集中表现在教师从学习第二语言的经历中总结出一般性的教学原则。Ellis（2006）认为教师从个人经历尤其是语言学习经历中获得的看法和认识同于从正式的教师教育项目得到的知识和信念，但上述两类看法和知识互动融合形成教师对二语教学的综合型认知。

教学职业生涯的初期，教师并没有系统的知识和信念体系，学生时期的学习经历积累下来大量“学徒制观察”获得的教学体验（Lortie，1975），基于这些初步的体验形成一些较为固定、关于教学的信念，这些信念对以后的课堂教学会产生影响，同时会形成自己的看法，引领自己去理解教师和学生角色以及学习如何教学等（Freeman & Richards，1993）。Johnston 和 Goettsch（2000）的研究结果表明，二语教师从中学阶段的语言学理论课程等教育经历中积累大量有关语言教学的知识。Borg（2003）认为，教师的过往经历奠定了教师关于学习和教学本质的看法，并在职业发展过程中持续产生影响，比如新手教师在教学初期遇到的一些关键时间（critical episodes）会影响到以后的教学理念。

2.3.3.2　环境因素对教师实践性知识的影响

教师所处的教学环境影响到教师认知的变化。Tsui（2003）指出，教师知识的发展与教师所处的具体情境密不可分。Johnson（2006）认为二语教师的知识基础源自于自身在社会环境中的个人体验，无论是在教室或是所在学校中经历的各种体验，都会影响到教师的知识积累。所以，教师如何理解自身所处环境是分析教师实践性知识的重要环节。

Beijaard *et al.*（2000）认为教学所处的教学环境、教师自身的教学经历以及原有积累的经验都会影响到教师实践性知识，其中包括所教班级大小、教师环境、院系文化等，还包括教师自身的学习经历、从教时间、职业期望等。Lai *et al.*（2016）选择在香港国际学校从事汉语教学的 14 名教师作为研究对象，考察在跨文化教学环境下教师如何发挥能动性（agency）开展职业学习，其中一项发现是中国汉语教师在反思传统的汉语教学理念时，选择向身边的西方同事主动学习西方教学理念，并没有积极向西方同事施加影响输送中国传统教学理念。该研究进而指出，教师工作的学校文化和教师自身的身份定位对教师学习能动性和教学理念有一定的影响。Freeman 和 Johnson（1998）认为二语教师的知识基础需要教师具备一定的理论知识，同时也受教师个人对自身、学生、所教科目内容以及教学活动等相关因素的认识的影响。Tsui（2003）在对香港的二语教师教学专长进行研究时发现学生对教师的教学决策产生影响。Irvine-Niakaris 和 Kiely（2015）同样发现教师持有的有关学生的知识影响到教师教学手段的选择。此外，学生在课堂上对教师教学行为作出的反应影响到教师采用或放弃某些教学方法的使用（Kang & Cheng，2014）。

Duffee 和 Aikenhead（1992）依据 Elbaz 所提出的三层次教师实践性知识架构原理（见图 4），指出教师实践性知识是一种动态变化的知识，影响这一个动态建构过程的因素可以分为三类：教师过往经历，如接受教育的经历和生活经历等；教师当前的教育情境，如现有的教育政策、课程设置、共同体等；教师对教学工作的持有的"愿景（vision）"，如实践信念、价值观等。其中，该框架中对教师所处的教学环境描述较为系统，下文围绕这一点作简要回顾。

教师的过往经历组成教师实践性知识建构的个人知识基础和经验形式（Arıoğul，2007；Duffee & Aikenhead，1992；Lortie，1975），包括接受教育的学习经历，专业教师教育课程，作为初任教师的意象，家庭生活，与他人的交往等。在过往经历积累的基础上，教师建立起一套属于自己的教学理念、实践规则，形成了教师实践性知识的一个主要层面，影响到教师课堂教学决策。教师根据所处的教育教学情境，通过实践原则过滤作用，找到符合教学情境的决策并付诸教学实施。由此看出，教师实践性知识是教师在实际教学情境中用以作出决定和采取行动的依据，包括教学情境中的教育政策、课程设置、教学材料选定、设备资源，所在院校的硬件设施，教师对学生特征的了解，与同事之间的互动交流等，上述种种因素都会对教师实践性知识产生影响。

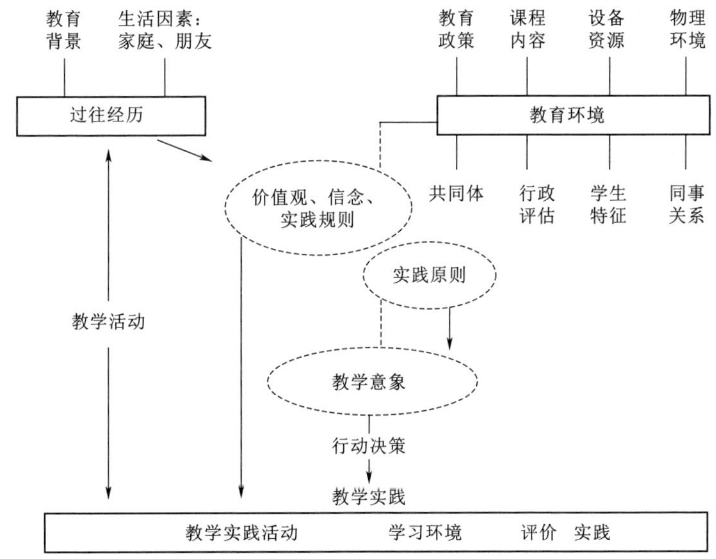

图 4　教师实践性知识架构原理图[1]

如图 4 所示，教师实践性知识发展是一个复杂的社会化过程，其影响因素非常多元化，其中个体因素包括个人特质、过往教育学习经历、教学经历、教学反思、专业训练、教学意象等；外部教学情境因素包括教育政策、院系氛围、学生特质、同事互动、课程设置、设备资源等。

需要指出的是，Duffee 和 Aikenhead（1992）的教师实践性知识建构原理图存在一些值得质疑的地方。比如，教师的过往经验并不是直接作用于当前教学情境，而是通过对教师个体产生影响，通过积累生活经验形成具有个

1　参见 Duffee & Aikenhead，1992。

体特征的教育教学信念，然后才会与当前教学情境产生互动；其二，就教师实践性知识的结构内涵而言，图式中的简单线条关系不足以显示出实践性知识各类别知识的交互作用和互相影响。总体而言，该图式在以往研究基础上把更具包容性的外部环境因素纳入考察范围，但是也存在上述两个方面的不足之处，有待后续研究加以补充。

综述所述，教师实践性知识的影响因素包括多个层面，可以大致分为教师个人因素和教师所处的外部教学情境因素，本研究采用“内部个人因素”和“外部情境因素”来指代上述两类。其中内部个人因素包括教师过往学习、教学经历、个人特质、教学反思、进修学习经历等；教师所处的外部情境因素指教育政策、院系文化、学校同事、实践共同体、学生特征等。受到上述因素的影响，教师结合自身的经历和教学经验，接受过的专业培训，以所处教育情境为大背景，形成个人的实践性知识。但是需要指出的是，以往研究中对教师实践性知识建构已经关注到了教师个人因素和情境因素（Duffee & Aikenhead，1992），但从微观层面对课堂教学情境下教师实践性知识的显性特征关注不足，上述各类因素分析来自于文献梳理，可以作为分析本研究中国际汉语教师实践性知识的基础框架，但是内在各因素产生的影响范围大小、程度强弱，尚不清楚，需要以国际汉语教师的教学实际出发进行深入研究，以挖掘影响教师实践性知识建构的具体因素，解析出实践性知识建构的复杂过程。

2.3.4 教师实践性知识研究的演变

教师认知研究演变过程中出现有多种理论范式的影响，行为主义视角下学习是一个被动接受的过程，教师是信息传送者和学生学习的主导者，认知建构主义视角下知识是通过旧图式转向新图式，被学习者积极构建而成，教师的身份是推动者（facilitator），而社会文化视角下学习是扎根于宏观的社会文化环境，各种环境、文化因素是知识内化过程中的中介。

其中，学界普遍认为教师思考和知识相关研究出现了社会文化转向（Johnson，2006），这一转向对传统的第二语言教师发展研究视角提出了挑战，教育领域对教师认知的探讨发生了巨大的变化，研究者开始尝试解释教师的心理世界（mental lives）的复杂性（Freeman，2002），就不能再忽略教师过往经历和他们对所从事教学活动和所处教学情境的看法，因为教师工作所处的教学情境在塑造教师教学方式过程中至关重要。实证主义研究范式影响下教师被视为是学生学习的信息传送渠道，这已经不能充分揭示教师心理世界和教学过程的复杂性。相比之下，阐释主义范式源自社会学和人类学的民族志研究，被认为能更好解释教师心理世界和专业发展的多样化维度。

以往的第二语言教师研究根植于实证主义范式，核心理念是认为教师教授的内容，包括所教授的语言知识和教学教法，可以在教师培训阶段学习，在实习阶段进行观摩和实践，在入职初期教学中发展成为教学专长（pedagogical expertise）。然而第二语言教师认知研究涌现出的大量研究结果（Borg，2003；Freeman，2002；Freeman & Johnson，1998；Golombek，1998；Johnson & Golombek，2003），逐步开始从不同视角探究教师是如何学习教学活动的,这类研究把教师第二语言教师学习描述为常态化和终身化，源自于社会文化环境的各自经历，教师被视为学校教育情境中的学习者，第二语言教师学习被看作是社会协商行为，取决于教师持有的关于自我、学生、课程内容、课程和教学处境的知识。这表明第二语言教师是知识合法形式的使用者，也是创造者，能够根据复杂的社会文化和教学情境做出教学决策。这一转向最为显著的意义在于揭示了教师教育准备阶段所接受的训练与教师在实际教学情境中的教学行为之间的认知差距（Johnson，2006）。

国内学者亦有从社会文化视角探究语言教师的知识与认知发展。郑新民（2006）讨论了教学情境对教师课堂教学的干扰作用。一位教师自主地进行了教学模式的改革，却遭到学生的负面评价和来自同事、教研组和学校领导的干预。因此，研究者认为，教师的“所言”“所感”和他们在教学实践中的“所做”“所为”存在着一定的差异，教师的信念和实践深受来自于认知情境和认知对象等因素的制约。郑新民（2012）的研究着眼于情境对教师认知的影响，分析了学校文化在促进教师个体与整体认知水平方面所发挥的积极作用。研究分析指出，良好的学校文化氛围有利于提升英语教师的整体认知，增强教师在思想和学术上的交流，有效地促进教学反思，并提高教师的专业发展水平。

随着研究视野的不断扩展，研究者发现教师实践性知识的探究遵循由浅入深的分析路径。荷兰学者 Korthagen（2004）在前人研究成果基础上，提出了教师实践性知识洋葱圈模型（见图 5）。如图所示，教师在实践性知识建构过程中从内到外分别经历教学使命感、职业身份认同、教学信念、教学能力到教学行为的过渡，最内层是教师的使命，即“你承诺什么”；身份层面即你如何看待自己的角色，信念层面即你相信什么，能力层面即你能做什么，行为层面即你在做什么，环境层面即教师要处理什么事件。

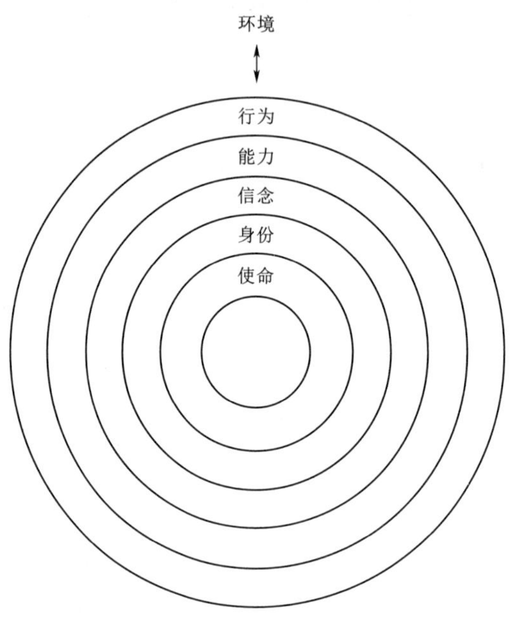

图 5　教师实践性知识洋葱圈模型[1]

在教学环境下，受到教育政策、学生因素等外部环境的影响，教师的反思集中表现在如何改进教学效果层面，此类反思行为被称为工具型反思；为了解决教学效果有效性而采取具体的改进行为，教师通过反思自身的教学能力以及教学信念，也就是教师如何看待教学内容、教学对象等问题，由此引发教师思考自身职业身份的内涵和所承担的教育使命感。经过这样的循环过程，教师最终实现教学实践中的深层反思，实现教师实践性知识的

1　参见 Korthagen，2004。

提升和教学能力的发展。由此，Korthagen（2004）认为教师所思、所知、所信以及内隐的认知思维与教学实践的关联是教师开展“理性”反思的核心内容。过去以知识和能力为本的二语教师学习观不足以适应目前社会环境下语言教育事业发展的需求，更应该关注教师价值观和教学理念如何受到社会、课堂环境各种因素影响，职业身份认同感如何影响到知识能力发展，又是如何作用影响到教师教学决策（Canagrajah，2016）。基于上述分析，二语教师的职业发展是通过教师在教学情境中受到外界环境因素的影响而主动反思，形成个人教育理念，获得职业身份认同，最终实现教师专业化发展。

总体而言，教师实践性知识研究经历从表面描述到深入探究的发展过程，帮助我们认识到教师专业发展过程中教师实践性知识的重要作用，提供了有价值的“内部视角”来考察教师教学行为与认知的关系，揭示教师行为受到教学理念支配的内在逻辑（Meijer *et al.*，1999）。大量研究提供的证据表明实践知识的存在和独特性质，引领我们反思传统的教师教育、在职教育、教学研究、课程研究乃至学校现场的教学研究，重新审视教学研究内容、方法和评价标准等。

从上述分析看出，现有的教师知识研究持有不同理论视角，但同时也发现现有研究对实践性知识的认识不够深入。现有研究范式的发展对本研究有以下几点启示。首先，教师实践性知识不再适合置于某一固定状态下运用量化手段进行考察。其次，正如近期研究表明的那样，教师知识研究逐步将全球化环境下多元文化的因素考虑进去，以往研究大多在西方文化背景下开展，今后研究应该更多地在非西方文化背景下进行教师知识研究（Ben-Peretz，2011），同时跨文化和跨学科背景的教师知识研究同样值得研究者关注（Sun，2012）。再者，在研究内容面上，现有研究主要包括实践知识以什么状态呈现，教师如何表达等方面，但缺乏足够研究来证明它们是如何被获取、组织、储存、分享及应用的，还有待进一步探究。例如，二语教师的实践性知识各个知识群落之间的复杂关联性，实践性知识建构的动态过程，教师实践性知识建构的影响因素等。有学者认为，教师实践性知识是教师学习的结果（Clandinin & Connelly，1986），下一节将回顾教师学习如何作用于实践性知识的建构过程。

2.4 教师学习研究

教师学习是教师专业发展领域的核心课题。相关研究可以概括为教师学习的结果、过程和方式三大主要的类别（Borko，2004）。研究多聚焦于教师学习结果中的实践性知识增长，教师学习过程中的信念变化、身份认同建构和课程改革的情境作用，教师学习方式中的合作探究与实践反思（崔琳琳，2013）。本研究所关注的教师实践性知识研究与教师学习研究有着密切关联，本节将首先回顾教师学习的内容与途径，然后回顾教师探究学习和反思学习对教师实践性知识建构的影响。

2.4.1 教师学习研究理论模型

教师认知研究结果表明，教师实践性知识的建构与发展过程源于教师与教学情境互动过程中开展的学习活动（Clandinin & Connelly，1986）。为深入理解教师实践性知识的内涵及其建构过程，有必要对教师学习的内容特征、教师学习的途径等进行系统回顾与梳理。本节主要回顾教师学习的相关概念与理论基础。

教师学习作为一个研究领域进入到人们的视野始于 20 世纪 80 年代，当时被学者认为是个“未被研究的问题”（Clark & Peterson，1986；顾佩娅，2008），教师学习研究的意义逐步引起学界探讨，教师自身就是一名学习者，在已有知识的基础上不断理解、修正和建构新知识。在二语教学研究领域，学者认为以往以语言学科知识为本的教师发展研究逐步转向关注教师学习教学的研究（Freeman，2002），过去的研究过多注重教师教学行为与学生学习效果之间的关系研究，常常忽视教师在教学过程中的思考活动对促进教学的重要意义（Richards，2005）。从教师学习角度为考察教师实践性知识提供了更加开阔的研究视野。有学者逐步开始探讨教师终身学习、教师知识与所处的社会文化环境之间的互动关系（Freeman & Johnson，1998）。

教师学习内容可以从四个主要维度进行分析（Cochran，Feiman-Nemser，McIntyre，& Demers，2008），概括而言为“思（think）、知 (know)、感（feel）、行（act）”，其中的“思”指的是在教学过程中教师学习如何形成适应教学情境的思维方式（think like a teacher），“知”则指的是拥有胜任教学任务所需的知识基础（know as a teacher），“感”指的是教师职业身份认同感的获得（feel like a teacher），“行”指的是教师教学行为的不断改进和教学策略的调整（act like a teacher）。这一框架能够为教师实践性知识发展的深入分析提供明晰的分析路径，四个主题凸显教师学习研究中内容（content）、过程 (process) 和情境（context）的相互关联，可以作为解读教师实践性知识发展过程的分析工具，帮助研究者更好地理解教师在认知层面的变化和发展。

教师学习的研究范式受到不同理论流派的影响，如行为主义理论、认知主义学习理论、建构主义学习理论、社会文化理论等（Merriam & Caffarella，2007）。不同理论对教师学习行为的理解视角不尽相同，例如行为主义理论视角下教师学习强调教师对教学模式、教学规则的模仿，认知主义学习理论强调经验以及外界环境对学习的重要性，侧重教师内在能动性的作用，社会学习理论教师学习需要外部环境的支撑和中介，其核心是有效的人际互动。

总体而言，无论是认知视角还是社会文化视角，建构性教师学习遵循以下原则，首先教师反思实践促进教师学习和认知变化的有效途径（Wallace，1991）；其次，教师学习必须与具体的教学情境相关联，脱离情境的知识获取无助于教师学习结果的最终实现。

与此同时，教师学习内容与教师所处专业发展阶段有关联。教师专业阶段性特征反映出教师知识和教学技能发展的不同侧重点。Berliner（1994）从教师教学能力特征变化的视角提出教师专业发展的五个阶段（如表 4），以此反映教师专业发展的特征。

依据表 4 显示，Berliner（1992）以教师经验形成为考察依据，提出教师发展经历了新手阶段（novice），师范院校实习生或从事教学第一年的教师；熟手（advanced beginner），从事教学第二年、第三年的教师；胜任教师（competent），从事教学第三、四年或更长时间的教师；能手（proficient），从事教学第五年以上的教师；专家（expert），教师至少积累了十年的教学经验等 5 个阶段。教师在各个阶段发展中所实现的专业发展内容内涵更多地体现在知识能力的阶梯式发展，能够说明在不同专业发展阶段教师学习的内容有所不同。

表 4　教师专业发展阶段理论

阶段	分类	特征
第一阶段	新手教师	以审慎为典型特征，对个体行为严谨要求，跟随规章制度和教学要求，无主动灵活变通的意识
第二阶段	熟手教师	经过 2-3 年教学后，具备一定洞察力，处理情境问题具备灵活性，尚不足以灵活选择有效教学策略。
第三阶段	胜任教师	教学走向理性，经历 3-4 年后教师能够选择有效的方法和手段达成目的，责任感增加，教学情感的投入随之增加。
第四阶段	能手教师	具备教学直觉，进过 5 年后，积累丰富的教学经验，能凭借教学知觉进行判断和解读教学情境，教学技能接近认知自动化水平。
第五阶段	专家教师	以非理性为典型特征，熟悉教学流程和步骤，可以依靠自动化思考和分析，解读教学情境作出教学决策。

（参见 Berliner，1994）

教师学习对教师实践性知识建构的影响机制可以从教师专业发展相关理论模型中找到合理解释。其中，Clarke 和 Hollingsworth(2002) 的教师专业发展成因模型（见图 6）具有较强的解释力，能够清晰说明各因素之间的作用原理。该模型中，教师通过培训产生改变，通过调整教学策略使教学行为发生变化，为提高教学能力而学习各种技能、寻求自我改变；教师通过在专业活动中得到成长而发生知识结构、教学能力的发展。该模型说明，教师在教学环境中通过培训和非正式学习获取专业发展的机会，教师知识和能力的获取不是单向线性的过程，而是一个动态循环的过程。这个过程中，教师反思实践是教师知识提升的中介，对教师个人世界的环境区、实践区都会产生影响，各类因素共同作用，引发教师专业成长。

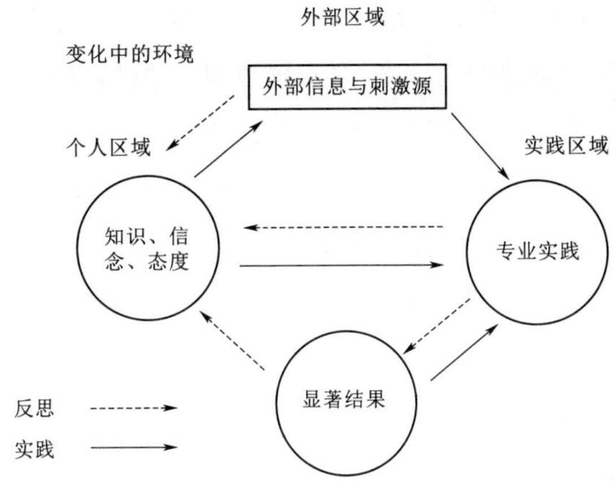

图 6 教师学习与专业发展成因关联模型[1]

从图 6 可以看出，Clarke 和 Hollingsworth（2002）的理论模型较为清晰地呈现出教师学习和教师变化的成因，可以从以下几个方面进行理解。首先，教师在进入教学场域时已接受相应的培训；在教学实际场景中根据自己的教学实际发展自我改变；遇到教学困境时寻求教学技能的提升路径；教师为适应各层面的政策要求而进行学习活动；教师通过与教学活动中的诸要素开展互动完成自我改变。该理论证明教师通过职业培训和非正式学习获得专业发展，外部环境和内部个人因素对教师学习和专业发展产生一定的影响。同时，教师学习活动和能力发展并非是一个单向过程，而是一个循环流程。其循环模式因不同因素区的影响而有所变化。这一变化结果是通过教师教学实践和教师反思的媒介作用最终实现。外部环境提供政策调整、教学革新等多样化刺激源，形成外部影响区；受到外部信息刺激，教师在实践区内对个人教学实践进行反思，随之影响到教师个人知识基础、教学信念和职业认同感的变化，外部信息刺激源经过教师信念的过滤作用，内化为教师新的知识基础、教学信念和职业认同感，影响到教师调整教学原则和规则，进而对教师教学实践产生显著影响，最终产生教师个人知识、教学信念和职业认同感的变化，促成教师职业发展。

Clark 和 Hollingsworth（2002）提出的教师发展成因关联模型，为本

1 参见 Clarke & Hollingsworth，2002。

研究提供有效的分析功能，反映了教师实践性知识发展环境中主要因素之间的动态关联性。如图所示，教师实践性知识发展环境中，外部信息资源或激励因素、个人已有知识、信念和态度以及教学实践和最终显著结果。其中四个区分别代表关联模型中的外因区（external domain）、内因区（personal domain）、实践区（domain of practice）和结果区（domain of consequence）。教师个体的变化是在外因作用下，集合自己原有知识和信念，通过个人实践和反思得到内因变化而实现。在特定教育教学情境中，教师通过专家引领，外部因素得到刺激，结合自身已有知识，反思实践场域遇到的困境。基于该机制的作用，教师获得新的实践性知识，实现实践性知识的重塑，在螺旋上升中获得新一轮的实践性知识。模型中的实线代表教学实施过程，虚线表示教师反思过程。

上述理论模型较为全面的解释教师实践性知识发展环境中各因素之间的互动关系，为本研究的设计和分析提供有力的概念框架。

在该模型基础上，顾佩娅（2008）研究了我国外语教师学习与专业发展过程，从宏观的社会环境、学校环境与教师知识和实践之间的互动关系，归结到教师学习的结果和专业发展，进一步提出了中国环境下教师专业学习和专业发展模型（如图 7）。

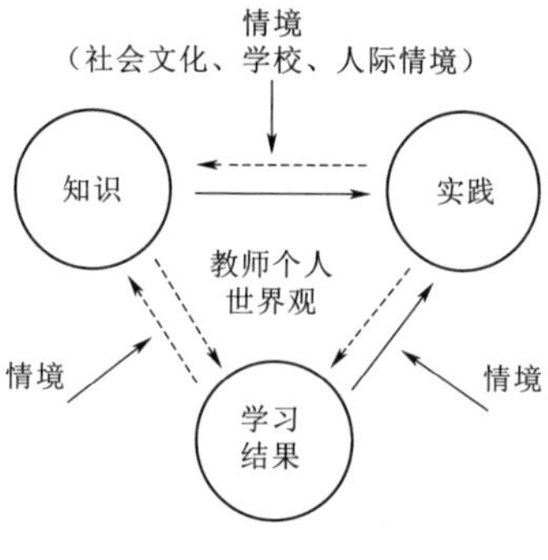

图 7　二语教师专业发展模型[1]

在这个模型中，教师专业学习与发展受到外界情境因素的影响较大，受到的影响因素包括宏观和微观的方方面面，从社会文化因素、学校因素到人际因素，都推动教师的专业学习和发展。该模型中的教师知识与实践之间的互动关系引发教师反思实践教学，教师的学习活动作为中介调节教师发展过程，产生一定的教师学习结果，最终实现教师专业不断发展。

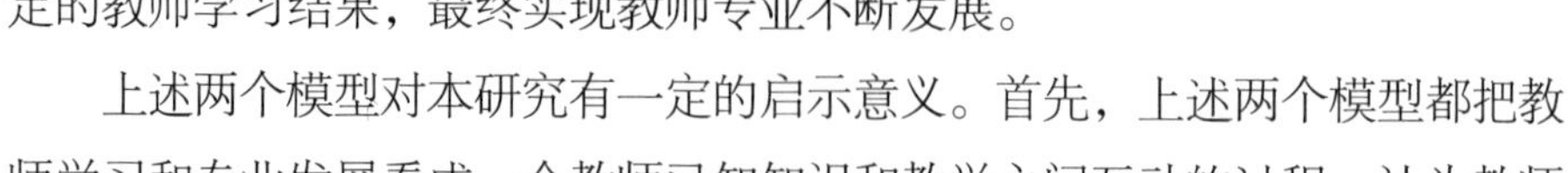

上述两个模型对本研究有一定的启示意义。首先，上述两个模型都把教师学习和专业发展看成一个教师已知知识和教学之间互动的过程，认为教师

1　参见 顾佩娅，2008。

的专业发展是一个动态、流动性的过程。已有研究表明，教师实践性知识具有动态特征（Elbaz，1983），但是尚不清楚教师实践性知识的建构和发展是如何通过教师已有知识与教学实践之间的互动实现的。其次，两个模型都清晰地梳理出影响到教师学习和专业发展的因素，可以看出教师个体和外部环境是两大影响区。这与本研究中教师实践性知识的建构特征有一定的启示意义。已有研究表明（Duffee & Aikenhead，1992），教师实践性知识的确会受到外部和内部因素的影响，但是具体的作用机制尚不清晰。

但同时需要指出，上述两个模型是从该教师学习的角度考察教师专业发展，虽然厘清了众多复杂的影响因素，但是未能从更加微观的层面探究教师课堂教学是如何作用于教师知识的增加和教学能力的提升。而教师实践性知识是教师已有理论知识和教学情境内化融合后的产物，课堂教学是一个重要的考察环境，因此，上述模型还不能完全适用于本文的研究目的。

随着教师学习理论的发展，研究者认识到不再适宜从单一视角看到教师学习的途径。Borko（2004）认为在认知建构视角下的教师学习重在关注教师个体内在认知变化，社会建构视角下的教师学习重在关注教师与外部环境互动，两种视角并非完全排斥，而是可以相互补充，这种视角被称为“双重分析”视角，是理解教师学习和知识建构的合理通道。由此看出，教师实践性知识的建构可能受到两个层面教师学习行为的影响，即教师与外部环境的互动过程中的探究学习，以及教师自我互动过程中的反思学习。

2.4.2 教师反思学习与实践性知识建构

如前文所述教师认知是个人反思的表达形式，教师根据情景中的各种因素所处教学决策，Schön（1983）提出的反思型实践者观点认为，按照实施反思的时间进度开展“行动中反思（reflection-in-action）”和“为行动反思（reflection-on-action）”，Schön 认为教学工作经常处于问题情境中，需要进行理性反思来解决实践中面对的问题，行动中反思可以把内隐知识显性化、“理论知识实践化”（Tsui，2003），对实践的反思促进“实践性知识的理论化”以及从外界环境获取到的信息逐步内化。Tsang（2004）和 Ruohotie-Lyhty（2011）的研究都表明不同类型的反思活动都可以成为实践性知识不断建构和重构的媒介工具，能够协助教师改进教学设计和课堂教学行为。Richards（2008）认为，二语教师发展受到两方面因素的影响，第一是在应对教学过程变化时如何审视教师知识基础和教学实践策略；二是教学情境需求的变化需要具备教学能力的教师。

反思性实践是教师在教学实践中不断进行自我发展和提高的一个重要途径，反思性实践是指教师对于课堂实践的洞察，和反思的、以教师的“实践性知识”为基础而形成的教学（Schön，1983）。Richards（1998）也把反思看成是教师认知发展的一个关键性因素。他认为，批判性的思考能够帮助教师改变长久以来凭直觉或按常规进行的授课方式，是教师实现自我发展和成长的重要途径。Wallace（1991）认为，教师知识积累和专业发展是教学实践与反思循环发展的过程，并提出了一个连贯框架（coherent framework）（见图 8），作为理解教师实践学习与教师专业发展的框架。

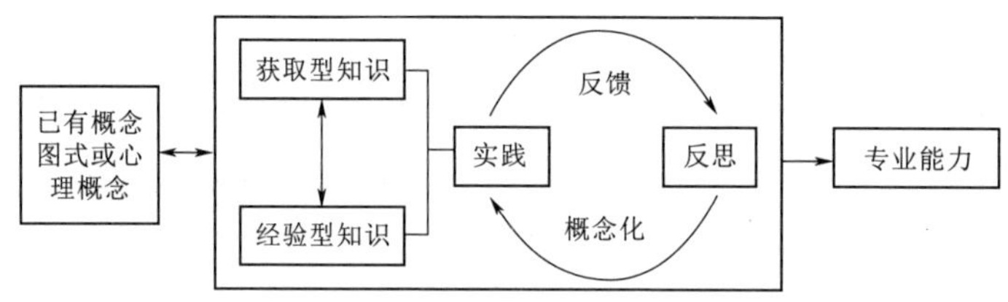

图 8　二语教师反思学习模型[1]

在 Wallace（1991）提出的二语教师反思学习框架中，教师在达到专业能力发展的过程中，经历一个反思–实践的转化过程。首先，在进入实践阶段之前，教师储备已有概念图式或心理概念，形成初步的教学信念或认识，在进入实践场域后，通过学徒式观察获取一部分知识，通过教学实践积累的经验型知识；在此基础上，进入教学实践阶段，通过对教学情境中出现的具体时间进行概念化处理，通过实践然后得到新的反馈信息，然后进入新一轮反思学习。上述过程循环往复，最终教师获取专业知识的积累和专业能力的发展。基于此可以看出，反思性实践直接作用于教师认知变化过程。

1　参见 Wallace，1991。

有研究表明，教师实践性知识的发展过程涉及教师意象的获得、评价并进行再次整合，同时结合教师的反思活动进行建构（Calderhead，1988）。同样，Meijer *et al.*（1999）认为影响教师实践知识的因素大致包括个人特质、经常性反思、学习经历、教学经历、教授的语言及院系环境氛围等。教师不断创造出新的知识以回应所面临的问题情境，如学生学习困难、同事交流等。同事此类知识在内化为教师实践原则后再次运用教师教学活动。

基于上述分析发现，教师反思是影响教师实践性知识的主要变量，经过教学后反思，修正并重塑以往获取的理论知识，在如此循环过程中教师实践性知识得到不断重构。教师反思行为可以理解为是教师实践性知识建构的内在动力，推动教师在实践中发展。

2.4.3　教师情境学习与实践性知识建构

二十世纪八十年代起，新兴的社会科学理论为教师教育研究者所采纳，Gadamer 的实践解释学和 Schön 的实践的、建构主义的认识论使得人们对教学和知识的本质有了更新的认识和理解。研究发现，教师对教学的理解大多来自他们的经验和课堂的社会建构（Freeman & Johnson，1998）；知识的建构是个人在特定的情境下，一种个人化、社会化建构经验的解释，是在教学理论和实践的反思与批判中形成的知识。教师所处情境对教师实践性知识的影响体现在日常互动过程中，教师学习本质属性上具有社会协商特征，教师知识源自于同学生、同侪、行政管理人员等的社交互动过程（Freeman & Johnson，1998）。

二语教学研究领域的社会文化转向为教师学习提供了变化的可能。Canagarajah（2016）回顾了国际二语教育发展总体现状，梳理了外语教育中出现的重大转向，包括从“结果”转向“过程和实践”，从“认知加工”转向“社会和生态”解释；从“规定方法”转向“情景化学习”；从“知识技能”转向“信念和意识形态”；从客观描述转向个体反思。这些重大转向带给教师专业发展的启示是，更加重视教师信念、教学情境中各类因素对教师教学的影响，教师如何获得专业认同以及如何建构个人知识，如何主动与教学情境互动，获得自身专业发展。

受到社会文化理论的影响，研究者关注到教师学习体现出显著的社会情境特征，其中典型代表是由美国学者 Lave 和 Wenger 提出的情境学习理论（Situated learning）（Lave & Wenger，1991），在该理论框架下，学习即是个体意义建构的心理过程，也是具有一定社会性和实践性的、互动活动和资源为中介的参与过程。教师作为学习者是在学习知识和技能的应用情境中开展学习活动。基于此理论，教师教学实践能力的提升源自于教师在具体教学情境中的学习，在课堂教学、教研活动等具体情境中不断提高，不能简单把教师学习视为抽象、去情景化的学科知识或教学法知识的简单传授；教师学习有很强的社会性，教学实践知识在教师社会化过程中与实践共同体内与他人共同建构，与所处的学校教育情境和宏观的社会文化环境产生互动，进而形成教师学习的螺旋式过程。上述教师学习理论能够清楚说明教师学习的途径。

Meijer *et al.*（2001）认为源自研究的命题式理论知识与教师从教学工作中感知到并内化而成的知识不尽相同。知识之所以具有实践性就是因为它与识知者及所处环境密不可分，换而言之，实践性知识与教师个人环境和课堂环境有密切联系。Golombek（1998）认为教学活动具有情境性和阐释性，二语教师的知识有很强的经验属性由教师根据教学情境做出回应而不断建构而成。

教师反思学习和教师情境学习对本研究的启示在于，分别从教师内部视角关注个体的主动建构，从教师与教学情境互动协商关注社会文化因素在实践性建构过程中的中介作用，从而实现 Borko（2004）所说的“双重分析”视角分析路径。

2.5　二语教师实践性知识研究动态

如前文所述，实践性知识自二十世纪八十年代出现在普通教育领域，虽然有研究以语言教师为研究对象（如 Elbaz，1983），但教师实践性知识引起二语教学研究领域的广泛关注是在九十年代以后（Borg，2003；Freeman，2002），早前研究主要是以母语为英语的二语教师为研究对象，后来逐渐延伸至非母语英语教师（Braine，1999）。

2.5.1 二语 / 外语教师实践性知识研究动态

本节将主要回顾二语 / 外语教学研究领域现有的研究成果，文献回顾主要围绕教师实践性知识研究的主题和研究方法展开（详见表 5）。

表 5 二语 / 外语教师实践性知识研究的主题与方法

作者	研究主题	研究方法
Elbaz(1981)	一名加拿大高中英语教师的实践性知识内容与结构	开放性访谈
Meijer, Verloop, & Beijaard (1999)	荷兰高中英语教师阅读教学实践性知识	课堂观察、回顾式访谈
Golombek(1998)	两名实习 ESL 教师的实践性知识	课堂观察、访谈、刺激性回忆
Ariogul(2007)	三位土耳其英语教师实践性知识建构过程中过往语言学习、教学经历的影响	课堂观察、田野笔记、访谈、刺激回忆
Tsang(2004)	三位香港职前 ESL 教师实践性知识在课堂互动中决策中的作用	访谈、课堂观察；教师日志、教案
Mangubhai, Marland, Dashwood, & Son (2004)	一名德语教师有关交际语言教学的个人理论，发现其实践性知识具备交际语言教学和普通教学的特征。	访谈、刺激性回忆
Levin & He (2008)	94 名职前教师的自述内容分析其个人实践理论，描述了他们的教师知识内容和来源。	反思日志
Wyatt(2009)	中东地区中学英语教师为期三年的教师培训项目中逐步建构而成的交际语言教学的实践性知识。	课堂观察、访谈、反思日志
Wyatt & Borg(2011)	参加职培训项目中阿曼三位英语教师交际教学实践性知识的发展。	课堂观察、访谈、反思日志
Woods &Cakir (2011)	六位土耳其新入职的英语教师有关语言教学的实践性知识，发现教师知识在个人知识 - 非个人知识和理论知识 - 实践知识之间动态互动。	访谈、课堂录像、问卷
Ruohotie-Lyhty (2011)	芬兰 11 个新入职外语教师（英语、德语、俄语、法语）实践性知识建构，发现教师职业能动性是专业发展的主要因素	深度焦点访谈
Abdelhafez(2014)	埃及英语教师实践性知识的六大类内容范畴	调查问卷；半结构式访谈；课堂观察；刺激回忆

续表

作者	研究主题	研究方法
Morton & Gray (2010)	12 名参加教师资格培训项目的英语二语职前教师的教案研制实践性知识内容范畴，发现实践共同体对教师实践性知识和身份认同的建构起重要作用	对访谈数据的量化分析
Yazdanpanah(2015)	调查 108 名澳大利亚经验丰富型英语二语教师在教学中运用的知识	量化手段，李克特量表，探索性因子分析
Debreli(2016)	12 名塞浦路职前英语教师在参加师资培训项目过程中的实践性知识变化	半结构式访谈
Swart, Graaff, Onstenk & Knezic (2017)	荷兰 35 名语言教师教育者对课堂交际中的实践性知识	焦点小组访谈
王艳（2011）	两位优秀外语教师的实践性知识内涵与特征，以及影响发展的相关因素	个案研究，访谈
徐锦芬、程相连、秦凯利（2014）	优秀高校英语教师个人实践性知识建构呈现的特征以及影响因素	叙事探究
裴光钢、颜奕 (2015)	活动理论与复杂理论的视角下两名高校外语教师的实践性知识，解析探讨其部分现象、不同层次内涵和实践性知识元表征	深度访谈、课堂观察
谢佩纭、邹为诚 (2015)	新手英语教师的实践性知识形成与影响因素	叙事探究；课堂录像分析
张志江、肖肃（2015）	英语顶岗实习生实践性知识构成特点与制约因素	课堂观察，访谈
杨维嘉（2016）	探究教师专长对教师实践性知识建构的有效路径	
欧阳护华、陈慕侨（2019）	"私下拜师"作为普通教师获取实践性知识的本土路径	访谈
魏戈（2019）	追踪某小学数学教研组长达一学期的课例研究工作，在文化 - 历史活动理论视角下揭示教师实践性知识的发展路径	个案研究，观察，访谈，反思日志
张惠、孙钦美.(2020)	运用自我研究法探究一名大学英语教师实践性知识构建特征以及自我认知对构建过程的影响	自我研究，反思日志，访谈

教师实践性知识研究的先驱者 Elbaz（1983）开展的系统研究具有较强的代表性。其研究对象 Sarah 是一位高中英语教师，通过个案研究方法，具

体采用开放式访谈获取大量数据，研究了这位教师日常教育实践活动，发现教师拥有并使用非常独特的知识，Elbaz 的研究开创了教师研究的独特视角，从教师本人视角出发，展现教师在教学实践中生产和实际持有的知识，而不是由外界输入的理论知识。这项源自日常教学实践的实证研究较为深刻地解释了教师在教学活动中发展个人理论，为后来的教师研究提供了基于日常教学情境的研究新路径。

在 Elbaz 的研究基础上，不同的学者通过叙事、自传、访谈、日志等方法研究了教师实践性知识的课堂管理、学生以及教学法等领域。Golombek（1998）的研究梳理出四类实践知识，分别是“自我知识、学科知识、教学知识和情境知识”，进而分析了上述知识对外语课堂教学所产生的影响；Meijer *et al.*（1999）通过研究归纳出教师有关阅读教学的不同实践知识类属，分别是“学科知识、学生知识、学生学习和理解知识、目的知识、课程知识和教学策略知识”；Meijer *et al.*（2002）的研究表明，职前教师通过刺激回放和概念图工具可以揭示有经验的指导教师的实践知识；Tsang（2004）选择个案研究方法，以香港三位职前英语二语教师为研究对象，发现了教师实践性知识在课堂互动性决策中的作用，发现各个知识类属之间具有竞争性或互为条件，在教学过程中形成新的教学准则和教学理念，进而指导教学实践。Levin 和 He（2008）以个人实践理论（Personal Practical Theories，PPTs）为视角，通过分析 94 名准教师的 427 个 PPTs 的自述内容，构建了信念分类模式，描述了准教师信念的内容和来源。

Golombek（1998）选择两名实习英语二语教师为研究对象，采用课堂观察、访谈和刺激性回忆为数据收集工具，研究了他们的个人实践性知识，使用 Clandinin（1985）的“意象（image）”概念描述了两位教师的“教学张力（instructional tension）”，在研究过程中，研究者通过教师自己的反思和对话，通过叙事的方法重现在教学过程中与学生、同事互动的经历，呈现出个人化的实践性知识。在该研究中，个人实践性知识是教师在教学实践中的解释性框架，能够引领教师在课堂上做出判断、过滤获取的外部信息、重构教学经验并能应对教学情境中的问题，基于此类知识储备，教师对教学情境做出回应，同时教学情境中的问题引发教师在行动中反思，进而重塑此类知识。同时该研究强调了教师实践性知识具有情感和道德特征，蕴含了教师对教学实践在学生和教师本人身上所产生结果的关注。基于研究发现，Golombek 提出在教师教育课程中应该引领教师自我评定教育理念，挖掘个人教学意象（image），把个人理论与所学理论知识产生关联，通过教师反思使得教师实践性知识情景化。欧阳护华和陈慕侨（2019）研究了“私下拜师”作为普通教师获取实践性知识的本土路径。魏戈（2019）研究了教研组环境下教师实践性知识发展路径。

随着国际二语研究领域教学方法的不断革新，有学者开展了教师某类教学法的教学实践性知识研究。Mangubhai *et al.*（2004）选择了一名在澳大利亚教德语的教师作为研究对象,对他的交际语言教学的个人理念进行了研究，结果发现这位教师的个人理念是由交际语言教学的特有理论和普通教学法的理论知识共同作用而成，这位教师本人秉持交际教学取向。另外一项研究同样是有关教师交际语言教学的实践性知识，Wyatt（2009）的研究对象是中东地区一位中学英语教师，在一个长期的教师培训项目中接受教师语言教学的培训，通过深度访谈和实地观察收集到的数据进行分析，结果发现这位教师的教学实践和所学理论知识逐渐趋向一致，进而证明培训项目对教师教学产生了直接影响。Woods 和 Cakir（2011）的研究选择了六位土耳其英语教师作为研究对象，认为教师原有的理论知识与教学情境中形成的实践性知识构成一个连续统一体，教师实践性知识具有情景化、动态性特征，通过研究这六位教师的交际语言教学的实践性知识，发现教师的个人理论在“个人知识与非个人知识”、“理论知识与实践知识”不同维度间动态变化、交叉融合。

对于教师实践性知识动态性特征的考察时另外一个关注点。Ariogul（2006）以土耳其英语教师的个人实践性知识为例，考察了背景因素对教师知识及其课堂教学的影响。该研究采用课堂观察，视频和音频录课、刺激回忆、正式和非正式访谈、田野笔记和课程材料等多种途径获取数据，结果发现，教师知识的发展动态变化过程，随着教师个人职业和教育经历而变化，在这个过程中教师根据学生的学习需求与期望以及教师个人积累的经验而不断调配使用实践性知识,进而验证了教师过往经历对实践性知识发展的作用。Ruohotie-Lyhty（2011）的研究对象是芬兰十一位二语新手教师，通过历时研究探究这些教师实践性知识多样的发展路径，结果显示教师实践性知识发展路径多样化的一种重要影响因素是教师职业能动性（agency），基于研究发现，作者提出在教师培训课程中注重教师职业能动性的影响作用。

在二语教师实践性知识研究中，亦有学者关注到具体科目的研究。Wyatt（2008）研究的是教师在进行阅读教学过程中的实践性知识，考察了教师自我效能感的提升。Wyatt 和 Borg（2011）的研究聚焦在阿曼英语课堂中教师使用交际任务进行教学的实践性知识发展。此外，还有研究涉及阅读教学的实践性知识（Meijer *et al.*，1999）和在该领域不同教师持有的实践性知识的对比研究（Meijer *et al.*，2001），教学活动中不同方面的实践性实施，如课程计划的设定（Morton & Gray，2010），以比较宽泛的方法研究教师实践性知识（Chou，2008）。就研究方法而言，有学者采用量化手段来研究教师知识，Yazdanpanah（2015）采用李克特等级问卷对澳大利亚 108 名经验丰富型英语二语教师进行调查，通过探索性因子分析法发现了赋值不等的七类教师知识，分别是实践知识，学习者知识，资源和技术知识，课程知识，情境因素知识，语言学习策略知识和语言要素知识。

结合文献回顾，发现现有研究具有以下几点特征：1）国内二语教学研究领域大多基于国外和国内理论框架，解析外语教师实践性知识的内容与特征（徐锦芬等，2014；王艳，2011），生成途径（谢佩纭、邹为诚，2015）等。2）研究对象以新手教师或职前教师为多。3）研究内容以二语教师实践性知识的内容特征、影响因素为主。4）研究方法而言，收集到的数据来自教师叙事、教师日志，深度访谈，以及结合教学情境开展的刺激回忆。再者，研究所涉及的文化背景越来越多元化，如表 5 所示，不同国家教学情境下的教师实践性知识研究得到研究者越来越多的关注。但同时也发现，现有国际二语教师实践性知识研究大多以西方文化为研究背景，对其他文化背景下的相关研究相对比较欠缺（Ben-Peretz，2011）。总体而言，现有理论框架和研究方法为深入开展教师实践性知识研究提供了可借鉴的研究成果和理论支撑。

2.5.2　国际汉语教师实践性知识研究动态

国际汉语教师研究是随着国际汉语教育事业的发展而逐步成为一个新的

研究领域，在回顾国际汉语教师实践性知识研究现状之前，有必要对国际汉语教师研究现状进行简要梳理。

为了对近些年来国际汉语教师研究的国内现状进行梳理，本文通过中国知网数据库检索系统进行检索，统计近十年来国际汉语教师研究的文献数量。具体操作方法如下，首先，确定检索词，以“汉语教师”、“汉语师资”、“华文教师”、“华文师资”为主检索词，在内容检索条件处选择“篇名”，检索条件为“或者”，时间控制条件为“2008 年 1 月 -2017 年 12 月”，然后进行检索。其次，在筛选时排除会议信息、国内少数民族汉语教师研究等无关文献信息。最终得到有效文献 1326 篇。为方便从时间分布判断研究趋势，本文选择按照年代、数量分类统计数量，最终统计结果如图 9 所示。

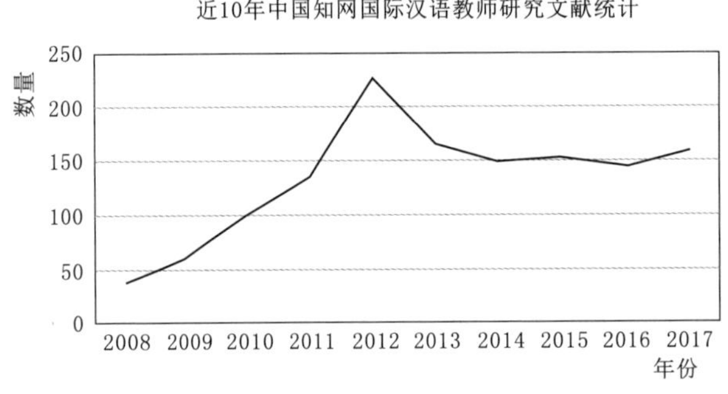

图 9　近年来中国知网刊登国际汉语教师研究文献统计

从图 9 可以看出，近十年来国际汉语教师研究的刊文数量呈逐年增长趋势，随着 2007 年汉语教育事业在全球范围内大力发展，研究数量在 2008 年开始逐年攀升，其中到了 2012 年研究数量增加到最高值，之后的几年时间呈现平稳状态，这一现象表明国际汉语教师研究已经较为成熟稳定，形成一个较为固定的研究主题。

上述教师研究发展趋势说明宏观层面的现状。就具体研究而言，基于实证数据的研究同样可以证明这一点。陶建敏（2015）对国内汉语教师认知研究现状进行了回顾，发现早期的研究主要以引介国外研究成果为主，研究方法方面经历了从思辨性、非实证研究为主到实证研究为主的转变，其中量化手段成为国内对外汉语教师认知研究的主要手段。同时个案研究方法受到重视（江新、郝丽霞，2010；孙德坤，2014），针对教师个体认知开展深入研究，具体的数据收集手段包括访谈、课堂观察、研究者日志、教师教案等。在研究内容方面，教师知识成为重要组成部分。黄启庆和刘薇（2017）回顾了三十年来国内国际汉语教师研究的现状，认为近十年教师主体性研究深化阶段，国际汉语教师专业发展研究进一步深入，专业知识发展是教师专业发展的重要组成内容，在专业知识发展中具有重要意义和个人特色的是教师实践性知识的发展。与前一阶段的理论探讨相比，该阶段研究主要体现为教师实践性知识的具体。发现近些年来的研究发展趋势表现在对教师素质、能力、意识等方面研究的增长，教师个体发展的相关研究正在受到学界前所未有的关注，其中教师实践性知识是一个重要的研究课题。

在对国际汉语教师研究现状进行分析时，吴勇毅（2015）从“应然”和“实然”研究角度对国内研究现状进行了梳理，发现目前针对教师的实然研究主要包括六个方面的主题，其中一个重要的主题是教师的知识，尤其是教师实践性知识的研究。

我国国际汉语教师师资培训环境下，课程的核心内容主要是围绕理论知识的积累（吕必松，2004）。相关文献表明，国际汉语教师的知识主要由普通理论和应用理论组成（黄锦章、刘炎，2004；赵金铭等，2010；赵金铭，2011）。根据吕必松（2004）的观点，普通理论应该包括从属于语言、语言学、跨文化交际和教育学相关理论，而应用理论应该包括应用语言学、外语教学、教学方法和心理学等方面的理论。过去一段时期国际汉语教师相关研究主要围绕理论知识、专业技能和能力以及专业标准展开，更多是关注教师的“应然”状态。很大程度上，此类研究是基于“专家学者的观点和看法”，并被视为用以培训国际汉语教师的标准。

国际汉语教师知识有关的研究逐渐得到学者关注（江新、郝丽霞，2010；兰晓明，2012；孙德金，2010，2014；吴勇毅、凌雯怡，2013），并初步形成了适用于国际汉语教师实践性知识研究的理论框架。比如，兰晓明（2012）认为教师实践性知识是建立在教师个体对有效教学实践的理解和努力过程中，是一种教师信奉并应用与课堂教学实践的一类知识。换而言之，在教学实践中是教师自己的知识在发挥作用。上述研究得出的研究结论说明，国际汉语教师实践性知识在从理论知识中筛选有用知识时起到过滤作用，只有当理论知识与实践性知识保持一致的时候，才有可能被教师接受、内化并成为教师实践性知识的一部分。

在回顾现有国际汉语教师相关研究的不足时，兰晓明（2012）认为现在国际汉语教学师资队伍培养遇到了瓶颈，过多强调学科知识和理论知识而忽略课堂实践知识，教师应该学会通过实践和反思的结合，理解和掌握具体的教学技能以适应具体的教学和文化情境。有学者指出（Orton，2008；Wang *et al.*,2013),质化研究有助于更好理解教师如何发展自己的教学方法和知识。这种研究为指导和提升现有的教师培训模式提供了可借鉴的指导（吴勇毅、凌雯怡，2013）。为解决现实问题，国际汉语教学研究需要重视教师实践性知识这一课题，并将其列为教师教育项目的核心内容（Freeman & Johnson，1998）。

开展教师实践性知识的研究对于国际汉语教师发展有着重要意义，这一点同样体现在一项大规模研究项目，2008 年立项的“北京语言大学对外汉语教学名师访谈录”搜集了大量成功教师的叙事，目的在于从优秀的教学经验中吸取有益信息，促进国际汉语教师事业和学科的长久发展（孙德金，2010），此类研究在一定程度上凝练了教师教学实践智慧。

为整体了解国际汉语教育领域教师实践性知识研究现状，本研究对国内、国际上现有文献进行了梳理，聚焦于对国内外从事汉语教学的教师相关研究，鉴于该领域相关研究起步较晚，与主题直接相关的研究数量有限，本研究在梳理文献时扩大了选择范围，把与教师认知有关的信念、知识等有关的研究收入在内，以期获得更多的研究启示。基于此，研究从研究者、研究主题和研究方法三个维度对文献进行了整理（见表 6）。

表 6　国际汉语教师实践性知识研究的主题与方法

研究者	研究主题	研究方法
Sun (2012)	新西兰华裔汉语教师的个人实践性知识研究，研究发现，教师移民和汉语教师身份和中国文化传统对个人实践性知识建构影响较大。	个案研究; 叙事探究; 访谈、观察
Moloney (2013)	在澳大利亚 20 位汉语母语教师通过跨文化教学法的活动培训，教师观念有所转变，从注重语言要素为主的传统汉语教学法转向关注学生辩证性思维的跨文化教学法	培训前后问卷调查、访谈

续表

研究者	研究主题	研究方法
Moloney & Xu (2015)	8 位从海外任教归国的汉语教师，发现实践性知识也随着教学情境的改变而有所变化	叙事；回顾式访谈
Zhou & Li (2015)	6 位在美国任教的汉语教师在课堂管理方面的理念与体验，发现文化背景与当地政策等因素带给教师课程开发、目的语的使用、课堂管理等方面的挑战	半结构式访谈；反思日志；参与式观察
Wang & Du (2016)	丹麦汉语课堂 12 名本族语和非本族语教师的教师角色认知和实践，研究发现，影响教师角色认知和实践的因素包括个人文化背景、过往经历和环境因素。	半结构式访谈、课堂观察
Wang (2016)	国内初级汉语课堂教师和学生对超语行为的态度和教师超语行为实践情况。	问卷调查、深度访谈、课堂观察
Xu & Moloney (2016)	八位在海外任教的志愿者汉语教师的实践性知识	叙事探究；深度访谈
Moloney& Wang (2016)	基于自我研究（self-study）的两位海外汉语教师的职业发展历程，研究表明无法深入参与到实践共同体内是制约其职业发展的重要因素。	叙事探究；反思日志
江新、郝丽霞（2010）	4 名新手和熟手对外汉语教师的实践性知识特征异同	个案研究；刺激回忆
吴勇毅、华霄颖、储文怡（2014）	从教师成长史的视角探究三位 CSL 教师实践性知识的形成与积累过程	叙事探究
孙德坤（2014）	两名国际汉语教师的实践性知识特点及其影响因素	个案研究；课堂观察，田野笔记
刘弘（2015）	对外汉语初任教师实践能力发展的内部和外部影响因素	问卷调查，课堂观察，访谈

从表 6 可以看出，围绕国际汉语教师实践性知识，国内外已有学者开展相关研究。相较于国内外英语教师的相关研究，汉语教师实践性知识的研究起步很晚。少数几项研究中并没有明确使用“实践性知识”的术语，但是在国际研究领域内学者立足于汉语教学的跨文化情境，从教师面临的挑战和实际遇到的问题出发，强调教师观念和实践性知识的研究对教师教育和学生学习的重要作用，并对教师的自我认知、对学生的预期和教学实践性知识进行了考察。近年来国外研究成果数量逐渐增多，研究者开始聚焦不同地域的汉语教学活动，如美国、澳大利亚、新西兰和英国等地（Moloney & Wang,

2016；Moloney & Xu，2015；Sun，2012；Wang；2015）。

在国内相关研究中，江新和郝丽霞（2010）的研究首先回顾评述了教师实践性知识研究的发展过程，在以往研究基础上搭建了实践性知识的分析框架，并结合实证数据分析了对外汉语教师的具体实践性知识，该项研究选择的视角为新手和熟手教师实践性知识的异同之处。此类研究提供了全新的视角，有助于理解教师在教学实践中使用或表现出来的教学理念，从教师内隐的认知世界丰富了学界对于教师知识的理解。由此，有研究强调教师知识具有个人性、专属性等特征，并引入"个人实践知识"概念（孙德坤，2008），主张以个案研究探讨包括"自己做学生的经历"在内的、出自个人经验的全部。以孙德坤（2014）的研究为例，对两名在新西兰任教的国际汉语教师个人实践性知识开展的个案研究颇具代表性，该研究选择了跨文化教学的视角对探究了文化背景和身份认同感对教师个人实践性知识的影响。此外，吴勇毅等（2014）以叙事方法从教师成长史的视角探究三位 CSL 教师实践性知识的形成与积累过程。

已有研究表明，中国教师在西方教学情境下的教学往往遇到困难，这与不同的社会文化影响有关。研究者认为，这种冲突和挑战源自中国教师受儒家文化影响的传统中国教育思维。西方教师常常作为学生学习的促进者和辅助者，和学生地位相当；而从西方教学理念角度看来，中国教师的角色往往是负面的，比如知识权威、喜欢以教师为中心，尊师重道、注重知识的灌输和严格的纪律，依赖教材（Moloney & Xu，2015）。然而，也有研究者指出，海外中国教师也在努力适应当地的教学情境，他们的实践性知识也随着教学情境的改变而有所变化（Moloney，2013；Wang & Du，2016；Moloney & Wang，2016）。Sun（2012）选择一位在新西兰从事汉语教学的中国一名教师为研究对象，从传统东方文化的视角探究了这名教师的个人实践性知识，研究结果表明传统文化背景和身份认同感影响到其个人实践性知识的形成和教学实践，进而研究者提出未来研究更多从跨文化视角研究教师实践性知识。研究发现，在丹麦的中国教师能够意识到教师要以学生的兴趣和需要为主，只是他们的认识仍然停留在概括抽象的教师促进者的描述上，至于具体如何发挥教师促进者的作用还没有切实可行的策略，发现教师在课堂中存在实践活动与教师个人认知不一致的情况（Wang & Du，2016）。

在教学研究层面，研究发现英国的汉语教师选择开发适合学习者需求的学习材料上遇到困难（Zhang & Li，2010），而澳洲的汉语教师不太注重语言交际能力的培养，相反强调机械操练、死记硬背和汉字的学习。教师交际能力的缺乏导致和学生之间跨文化沟通的困难（Tong, Yin & Tsung,2022; Orton，2008）。近些年在美国、丹麦和澳洲的国际汉语教师开始尝试所在地域的本土化教学方法，使教学指导适应学生的学习方式（Moloney & Xu，2015；Wang, 2015；Wang & Du，2016）。然而，在跨文化教学能力方面，中国教师注重文化知识的传播，和西方汉语教师的培养学生跨文化差异意识和公民全面教育的教学理念还存在一定的差距（Wang & Du，2016）。通过跨文化教学法的活动培训，教师观念有所转变，开始从注重语言要素为主的传统汉语教学法到关注学生辩证性思维的跨文化教学法（Moloney，2013）。Zhou 和 Li（2015）研究发现国际汉语教师在实施跨文化语言教学时面临着多方面的挑战，包括课程开发，目的语的使用，课堂管理，科目教学，教学风格等。这些挑战需要国际汉语教师在课堂管理技能提高、课程开发和教学风格转换等方面有所提升。另有研究表明（如 Zhang, Wu & Zhu, 2020），职前汉语教师选择从教的意愿受到多重因素的影响。以上研究可以看出，由于传统文化和国内学校教育影响，中国教师个人观念和实践性知识的转变和发展不是一蹴而就的。在跨文化教学情境下，教师在对教师角色、教学重点和师生关系上认识的转变是缓慢的过程。

综上所述，从国内外发表的相关成果来看，不同文化背景下汉语教师教学研究开始受到越来越多的关注，有少量研究聚焦于教师在教学情境遇到的困境、挑战，以及教师所思所想。从研究内容和深度来看，国外研究呈现出深度挖掘教师所思所想等认知层面的内容，并从跨文化教学角度挖掘社会文化因素；而国内研究大多停留在对实践性知识内容的描述层面，即是 2.3.4 部分所述的第一阶段，缺少足够的研究从深度探究教师教学行为背后的认知因素。

2.5.3 国内外相关研究动态评述

上述文献梳理显示二语教学研究领域的教师实践性知识研究已经积累

了一定的研究基础（Borg，2003；Freeman，2002；Johnson，2006；Xu & Moloney，2016），上述文献回顾可以看出教师实践性知识已经成为二语教学研究领域的重要主题。

首先，实践性知识研究为二语教师研究打开了一个内部视角，研究成果描述了实践性知识丰富的内容和特征，表明了教师的教学行为受到个人教学理念的支配和影响，反映出了二语教师实践性知识具有个体性、情境性、实践性、默会性等特征（Meijer *et al.*，1999）；同时，实践性知识是教师持有的情境化和内化了的特殊知识，产生于并作用于教师教学行为，是一种合法知识，是教师知识基础的重要组成部分。但也需要认识到，已有的教师实践性知识也存在一些问题。第一，目前研究中对实践性知识相关概念较为混乱，一方面表明研究的视角不同，另一方面也说明对教师实践性知识内涵和属性认识不够深入。第二，现有实践性研究的主题主要包括实践性知识呈现出的形态，在教学场景中呈现的具体方式，如意象等，但对教师如何获取、组织、应用这些知识，尚无明确定论，需要进一步探究。

有相当多的研究聚焦于教师实践性知识的分类。康晓伟（2017）在对国内教师实践性知识研究进行回顾时指出，目前教师实践性知识的内部知识逻辑结构仍旧不明晰。但实践性知识的缄默性、动态化等特征（Cochran *et al.*，1993；Elbaz，1983）意味着教师教学行为的背后蕴藏着不易察觉的教师认知思维，各类知识的边界并不明晰。

目前的研究较多关注教师实践性知识的应然状态（吴勇毅，2015），对实然状态的相关研究仍然欠缺。对外汉语教学研究领域对教师实践性知识的关注经历了从理论思辨到实证研究的转变。早期相关研究主要是借鉴吸收国外二语教学领域的研究成果，以思辨的方式探讨汉语教师应该具备的知识结构和教学技能（李泉，2009；王添淼，2010；吴勇毅，2012）。但此类研究并未跳出经验总结型的思辨模式，没有从微观层面关注课堂教学实际，无法揭示汉语教师实践性知识的复杂内涵，无法为汉语教学实践提供有力的理论和操作层面的参考。基于这一实际诉求，有学者开始采用实证研究的方法探索汉语教师实践性知识，其中江新和郝丽霞（2010，2011）借鉴国外学者Gatbonton（2000）和Mullock（2006）的实践性知识分析框架和分析方法，对比研究了熟手教师和新手教师在课堂环境下的实践性知识，其研究发现对本研究有两个方面的启示。首先，研究结果表明从实践性知识分类使用情况看汉语教师与国外两项研究的结果较为一致，说明语言和社会文化环境等因素不会影响到实践性知识的总体构成；其次，该研究提出“跨文化交际知识”应该成为国际汉语教师必备的能力，“在汉语课堂上应用跨文化交际知识，对学生的母语和文化有比较深入的了解”（江新、郝丽霞，2011），这对未来研究带来的启发是，应该把跨文化因素纳入到实践性知识的研究范畴内。

表 7 教师实践性知识研究方法

研究者	研究范式	研究方法
Elbez(1981)	实践认识论	行动研究法
Conelly&Clandinin(1985)	个人默会认识论	叙事法
Schön (1983)	实践认识论	行动研究法
Shulman(1986)	实践认识论	哲学思辨
Van Manen(1995)	现象学	叙事法

其次，研究方法的选择方面呈现多样化（见表 7），包括行动研究法、叙事法、哲学思辨等。有研究对教师实践性知识进行详细标注、分类后进行量化统计（Gatbonton，2000；Mullock，2006；江新、郝丽霞，2010；凌雯怡，2013)。此类研究在具体操作过程中，对收集到的各类数据进行“切分、标记、归类”，进而统计各知识分类的数量，以方便进行跨案例对比分析。虽然此类研究在本质上仍属于质化研究，收集到的访谈、课堂观察、文档资料等均为质化资料，但在数据分析时，严格依据编码规则进行数据切分，计算各类知识的分布。从认识本体论来看，此类研究属于个体观视角对教师实践性知识进行频次统计，对教师教学行为和教学理念进行详细归类（Burns *et al.*，2015）。但是这种研究方法存在问题在于，在进行认为数据切分过程中，可能会遗漏诸多情境因素，陈向明（2009）认为教师实践性知识尤其动态性、复杂性，在数据分析过程中如果采用单一数据分析手段，不利于还原实践性知识产生的具体情境。

此外，国外二语教师专业发展研究领域总体上以实证研究为主，其中质化研究占据主要地位（徐锦芬、文灵玲、秦凯利，2014），相比于量化手段，质化手段更有利于揭示教师在教学生活中的“真实自我”。由于教师实践性知识更倾向于关注教师“个体”认知，质化研究方法帮助研究者发现教师个体的经历、信念和教学情感及其变化过程，全面地呈现教师成长经历、心理、社会文化等方面的相互影响，以及实践性知识建构的复杂性、动态性、多样化。基于上述分析，在教师实践性知识研究方面，质化研究方法有着得天独厚的优势。在语言教师研究领域，研究方法一直与语言教师教育的支撑理论保持一致。早期关于教学的观点是基于教师的职业培训，由此，第二语言课堂研究主要使用准实验方法和观察量表，目的在于检验教师教学方法的有效性。这种教学的行为主义模式缺乏关注教师内心世界活动，因此受到学者们诟病。质化研究方法的使用有助于聚焦教师在与学生互动过程中的角色变化以及关照其所处环境，近些年来这样的方法开始普及开来。质化数据收集方法（如田野笔记、访谈、反思日志或刺激回忆）目的在于使原本缄默的教师认知过程变得显性一些，进而提供对教师实践活动进行描述。

再者，从发展趋势来看，无论是普通教育领域还是二语教育研究领域，现阶段的教师实践性知识研究正在从静态方式描述实践性知识的结构、表征形式转向深度挖掘实践性知识建构规律、形成机制和生成媒介等（张庆华，2015）。鉴于此，从不同角度、不同学科和不同研究群体开展实践性知识研究将为教师认知研究提供更丰富的成果。随着全球化进程和教育国际化进程的推进，二语教学对象的多元化和教学环境的复杂性需要更多地从跨文化视角对教师实践性知识开展研究（孙德坤，2014）。如 Verloop *et al.*（2001）所言，教师实践性知识具有学科间的差异性和阶段性发展的特征，对其研究具有现实的意义。

以上对二语教师实践性研究现状的评述对本研究的开展带来一定的启示。首先，已有研究表明，教师实践性知识源于教师过往的生活经历和已有知识，虽然已有研究发现实践性知识可能受到教学情境等外部因素的影响，但其丰富内涵蕴藏于教师日常教学活动，教师实践性知识的内涵挖掘更适合从微观层面进行探究；其次，目前国内教师实践性知识的研究成果主要是基于西方学界的理论基础和研究成果（康晓伟，2017），对我国本土化的教师实践性知识研究较为薄弱。未来研究的突破口可以考虑扎根于中国传统历史哲学文化背景，吸纳丰富的中国传统教育智慧，例如中国古代哲学思想中的“知行观”，对我国教师尤其是国际汉语教师的实践性知识进行深度挖掘，此类研究将会有利于外来理论的本土化进程。

总体而言，二语教师实践性研究现状表明，未来研究还存在很大提升空间。具体来说，二语教师实践性知识和知识群落之间的复杂关联性，二语教师实践性知识建构的动态路径及其影响因素。上述评述对本研究的启示是，国际汉语教师在教学情境遇到的困境、挑战时，如何运用已有知识实施教学，如何通过反思和情境学习构建新的知识，教学行为背后的教师所思所想如何作用于教学策略的选择等。

2.6　本研究的理论视角

在对国际汉语教师实践性知识建构进行路径和因素分析之前，有必要建立一个适切的分析框架。研究选择从情境视角审视教师实践性知识，认为它是一个动态存在而不是静态线性的概念。教师实践性知识可以被视为是多重因素共同作用的结果。

2.6.1　社会文化理论

近年来，教师认知研究领域出现“情境观（situative perspective）”（Putman & Borko，2000），强调教师“知、思、学”的情境性、社会性及其跨越个人—他人—工具的分布性本质，实际上是 Greeno *et al.*（1996）对 Dewey 科学教育观和 Vygotsky 社会文化理论的综合体现。社会文化理论（Vygotsky，1978）为解析本研究中复杂的教师实践性知识建构过程提供理论指导。Johnson 和 Golombek（2011）总结了社会文化理论框架中的三要素：内化与转变、最近发展区和中介工具。基于社会文化理论，上述概念可以有效解释教师在教学情境中寻求和利用中介资源，创造内部和外部的“最近发展区”为个体发展实践性知识提供认知和情感支撑，从而实现教学理论的内化到教学活动发生实质性转变，这一过程是教师不断进行自我对话式的反思和与周围环境进行互动协商的过程。

过去二十年来以认识论为基础的社会文化转向使得知识不再被看作孤立、客观的实体，而被认为与识知者（knower）和识知过程（knowing）密不可分。传统教师教育所关注的是“如何教学”，但是，“随着教师知识观的转向，教师教育开始关注教师如何学习与发展，探究他们是如何学会做老师、成为好老师的”（刘学惠，2008：10 — 11）。在 Johnson（2009）看来，在社会文化视角下第二语言教师教育研究应该把教师角色理解为“教学的学习者”，应从认识论的视角来调整二语教师教育的内容、结构及过程。二语教师教育的发展与研究，从行为主义理论到建构主义理论的转向使得教师学习者从即得知识“消费者”重塑为思考者、从业者，并最终形成教师个性化教学理论，即以理论指导实践的“反思实践者”（Richards，2008）。社会文化视角为研究者提供了理解教师识知过程的可能，在该理论关照下，教师认知源于教师参与的社会活动，并将外在的社会活动内化（internalization）扩充为新的认知内容，进而理解隐性的教师意识中的不同概念和作用如何发展，教师学习教学活动的隐形特征得以可描述，最终完成理解教师学习如何改变对教师自身、学习者以及教学活动的过程（Johnson，2009）。在社会文化转向的视野下，处于学习教学过程中的教师被视为是社会成员，其学习活动需要依靠外部环境作为支撑和中介，将过去的教师个人发展转向为教师学习者之间的互动，从而实现彼此间的认知发展。正如 Lantolf（2000：17）所述，“甚至在专家和新手共同合作的情形下，如同在教学情景下，新手不仅仅只是模仿专家的能力，相反他们在教学实践过程中能够将专家提供给他们的加以转化”。此外，通过教学，教师的个人活动从开始受到他人和文化工具的介入、影响，到后来能够将这些社会活动加以调节、控制、重构，“把内部活动转变为他们对自身、对学生以及对教学活动的理解”，实现 Johnson 所描述的“通过外部社会所调节的活动到由教师个人所控制的内部调节来观察教师的进步”（Johnson，2009：17），最终使我们的注意力更多的用于关注教师“识知”的过程、这一过程中教师的意识如何变化，以及学习过程如何改变教师学习者和其语言教学活动。当然，基于社会文化观的教师学习涉及学习发生的场合及他人的参与，它将学习视为知识的建构和发展，其中不仅有个人的成就，也强调教师教育者和学习者之间的合力，教师教育者实际起到脚手架的作用以辅助学习者共同完成教和学这一过程。

传统建构主义理论强调个体如何主动调整个人心理活动以适应外部环境，社会文化理论强调从客体角度分析问题，偏向于从更加广发的视角解析社会文化环境对个人思维和认知产生的影响。从理论的解释力方面而言，社会文化理论对于更深入的理解教师实践性知识具有适切性。具体可以从以下几点进行阐释。

首先，教师实践性知识具有"个人性"特征，与教师复杂的心理世界和心智生活（mental lives）密切相关，影响实践性知识建构的因素纷繁复杂。社会文化理论为理解教师学习的内在认知过程，尤其是实践性知识的建构过程有很强的解释力。社会文化理论认为，人类学习和发展具有情景化和社会化特征（Johnson & Golombek，2011），教师学习教学的活动具有动态性，在特定的教学情境下通过参与和同周围环境互动完成一系列学习活动。

其次，社会文化理论为理解教师如何通过不同的调节手段完成学习教学，教师实践性知识如果通过不同的调节工具构建而成。同时，在社会文化理论视角下，教师对所从事的第二语言教学活动产生更加深刻的而理解。第二语言教学活动如同其他人类活动一样，具有很强的目的性，受到各种社会关系的调节，不是独立于社会环境的个体现象，教师实践性知识可能受到宏观教育政策、课程大纲等社会文化结构的影响。

最后，社会文化理论视角下，教师实践性知识作为教师学习的结果，有很强的社会化和情景化特征，强调教师知识发展的社会化过程和认知过程，强调教师自我反思能力在教师实践性知识建构过程中的调节作用。基于社会文虎按理论视角，教师认知发展自所参与的具有社会意义的活动（Johnson，2009），受到所处环境中诸要素的调节（mediation），由教师对获取的信息进行内化，实现教师职业能力的转化，实现教师个体高级认知能力的发展，而上述过程的实现并非是线性发展，而是在活动过程中不断地循环发生（Vygotsky，1978）。同时，实践共同体理论认为，学习是特定形式的合作社会参与，是积极参与实践共同体并在其中发展专业技能的过程（Lave & Wenger，1991；Wenger，1998）。教师所参与的实践共同体是由具备共同教学研究兴趣的教师组成，以直接参与、想象和结盟等方式参与共同体（Wenger，1998）；参与过程中以共同体为载体、以共同的愿景为导向、以协商互动为基础、以教学学术问题为基础、以实践参与中的身份认同为标志的学习和发展过程。无论是教学实践共同体还是学术研究共同体都可能在教师实践性知识的形成与发展中的作用（姜美玲，2008）。

2.6.2 转化学习理论

作为成人学习的一个新兴理论，转化学习理论（transformative learning theory）逐步被引入到教师教育研究领域，用以解释教师学习的复杂过程。该理论的代表人物包括 Mezirow（2000），该理论的基本观点可以表述为，成人学习的首要目标不是简单的积累知识，而是转变不利于新情况下意义建构过程的旧有认知。Mezirow（2000）提出的转化学习过程模型认为，学习开始成人在现实生活中遇到的问题情境，原有的知识体系无法解释遇到的新鲜经历。问题情况出现后，学习者开始进行批判反思，可能会带有一定的情感对问题情况做出审视判断，进一步反思评价问题情况背后的认知系统。在参与反思交流时，学习者分享交流中反思各种不同的认识体系，逐步探索新的角色和行动策略；到了具体行动阶段，学习者计划并尝试新的行为，运用新的知识为实践过程进行指导，最终内化为个人实践意义系统。该理论模型可以概括为图式（图 10）。

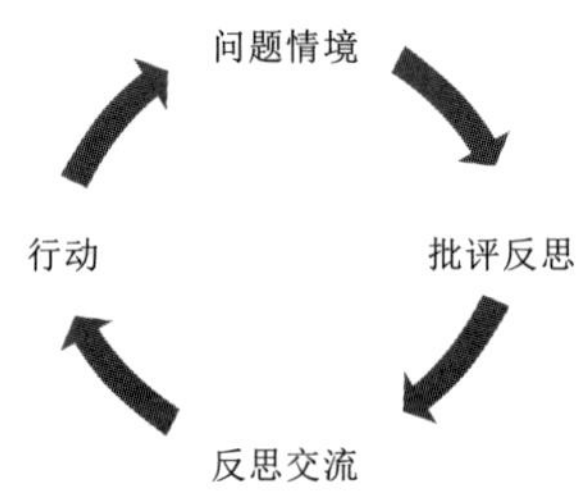

图 10　转化学习理论模型[1]

基于该理论，Mezirow 认为成年人学习是一个转化过程，在遇到新情境时发展新知识和投入更大的精力更新知识，该模型的理论观点体现在问题情境、批判反思和反思行动。在 Mezirow（2000）的转化学习模型的基础上，原有的学习过程分析框架修改为触发事件、教师反思、对话交流、行动和结果五个阶段维度 (Fisher-Yoshida *et al.*，2009)。其中调整后的触发事件成为一个比原有模型中迷茫困境更加宽泛、包容性更

1　参见 Mezirow，2000。

强的上位词，可具体分为积极事件、消极事件和新情况；教师反思包括对内容的反思、对过程的反思等；对话交流涉及呈现、分享、评估和重构等类别；行动涵盖计划、学习、尝试和实践；而结果包括教师认知的改变、实践的改变和情感提升三个类别。细化后的维度和类别共同组成教师转化学习的整个过程。

在上述分析的基础上，本研究选取转化学习理论作为理论视角，旨在从教师“内部视角”观察教师如何在教学情境中建构个人的实践性知识。该理论与本研究的契合点主要集中在两个方面。其一是该理论是在原有的建构主义基础上发展而来，认为行动者新的认识系统是在进行反思后通过辅助以实践而建构起来。现有研究表明，教师实践性知识源自于教学情境，同时又为教师教学行为提供指导（Golombek，2009），在这个循环过程中逐步构建起新知识。从这一点而言，转化学习理论对于本研究有指导意义。其次，转化学习理论继承了 Dewey 的经验主义和 Schön 的反思实践理论，重视行动者的实践经验在学习与职业发展中的重要作用（Fisher-Yoshida *et al.*，2009）。现有研究表明，教师实践性知识是在个人因素、教学情境和教学活动各个区的相互作用下建构而成，在这个互动关系网中，作为行为主体者的教师通过不断地行动中反思（reflection-in-action）和为了行动而反思（reflection-for-action）对教学活动的学科内容、教学方法、学生以及自我产生新的认识，进而重构个人实践性知识。

2.7　研究概念框架

研究中的概念框架是开展研究过程中选择相关变量、分析概念间的互动关系、选择研究方法和工具以及进行研究结果阐释的基础（Miles, Huberman & Saldana，2013）。概念框架一般利用图形直观显现出来研究中的重要概念及其关系，所涉的关键概念主要来自于文献综述，通过对选定课题的现有文献进行梳理，分析关键术语、模型和理论的意义，基于研究问题的属性、数据资料的收集分析路径，搭建一个临时性的框架，作为研究方法选取、资料收集和数据分析阐释的路线图（Miles *et al.*，2013）。

国际汉语教师教学实践性知识的操作性定义是：教师基于个人生活史、教育教学经验和日常教学活动中的教学实践反思，逐渐积累起来的、在对留学生汉语教学活动中实际使用的，与教育教学情境相适应的动态知识体系。

本章综述了教师认知的概念与研究范式现状、教师实践性知识的定义、内容范畴、影响其建构的诸方面因素、教师学习研究对教师实践性知识建构的意义、社会文化理论和转化学习理论对教师实践性建构的指导作用。通过文献梳理，本研究发现现阶段的教师认知研究转向“由内到外”深入探究教师知识与教学实践之间的互动关系，教师持有的理论知识通过反思实践内化为实践性知识，同时作用于教师课堂教学决策。现有研究发现，教师实践性知识的建构与教师在教学情境下学习教学有关，可能会受到社会文化环境、外部环境（如院系氛围、教育政策、人际关系等）和个人因素的影响，同时教师实践性知识是教师在教学活动中使用的动态知识系统，受课堂教学中的各种互动关系的影响。

基于对现有文献的系统梳理，结合本研究的属性和提出的研究问题，同时参考教师专业发展成因关联模型（Clarke & Hollingsworth，2002）和教师实践性知识建构层级原理（Duffee & Aikenhead，1992），本研究搭建了初步的国际汉语教师实践性知识研究概念框架（见图 11）。

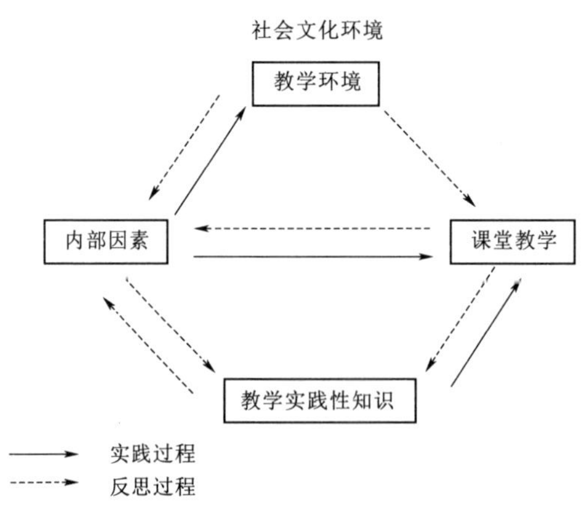

图 11　本研究概念框架

2.8　本章小结

本章通过文献回顾，对教师认知、教师实践性知识等相关概念进行了梳理和重新界定，梳理了教师实践性知识的结构和内容、内在和外在影响因素之间的互动关系，讨论了本研究采用的主要理论视角，在已有研究的基础上进行了理论建构，提出了适合本研究的概念框架，用以指导本研究的研究设计，基于此选择恰当的数据收集工具和分析框架。下一章将会涉及研究设计，具体内容包括研究方法的选择，研究对象的确定，数据收集和分析方法，研究的信度、效度以及研究伦理等。

第三章　研究设计：范式、工具、理据

3.1　引言

在实施一项研究过程中，选择适切的研究方法对于研究质量来说至关重要(Bryman, 2015)，能够引领研究者找到探究具体现象本质属性的恰当路径。本章将对研究设计进行详细的阐述，具体内容包括：研究方法选择的依据（包括研究范式的确定和个案研究的选择理据）、研究场地和研究对象的选择、数据收集方法的选择理据与实施过程、数据分析方法的选择与实施、研究信度与效度的保证措施以及研究伦理的论证。

3.2　研究方法选择与理据

本节将主要从哲学范式、研究策略和方法选择三个层面（Cohen, Manion, & Morrison, 2017; 郑新民、左秀媛, 2014）讨论本研究的方法思路。

上述三个层面的选择是基于研究问题的本质属性。本研究的目的在于探究国际汉语教师在日常教学生活中所使用的实践性知识与建构过程，提出的研究问题包括：1）二语教师实践性知识包括哪些方面的内涵？2）二语教师实践性知识的建构呈现出什么样的特征？3）二语教师实践性知识的建构受到哪些因素影响？研究主要通过探索研究对象对自身学习教学经历和日常教学行为的理解和叙事来回答上述问题，并未对教师的教学行为进行干预，完全在自然状态下探索实践性知识的建构，观察他们的行为如何在时间空间内与所处情境要素互动，实践性知识各维度如何随之在内涵和外延上不断拓展。

第二语言教师知识研究可遵循不同的研究范式，如实证主义、阐释主义以及批评框架（cirtical frameworks）（Borg, 2009）。在已有文献中不同研究

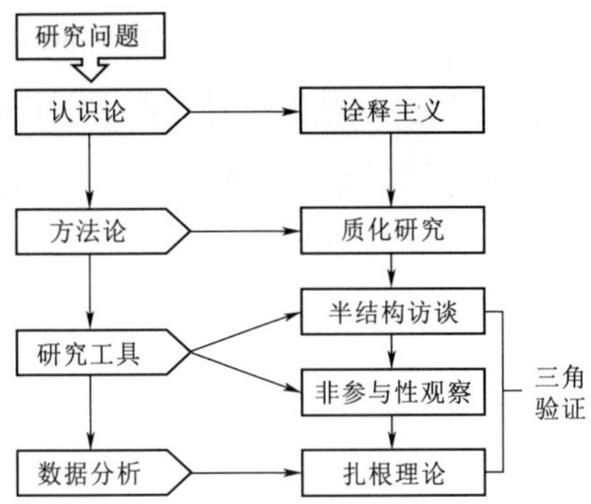

图 12　本研究总体研究设计框架

范式的选择是基于对现象本质和研究目的得不同理解。针对特定的研究目的选取具体的研究方法，据此选择收集数据的工具（Creswell，2015）。本研究旨在探究国际汉语教师的实践性知识内涵和建构特征，选择了适用的研究方法（Bryman，2015；Cohen *et al.*，2017；Creswell & Clark，2017；Nunan & Bailey，2009），围绕本研究本质和研究目的设计了研究思路（见图 12）。

基于文献梳理和确定的研究目的，本研究中的研究设计遵循阐释主义范式。社会科学研究的重要目标是对社会行为做出深刻理解，而为解答研究问题和挖掘研究发现，方法论的选择可能是多样化的。如上图所示，数据收集工具包括课堂观察（Allwright & Bailey，1991；Bryman，2015；Cohen *et al.*，2017；Wiersma，2000）和半结构访谈（Bryman，2015；Cohen *et al.*，2017；Flick，2014），数据分析采用扎根理论（Bryman，2015；Corbin & Strauss，2014；Miles *et al.*，2013），对数据进行自下而上地归纳分析。下文将首先从研究范式的确定和个案研究的选择理据进行解释。

3.2.1　研究范式的确定

范式（paradigms）代表着研究者理解世界的不同方式，隐藏在研究者关于研究本质和研究设计的理念之中。Denzin 和 Lincoln（2017）把范式解释为一组信念或世界观，这种信念或世界观决定着认知范围内世界的本质，个体所扮演的角色以及与所处世界的关系，并且是某一现象的具体分析单位。库恩（Kuhn）提出了“范式理论”或“科学革命”，把范式定义为“特定的科学共同体从事某一类科学活动所必须遵循的公认的‘模式’，它包括共有的世界观、基本理论、范例、方法、手段、标准等等与科学研究有关的所有东西”。随后用“学科基质”（disciplinary matrix）来进一步明确范式这一抽象概念的内涵，“学科”指的是具体学科的共同体所共有，“基质”指的是各种构成要素，包括符号通式、范例模式、价值观和样板模块。总体而言，范式这一概念表明了各个学科内部都应遵守一套完整的理论观点、价值观念和方法体系等规范。研究者的世界观源自于本体论认识，即现实世界的本质和呈现形式，而认识论（epistemology）解决的是认识者（knower）与被认识事物之间的关系，方法论用以解决认识者以何种方式达到认识事物的目的（Guba & Lincoln，2017）。

研究者选择特定的研究方法取决于其对认识社会现象的世界观，不仅仅局限于研究方法的纯技术操作层面（Cohen *et al.*，2017）。在社会科学研究中有两种主要的研究范式，分别是标准化研究范式和解释学范式（Ellis，2012；Popkewitz，2011），又称为实证主义研究范式和解释性研究范式（陈向明，2000），前者认为社会现实是客观存在，而后者强调社会现实中人的主观作用；从本体论层面，前者认为社会现实是客观存在，后者认为是基于个体体验和直觉；在认识论层面，二者又有知识的客观、真实或主观、经验之分。研究者持有的立场观点影响到获取知识的方法选择，即量化研究方法与质化研究方法之分。

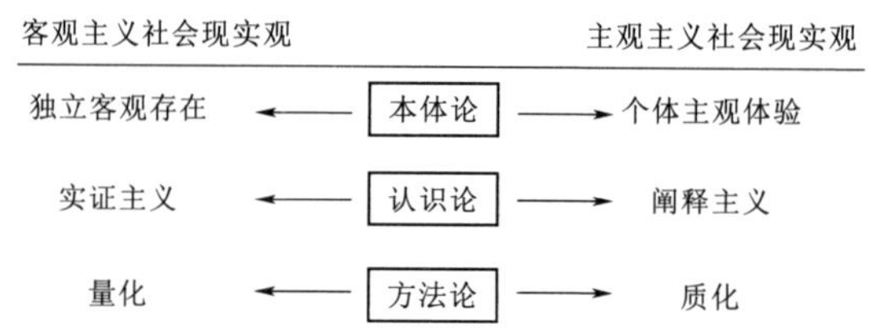

（详见 Cohen, Manion & Morrison，2017）

图 13　研究范式的选择

上述分析以图式呈现，可以参见图 13。前者强调科学研究目的在于确立并验证事物之间的因果关系，强调量化测量和分析并以数字的形式呈现研究结果；后者则强调整体和质化信息的意义诠释。两大探究范式的分歧主要体现在其对真理、探究、证据以及研究者作用的假定不同（Cohen *et al.*，2017; 陈向明，2000），涉及客观性、效度、信度以及真理的标准等方面（Walker & Evers，1999）。而这些假定和认识方法引导研究者如何理解和探究世界。质化研究认为世界上没有纯粹的客观事物，任何事物的研究都要受到研究者本身所处的社会文化、历史环境的影响。从本质上讲，研究者本身的知识和看法即是研究工具的一部分，在实际操作中，难以做到绝对的客观公正。因此，质化研究更注重研究者对研究对象的深度描述和阐释，以了解事件发生的过程和变化轨迹（Bryman，2015；Creswell，2015；陈向明，2000）。较量化研究而言，质化研究强调的是真实性和可信度，而不是普遍性和推广性（Denscombe，2014）。阐释主义研究范式强调一种整体观和相互联系的观点，认为人的行为是有意义的，研究者不应只看到行为表现，而应揭示行为背后的意义，达成共识性的理解。阐释主义的研究范式要求研究者深入现场，观察研究对象；并对自己的研究方法进行深刻反省，在这一基础上对研究对象的意义解释系统进行再现和建构。

上述内容可以简要表述为：1）阐释主义范式旨在寻求对人们的理解、阐释和体验；2）过程和意义是理解人类行为之根本（Bryman，2015）；3）阐释主义重在归纳，而不是开始于理论，研究者基于体验和理解才构建理论，数据来源主要是人们的行为和对行为的理解（Cohen *et al.*，2017）；4）研究者能够利用质化研究的优势，例如采用小样本分析（Bryman，2015）。

研究中方法论的取舍取决于研究者对知识本身的认知（Corbin & Strauss，2014）。本研究目的在于探究在日常教学实践中国际汉语教师实践性知识的内涵、特征以及教师是如何与周围教学情境互动来不断拓展实践性知识，研究主要通过探索研究对象对自身学习教学经历和教学行为的理解和叙事来回答上述问题，并未对教师的教学行为进行干预，完全在自然状态下探索实践性知识的建构，观察他们的行为如何在时间空间内与所处情境要素互动，实践性知识各维度如何随之在内涵和外延上不断拓展，这一研究思路与阐释主义哲学范式的特点较为符合，因此本研究选择阐释主义范式作为研究指导范式。

基于上述阐释主义研究范式框架，本研究选取该范式的理据在于：1）教师实践性知识产生于教学行为和教师已有知识之间的活动，由多样化社会行为构建而成；2）国际汉语教师的行为社会化过程受其教学行为与教师知识的影响；3）国际汉语教师的教学行为和实践性知识发展受社会文化、教学情境包括学生群体的影响。

本研究遵循探究—阐释主义范式，选择多重个案作为研究路径，源自于本研究关于教师实践性知识的研究本质与个案研究的研究属性存在契合之处。多重个案研究适用于本研究中对教师实践性知识的特殊性和复杂性的探究。研究者使用对教师课堂教学的观察和对教师开展的深度访谈作为数据的主要来源，同时采取不同手段获取支撑数据，进而获得多样化数据深入探究实践性知识。在回顾教师认知领域研究方法时，Borg（2006）批判使用单一工具收集数据的做法，认为类似的研究设计所提供的数据无法揭示教师实践性知识的复杂性。Van Driel *el al.*（2001）同样认为教师实践性知识是由所处工作情境，结合经验性知识、理论知识和个人信念共同组合而成，要想揭示知识复杂性，有必要采用多种方法的研究研究设计。

融合多种方法的研究路径往往从不同角度来探索某一研究问题（Cohen *et al.*，2017）。在社会科学研究领域，为了得到具有说服力的研究发现，可以设计互补式的研究设计并采用多种研究手段，这种做法被称之为“三角验证”，意思是在研究人类社会中某一行为或现象时使用两种以上的方法收集数据的做法。

3.2.2 个案研究的选择理据

本研究采用多例个案范式（multiple case），原因在于本研究的理论基础与研究属性与个案研究范式的理论基础存在一致性。作为教育领域质化研究最为常见的一种方法，个案研究（case study）在应用语言学研究中同样受到普遍应用（Duff，2008），是在自然环境下，研究者对某种社会现象进行客观观察，逐步发掘情境因素内在关联与互动机制，主要运用于学习者语言发展、教师认知与发展、语言社会文化以及语用能力发展等相关研究（Duff，2008）。

个案研究是对某个个体、现象或者社会团体深度、全面地描述和分析（Merriam，1998），其主要特征是，运用质化数据收集手段（如观察、方案、音视频材料、文件资料等）来对某一个案或者多重个案进行详细、深度的描述，最后对个案进行描述性汇报以及生成一定的个案主题（Cresswell，2015）。

为达到深入理解某一现象的目的，质化个案研究往往发生在自然情境下，把研究者作为主要工具来收集数据，需要研究者调用默会知识来分析、理解研究对象所处情境，使用归纳分析的方法生成有关人类互动行为的理论（Burnett，1998）。个案研究的侧重点在于关注某一个体个案而不是为了关照普适性的现象（Rossman & Rallis，1998），与量化研究中随机抽选研究对象不同，个案研究必须客观看待研究对象发生的一切事实。个案研究包含三大要素，即描述(description)，主题（issue）和阐释（interpretation）（Stake，1995，2006）。如果是选择某一有界限的系统（a bounded system）作为研究焦点，比如某一个体人或某一事件过程，那么选择个案研究有较高的合理性（Merriam，1998）。开展个案研究应该遵循一定的原则，1）特殊性，聚焦一个特殊情境或现象；2）描述性，最终成果是一份对这一现象的丰富、深入的描述；3）启发性，强调研究中研究者对现象的解读；4）归纳性，依据归纳推理开展论证（Merriam，1998）。

为达到对研究对象个人理念和行为的深度理解，研究者需要使用多种数据资源来呈现其复杂结构，以深入理解研究问题（Merriam，2002）。因此，数据收集手段的多寡某种程度上决定着对研究对象实际现状的理解程度。数据收集手段的多样化有助于研究者从不同角度证实收集到数据的可信度。Yin（2013）列出了个案研究中常用到的数据来源：文件、档案资料、访谈、直接观察、参与式观察、和实体物件。具体方法的选择要从研究问题和回答研究问题所需的数据类型（Duff，2008，p.100），以及相应手段使用的可行性。

根据 Duff（2008）的观点，个案研究的具体实施步骤设计到诸多关键要素，各个环节之间存在互动关系（见图 14）。在这个可视化个案操作流程图中，各个步骤之间的关键以箭头形式连接，可以看出研究中理论与实践之间的互动关系；数据收集和分析为数据诠释解读提供依据，同时数据诠释解读又证明了研究设计的正确性；研究结果分析呈现和研究报告的撰写反馈到后续数据分析、诠释、研究结论和未来研究。该流程图清晰呈现出个案研究如何成为一个连贯、合理的研究实体。带给本研究的启示在于，从研究问题的提出，到数据收集、分析、呈现、诠释，再到理论生成是互动、共生的。基于此，本小节重在解释研究范式理据，随后的部分解释各个环节的操作规范和理据，以保证本研究的研究质量。

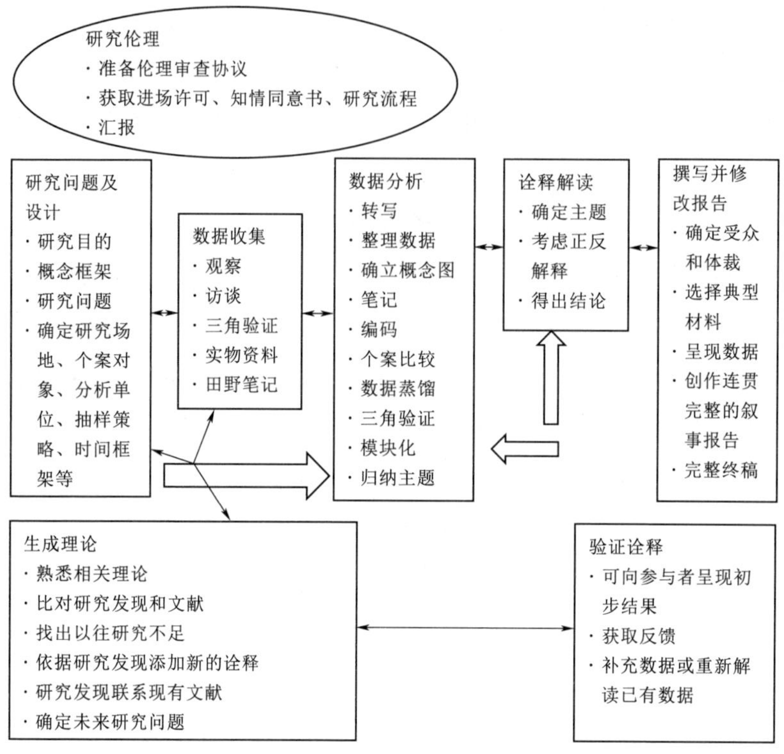

图 14　个案研究实施关键要素与步骤流程图[1]

个案研究的目的并不在与归纳推广（generalizability），但是研究者通过开展多重个案研究延伸研究范围，进而考察不同个体或群体之间的体验过程。此类研究的目的是“增加推广度，特定情境下的事件或过程并不完全是特异的……个案中发生的各类现象或事件发生的过程受到具体情境因素的影响”（Miles & Huberman，2013，p. 43）。有学者认为应该集中关注学习行为的情境和宏观社会因素（Duff，2008）。情境因素对研究对象的个人品质、行为、知识能力等有重大影响，通过研究这些方面的问题，研究者能够更加全面、合理的理解研究对象。

本研究主要探究国际汉语教师的实践性知识在实践中呈现出哪些内涵，并如何建构而成，基于实践性知识的外延和涵盖面较广，作为质化研究取向的个案方法适用于本研究中对教师实践性知识的探究。研究中把情境因素考

1　参见 Duff，2008，p.100。

虑在内源自于实践性知识的情形属性。因此，本研究将呈现三位教师的个案，通过深入分析数据，找到他们之间的共享特征以及个体认知差异。

3.3 研究场地与研究对象

研究总体的确定、样本的选取、样本的大小以及抽样的策略等因素都会影响到数据的质量，继而影响到整体研究数据的阐释质量（郑新民、王玉山，2014）。本研究的主要目的是考察国际汉语教师实践性知识的内涵及其发展影响因素，从理论上来说，国内高校国际汉语教师都是研究对象，即理论上的样本群体（theoretical population）。但一项研究在实施过程中收到现实条件的制约，需要缩小其研究范围，选取具有一定代表性的样本。

本研究选择我国长三角地区 A 大学作为研究场地，这一选择基于获取进场机会和数据收集便利的考虑，有助于顺利完成研究（Silverman，2013）。具体而言，选择 A 大学作为研究场地有以下几个方面的考虑。首先，研究者能够借助导师推荐和个人关系联系到该校相关管理部门的领导，为找到研究对象和获取相关数据提供便利。其次，该大学拥有较为成熟的国际汉语教学项目。如 1.1 部分所述，近年来来华留学生数量持续增长，2017 年将近 44 万留学生来到中国学习。位于经济发达地区的 A 大学每年接受留学生数量在全国同类院校中都位居前列，其中汉语学习项目包括汉语相关专业的本科生、研究生和语言进修班。同时该校拥有较长时间的汉语教学传统，院系条件和师资队伍比较完善，在此基础上选取研究对象开展研究，可以获取较为丰富的研究数据，在一定程度上可以呈现出国际汉语教师实践性知识的丰富内涵，研究结果能够为国家汉语教学提供有价值的参考。

3.3.1 研究对象

一项研究的质量高低一方面取决于所选择的研究方法是否合适，另一方面在于选取研究对象时是否采用了恰当的抽样策略（Cohen *et al.*，2017）。本节将重点探讨研究对象的选取过程。质化研究中的样本是为了反应或诠释某种特定的现象，而非呈现普遍规律，非概率抽样（也称目的抽样）策略符合小范围的质化研究，尤其适合人种学、行动研究以及个案研究（Cohen *et al.*，2017）。质化研究中选择个案范式的首要标准，并非它的代表性，而是研究者可以从个案中了解到最多的信息；个案所承载的信息越多，对研究者而言就越有意义（陈向明，2000）。

本研究属于多例个案研究（multiple-case study），研究者采取目的抽样方法（purposeful sampling），选择信息丰富的个案作深度研究，同时目的抽样是个案研究方法中常用的抽样策略（Patton，2015；Silverman，2013）。此类最大差异抽样（maximum variation sampling）的特色在于选择变异多的小样本，一方面透过详细的描述反映关键经历，另一方面从大量变异中呈现的共同性探求特殊意义和价值，从而有助了解教师专业学习历程的独特性与复杂（Merriam，1998）。如上节所述，本研究从研究目的考虑出发，选择在 A 大学中选择能够为回答研究问题提供最大信息量的三位国际汉语教师作为研究对象，在实施过程中，同时采用“滚雪球”抽样策略，即通过各种关系筛选合适的研究对象（Miles *et al.*，2013）。

在具体实施过程中，如 Maxwell（2012：72）指出，“抽样决策应该考虑到与研究对象之间的良好关系，收集数据的可行性，同时兼顾研究伦理”。本研究选择的三位教师在学院教学效果方面有良好口碑，同时有着丰富的学习教学经历，以便于获得充足的数据，解析教师实践性知识的丰富内涵以及各种关联因素。另一个原因在于，研究者借助导师推荐和学院行政领导的引荐接触到几位研究对象，在此基础上建立了良好的关系，为后续开展访谈、获取文本材料建立了有力保障。（具体信息见表 8）

表 8　研究对象的具体信息

研究对象（匿名）	性别	教龄	职称	学历	研究背景	国外经历
孟老师	女	23	副教授	硕士	二语教学	两次 / 工作；一次 / 进修
高老师	男	15	教授	博士	语言学	两次 / 工作
苏老师	女	3	讲师	博士	TCSL	一次 / 学习
马老师（预访谈）	男	11	副教授	博士	语言学	无
林老师（预访谈）	女	2	讲师	硕士	TCSL	一次 / 工作

由于本研究的目的在于深度探究国际汉语教师实践性知识的丰富内涵并解析其建构过程中的影响因素，在选取研究对象时采用分层目的性抽样和便利抽样相结合的策略，为保证研究对象的多样性，选择时尽量保证研究对象在性别、年龄、学位情况、专业背景、任教时间等方面有一定的区分度。研究者首先通过学术交流的机会接触到一位教师，然后通过导师和学院领导推荐接触到四位教师，其中后来联系的四位教师中，有一位老师明确提出所教授的课型不太适合让研究者走进课堂，进行深入观察，最终选择没有将其作为研究对象。虽然在前期接触后没有将上述两位老师（匿名为马老师和林老师）选择为研究对象，但是对他们做的前期预访谈和几次非正式谈话给研究者提供了关于课程设置、学生情况等方面的信息，这些信息对于后来拟定正式访谈问题都非常有帮助。考虑到教育经历、所授课程类型以及自愿参与本课题的意愿程度等因素，最终选择三位教师作为研究对象。

在参与本研究的三位研究对象中，研究者首先接触到的是苏老师。苏老师是一位不足三十岁的青年教师，参加本研究时是其入职的第三年，在A大学担任汉语教师，教学对象包括语言进修班和本科班的留学生。研究者是在2016年5月份一次小范围学术讨论会上结识苏老师，当时从聊天中得知苏老师学习工作经历和正在做的科研课题，后来了解到苏老师本科硕士就读于国内知名语言类大学的对外汉语专业，攻读硕士期间就积累了丰富的教学实习经历，博士毕业于国外一所大学的语言教学专业，研究选题与国外汉语学习者的学习态度有关。在聊天过程中我们针对汉语教学和留学生汉语学习的一些话题展开讨论，研究者发现苏老师表现出对汉语教学非常高的热情，而且有自己独到的见解。在听取研究者详细陈述之后，苏老师表示愿意参与研究。最终确定苏老师为研究对象是处于两点考虑。其一，苏老师的教育背景和目前的研究兴趣与国际汉语教学领域相关，对该领域有较为深刻的理解；其次，在通过微信建立联系之后，研究者与苏老师之间确立了融洽沟通的关系，这有利于后续研究的顺利开展。研究者联系到的第二位研究对象是孟老师，在参与本研究时她已有20余年的汉语教学经验。笔者在一次向导师汇报研究设计的时候，偶尔提到自己在联系研究对象的一些想法，导师意识到认识的这位女教师比较合适的抽样标准，于是发送微信给孟老师并建立了初步联系。在主动联系之后，孟老师表示愿意配合研究。选择孟老师作为研究对象主要考虑到其教龄以及丰富的汉语教学经历，可以为后续研究提供数据保证。第三位研究对象高老师是研究者通过学院领导帮助推荐认识，他参加本研究时已有十多年汉语教学经验，在取得联系之后高老师表示愿意参与本课题的研究。选择高老师作为研究对象有三方面的考虑，其一，高老师在汉语二语教学与研究领域已取得丰硕的研究成果，具备深厚的专业学术功底；其二，高老师有多年的汉语教学经历，积累了丰富的教学与研究经验；其三，在接触过程中，研究者发现高老师对事严谨认真，待人则非常热情和善，通过几次接触研究者已与其建立友好的关系，有助于研究者收集丰富的资料。

3.3.2 研究者身份

对于一项质化研究来说，研究者需要明确在研究过程的个人身份和定位，以确保收集到的数据最大程度上客观。原因在于，研究过程本身具有循环往复的特性，研究者个人世界观容易介入其中，产生干扰（Denzin & Lincoln，2017）。本研究中，研究者角色为“非参与观察者”（Cohen *et al.*，2017）。尽管作为“局内人”可能会更加熟悉研究对象所处的工作情境，并增强与研究对象之间的关系（Creswell，2013），但局外人的身份能够避免研究者对三位教师的实践性知识做出主观性判断。

3.4 资料收集

笔者于 2016 年 9 月开始与逐步与三位研究对象达成研究意向，至 2016 年 12 月完成研究观察，历时 4 个月。研究中数据收集采用多种方法，能够避免单一方法的局限性，获得对研究现象的深入理解，增强研究的说服力（Creswell，2013；Denzin & Lincoln，2017；Yin，2013）。本研究旨在探究在教学情境下教师实践性知识的内涵，建构过程呈现出的特征以及各因素之间互动关系，数据来源包括：深度访谈、田野观察（包括课堂观察、观摩课观察等）、书面往来（包括 Email、微信聊天记录等）、研究者笔记、文档（包括三位教师的教案、发表文献等）以及其他政策性文件。Kagan（1990）在评述教师认知研究方法的使用情况时指出，单一方法不足以教师实践性知识的复杂性。Driel *et al.*（2001）同样认为，教师实践性知识是在教学情景中教师结合经验知识、理论知识和个人教学信念而生成，多种数据收集方法是理解实践性知识的必要手段。就研究质量而言，多样化资料对研究进行三角验证（Patton，2015），能够提升研究结果的可信度（Miles & Huberman，2013）。

在数据收集过程方面，本研究采取的是“渐进式关注”（Denzin & Lincoln，2017）的研究路径，从数据收集阶段开始尽量采取更广泛的途径，通过对大量数据的过滤、分类、回顾以及反思，使得情境的明显特征凸显出来；根据这些明显特征作为下一阶段数据采集的依据，由此不断推进，不断缩小数据收集的范围，使研究得以推进。为更加全面地了解国际汉语教师教学实践过程，本研究采用了多种数据收集方法，包括访谈、观察、田野笔记和开放式问卷，多种数据的采集有助于深入探究研究对象的认知和教学行为（Gall, Gall, & Borg，2010）。

3.4.1 访谈

本研究选取访谈作为获取数据的主要手段，原因在于访谈有助于了解研究对个人生活经验（Seidman，2013），本研究的主位本质（emic nature）意味着需要了解研究对象的个人看法和对具体时间的解释。单独采用从观察得来的数据无法推断出教师教学行为背后的认知因素，难以满足研究需求（Breen *et al.*，2001）。因此，深度解析教学行为背后所隐藏的认知因素和教学信念，需要采用多种数据收集手段。访谈有助于研究者获取阐释性数据和访谈过程中互动产生的“共生知识（co-creation of knowledge）”（Yin，2013），帮助研究者深入研究对象的思维世界，从研究对象的角度观察和理解各类现象，这一路径能更好地帮助教师实践性知识中的内涵和因素分析。Maxwell（2012）认为访谈是获取对某些行为或事件描述性信息的重要途径。由此看来，访谈方法较为契合本研究建构阐释主义的研究定位。

本研究中访谈环节包括两个阶段。前期访谈为半结构式（Seidman，2013），原因在于半结构式访谈是基于事先准备的指导性问题和访谈提纲，提问的措辞和顺序较为灵活，允许研究者在访谈过程中灵活处理调查对象所提供的信息，为研究对象深入表达自己的观点提供足够空间（Miles & Humberma，2013）。所有访谈均在研究对象所在的校园内部，包括教师办公室和校园咖啡厅，目的在于达到数据采集的“本地根基性（local groundedness）”（Miles & Humberman，2013，p.11），即在访谈过程中研究对象身处熟悉的教室、办公环境，更能够表达出与真实教学经历有关的记忆内容。

首轮访谈的访谈提纲是由研究者根据文献梳理和本研究的属性设计而成，在拟定提纲期间征求导师意见做了进一步修正。首轮访谈的重点内容是三位教师的过往学习和工作经历等，基本框架借鉴了 Almarza（1996）关于教师实践性知识类属的划分标准。访谈实施过程中，预先设计的属划分只是临时的和探究性的，在后续的具体个案中依据资料收集的丰富程度进行不断调整，如 Borg 和 Burns（2008）所说，类属划分标准并非一成不变，而是不断优化的。

本研究中访谈实施参考 Creswell（2015）和 Seidman（2013）的做法，具体步骤如下：1）首先征得受访对象同意；2）制定一套灵活的访谈方案；3）选择一个安静舒适的访谈场所；4）准备收集数据所需的设备，包括录音笔、笔记本等；5）考虑以何种形式开场；6）访谈中作简要的笔记，用于继续获取所需信息；7）结束访谈向受访者表示感谢，并再次承诺访谈内容的保密性。本研究中所实施的具体访谈安排汇总可见表 9。

表 9　访谈实施情况

研究对象	访谈日期	访谈时间	访谈地点	访谈形式
孟老师	2016 年 10 月 21 日	14:20-15:10	李老师办公室	面谈
	2016 年 11 月 23 日	10:10-11:30	校园咖啡厅	面谈
	2016 年 12 月 15 日	9:45-11:14	校园咖啡厅	面谈
	2016 年 10 月至 2017 年 12 月	10 分钟至 40 不等	教师办公室、微信	非正式

续表

研究对象	访谈日期	访谈时间	访谈地点	访谈形式
高老师	2016 年 10 月 24	11:25-12:05	高老师办公室	面谈
	2016 年 11 月 15 日	15:40-16:30	校园咖啡厅	面谈
	2016 年 12 月 5 日	10:10-11:05	校园咖啡厅	面谈
	2016 年 10 月至 2017 年 12 月	10 分钟至 30 分钟不等	微信交流	非正式
苏老师	2016 年 10 月 13 日	16:00-17:20	校园咖啡厅	面谈
	2016 年 11 月 3	14:10-15:45	校园咖啡厅	面谈
	2016 年 12 月 4 日	16:20-17:12	校园咖啡厅	面谈
	2016 年 10 月至 2017 年 12 月	10 分钟至 1 小时不等	教学楼大厅、微信	非正式

正式访谈部分从 2016 年 10 月份开始，研究者与每一位研究对象均完成三轮正式访谈，每一次访谈时间尽量持续一小时左右，既保证能够收获足够的访谈信息，又避免时间过长给受访者带来负担。考虑到三位老师的日常教学任务非常繁重，同时住处离学校有较远的距离，为了保证来之不易的访谈机会能够获得丰富数据，每次访谈实施之前，研究者都会做好充足准备。首先，在预约访谈时间方面，研究者提前一天通过微信或电话方式询问对方空闲时间，根据受访者的意见确定时间和地点，并明确告知访谈可能持续的时长，这个过程中访谈约定的条件充分听取受访者的意见，其中孟老师和苏老师担任的课程较多，在第二轮访谈时两位老师提出在结束听课后直接访谈，不再单独找其他时间；其次，准备好访谈所需提纲、录音设备、笔记本等物品。正式访谈开始时首先向受访者表示感谢，同时说明访谈过程中保护对方信息，均采用匿名记录信息，在征得对方同意后对访谈进行录音。访谈录音使用的设备是 Philips vtr6600 充电式微型录音笔，在录音时一般会选择放置在隐蔽位置，以免引起受访者紧张情绪。在对高老师进行第一轮访谈时，由于录音笔故障，临时使用手机自带录音软件，但是由于操作故障，在结束访谈后发现录音软件没有正常运行，研究者只能采取回忆记录的方式予以弥补。后续访谈时，研究者都会同时检查以确保录音笔和手机录音软件的运行良好，

使用手机录音时选择调整至飞行模式，以免录音过程受到干扰。

在结束首轮访谈之后，保持与研究对象之间的互动关系对于研究的顺利开展至关重要（Seidman，2013）。第二轮访谈主要聚焦于教师个人教学理念有关的话题，涉及教师个人经历、认知、体验等敏感内容，之所以能够进行较首轮更加深入的交流，源于两方面的考虑，首先，研究者的角色已经从陌生人转换为类似于朋友身份的学习者，研究者始终抱着学习、求教的心态与受访对象交流；其次，在完成首轮访谈后，研究者有信心以开放的方式开展访谈，访谈过程中不再手握打印的访谈提纲，以免引起受访对象的不适感。为了保证访谈顺利进行，研究者努力提高研究对象参与交流的兴趣和积极性（Patton，2015），积极维护与研究对象之间的良好关系（Seidman，2013）。第三轮访谈主要围绕两方面展开，一方面继续针对课堂教学观察过程中的一些教学环节了解教师的教学理念，另一方面针对教师职业发展过程中参与教学情境互动的情况，比如在教学中遇到困境一般选择何种方式寻求帮助等。

除了正式访谈，研究者同时采用“网络志”作为补充访谈数据的方法。随着信息技术的发展，网络志已成为网络环境下研究数据收集的新方法，主要以互联网场所为研究环境，对网络环境中产生的数据进行采集、分析与呈现，用来探究人类的社会行为及其实质意义（Kozinets，2010；郑新民、徐斌，2015）。网络志方法可以帮助研究者收集“档案资料”、“生成资料”以及“观察—反思日志”三种类型（Kozinets，2010，p. 95）。在收集访谈数据过程中，研究者选取网络志方法，有以下几点考虑，首先，在前期与研究对象建立了信任关系并征得对方同意的前提下，成为微信好友，帮助研究者与研究对象进行即时的文字和语音聊天，其次，考虑到三位教师的工作繁忙程度和交通不便等实际情况，研究者选择通过微信等网络工具在线联络，增进研究者和研究对象之间的相互了解和情感。本研究主要收集了“生成性资料”，主要包括在线网络访谈以及微信语音互动时的语音资料，在数据分析过程中作为线上线下访谈资料的补充。

3.4.2　课堂观察

在应用语言学领域的个案研究中课堂观察时常用数据收集手段，遵循自然主义写实的视角进行课堂研究，倾向于记录语言教师和学习者的社会文化和语言情境（Duff，2008）。作为研究工具，课堂观察可以为研究提供大量与有待理解的客观现象相关联的真实数据（Gass & Mackey，2007）。基于此，研究能够通过观察回归课堂事实，即通过研究获得对教学真相的更好理解（Borg，2006）。在二语课堂研究中，课堂观察有助于研究者搜集深度信息，包括课堂活动、互动以及教师话语情况等，此外，课堂观察可以帮助研究者捕捉到教学情景中重要的情境因素（Mackey & Gass，2007）。

已有的研究中，课堂观察作为研究工具来收集数据以探究语言教师认知（如 Borg，2003；Johnson & Goettsch，2000），教师实践性知识（Sun，2012；Tsang，2004；Wyatt，2009；张庆华，2015）。观察过程中记录的田野笔记主要作为支撑材料，用以描述三位教师的课堂教学实践，同时帮助研究者制定下一轮访谈问题（Seidman，2013）。田野笔记的具体内容主要关系到教学过程中发生的一些具体的事例和片段。

已有研究表明，教师实践性知识外显型特征的研究所需数据除了教师理念之外还需要教师教学行为的一手资料（Wyatt & Borg，2011）。课堂观察是直接探究教学事件和教学互动的有效方法（Simpson & Tuson，2003）。教师实践性知识的本质属性和区别性特征与教师知识的教学运用密切相关，因此理解实践性知识的概念最有效的途径就是通过直接观察（Elbaz，1981）。Borg（2006）认为，教师所讲述的课堂教学过程并不总是与所观察到的实际情况完全一致，背后的原因也较为复杂。对于教师实践性知识的研究而言，不能单单调查教师陈述的理论层面的教学理念，还应该考察教师的实际教学行为。观察得到的数据有助于研究者从真实情景获取一手资料，进而深入理解所探究的现象，而不必单纯依赖二手资料（Cohen *et al.*，2017）。除此之外，课堂观察还可以成为研究者开展后续“刺激回忆”访谈所需的工具，提供聚焦的教学片断（Gass & Mackey，2007），可以进一步探究受访者教学行为背后的理念。在实施课堂观察过程中，研究者以非参与者的身份进入到研究对象的课堂。

本研究在实施初期首先尝试与研究对象建立顺畅的沟通。Grossman（1990）认为，在课堂观察之前研究者需要先与研究对象建立良好的关系，以确保研究对象处于自然放松的状态。为此，研究者采取以下策略。首先，在进行首轮访谈之后，研究者与研究对象进行多次微信或电话互动，建立起信任和谐的关系，然后再开展课堂观察活动。每次观察之前，先根据掌握的课表安排信息选择可能的听课时间，然后与观察对象取得联系，以征得对方同意。其次，做好观察前的准备工作，包括准备课堂观察量表、录音笔、录像设备等。在实施观察的当天，研究者主动提前 10-20 分钟进入课堂，选择靠近后排的空座，把录音或录像设备尽量放置在合适位置，尽量不干扰老师教学情绪，听课过程中不参与课堂活动，以做到在完全自然的状态下观察真实发生的课堂事件。

本研究采用开放性课堂观察量表（改编自 Chou，2008），作为数据收集的辅助手段。重点记录教师教学行为和教学事件，为了获取丰富数据，该量表包括了文献梳理出来的一些预设类属，以辅助研究者提高记录效率。在正式实施课堂观察之前，研究者选择最先结识的苏老师，征得同意后进入到苏老师课堂，通过观察两个课时的综合课，对观察量表进行了修改，在原有量表设计的基础上增加了备注栏，以供研究者记录思考和评价内容，重点记录教学内容要点、教学行为、课堂互动情况，以及有重要意义的细节，这属于叙述性描述记录法（施良方、崔允漷，1999），以文字陈述的形式记录观察到的真实内容，契合本研究对教师实践性知识探究的目的。

从 2016 年 10 月开始，研究者对三位研究对象分别进行了 4 到 6 次不等的课堂观察，具体次数依据研究者对教师的教学理念和教学方法的理解程度。正式的课堂观察全部采用录音方式，原来设计的课堂录像没有全部落实，原因在于教室空间非常有限，三位教师都表示录像可能会干扰正常的教学气氛，后来孟老师和苏老师结合自己课堂的情况同意有一次到两次的视频录课机会，研究者选择使用迷你摄像机，配合专用三脚架，特意选择放置在教室角落，以降低对正常教学秩序的干扰，而高老师上课的教室空间太小，不适合录像设备的放置，最终选择录音配合观察量表进行记录。录音的目的在于准确记录教师在课堂上的言语内容，录音和视频内容不做文字转写，而是通过反复收听录音和观看录像，辨别有意义的课堂事件和细节。

3.4.3 辅助性资料

文件资料

研究过程中除了访谈资料和课堂观察，研究者还收集到一些文件资料。一般包括公开资料，如政策文件、研究报告等通过公共平台可以直接获取的资料，还包括私人资料，如个人日志、备忘录等只能通过个人授权才能获取的资料（Cohen *et al.*，2017）。本研究中收集到的能够反应研究对象实践性知识的材料，包括教学课件、授课教材以及部分老师公开发表的学术作品和科研项目。这些资料的作用在于增强对研究对象的全面了解，掌握一些有意义的细节和话题，为后续访谈准备素材。

学生反馈

为了更好地理解教师的教学理念与教学实践，研究者在课堂观察期间选择了学生访谈，作为补充数据，以更全面理解教师的教学行为对学生所产生的印象。学生访谈的内容包括他们对汉语学习的动机、学习习惯以及学习生活中的一些个人理解。这些数据最终作为研究者理解教师教学理念和实践活动的辅助材料。

3.5 数据分析

本研究收集到的主要资料包括访谈资料、课堂观察和文件资料，对此类质化资料的分析，常见的方法包括扎根理论、内容分析法、叙事分析法、主题分析法等（Bryman，2015），分析方法的功能各不相同，选择适当的方法没有绝对的参照标准（陈向明，2000），要求研究者根据研究目的和回答研究问题的需要进行合理选择（Cohen *et al.*，2017）。本节将结合研究目的，呈现资料分析方法的选择理据和具体操作流程。

首先，研究者对原始资料进行了整理归类，为研究对象建立专属电子档案袋（Miles *et al.*，2013），对归档后的材料进行逐一标注命名，如访谈数据命名为 M-IV-1，代表的是孟老师的第一次访谈数据，课堂观察数据命名为 M-OB-1，代表的是孟老师的第一次课堂观察数据。在对原始资料进行归类整理之后，本研究进入深度分析阶段。数据分析的目的在于对数据进行描述、解释和深度探究，数据分析的方法选择应与目的相契合（Cohen *et al.*, 2017）。

现有教师认知研究文献中，叙事分析和主题分析法较为常见，原因在于这些方法有助于梳理出质化材料中有意义的脉络，但其优势各不相同。访谈内容以半结构式为主，按照一定的主题进行，那么对访谈材料的整理和分析可以采用类属分析的形式（categorization），还有一部分访谈数据和观察数据是为了观察教师实践性知识呈现出的特征，了解其建构的过程性和动态性特点，对资料的整理和分析则选择情景化的分析方式（contextualization）（Maxwell，2012；陈向明，2000）。

类属分析指的是在资料中寻找反复出现的现象以及可以解释这些现象的重要概念的一个过程。具有相同属性的资料被归入同一个类别，并以一定的概念命名。类属的属性包括组成类属的要素、内部的形成结构、形成类属的原因、类属发挥的作用等。类属分析的优势在于将一部分主题从所处的情境中抽取出来，通过比较的手段凸显出主题之间的关系。

情景分析指的是，将分析的资料放置在研究现象所处的自然环境之中，按照故事发生的时序对有关事件和人物进行描述性的分析。这是一种将整体先分散然后再整合的方式，首先看到资料的整体情形，然后将资料分解，最后将分解的部分整合成一个完整的、分布在真实情景中的故事。情景分析强调对现象做整体的呈现，注重寻找将资料链接成一个叙事结构的关键线索。情景分析的具体内容可以是研究对象中的主题、事件、人物、时间、地点、状态、变化等，内容安排可以按照参与者的言语、事件发生的时间或者语意上的联系进行组织。情景分析的手段包括轮廓勾勒（profile）、片段呈现、个案、访谈片段、观察事件和故事等。对资料进行情景分析的具体操作方式因资料的特性不同而有所不同，既可以将一次访谈或一次观察的内容写成一个情景片段，也可以将对一个人的几次访谈写成一个故事，还可以将几个人的故事连成一片，组成一个综合个案。情境分析的优势在于更加贴近参与者的生活现实，叙事的结构本身与日常生活比较类似，更符合参与者的意义建构方式，通过直接再现当事人的声音，叙述故事可以将其置于真实的社会情境。

基于上述内容，本研究综合使用两种分析方法来分析收集到的数据。理据在于，一个类属可以有自己的情境和叙事结构，而一个情境故事也可以表现一定的意义主题（Merriam，1998；Yin，2013）。在情境分析时，按照一定的意义分类系统将故事进行分层，使故事按照一定的主题层次展开叙述；在类属分析时，在主题下穿插一些故事片段和轮廓分析，让这些故事性的描述对该主题内容加以展示和说明。同时兼顾两种方法的交替使用，先使用类属方法对资料进行归类，然后将已经归类过的资料放置在特定的情境中作因果或关联分析。

本研究在分析数据过程中采用主题分析和情景分析方法，以叙事手段呈现国际汉语教师实践性知识的内涵、建构特征以及影响因素。具体的分析步骤如下，首先，每位教师的访谈资料进行转写，反复阅读每位教师的文件资料和转写的访谈资料，梳理出每位教师实践性知识建构的动态性特征，力图以故事线形式把每位教师的资料整理成一个完整的故事；然后对三位教师的故事进行初步编码，将编码整理成可能的主题之后，根据主题之间的关联性进行重新排列组合，在反复阅读资料的基础上判定呈现出的主题是否能够全面呈现可能的主题，以更加有条理地归纳出每位教师的故事；在资料呈现环节以研究问题为指导逐一呈现研究结果，并进行分析和阐释。

本研究在处理访谈转写数据时采取自下而上的扎根分析方法（Pation，2015；Strauss & Corbin，1990)，首先完成一级、二级编码，之后借鉴教师实践性知识相关理论框架（Elbaz，1983 等）进行第三级编码。具体操作分为四个阶段：数据预处理、一级编码（又称为开放式编码）、二级编码（又称为轴心编码）、三级编码（又称为选择性编码）。具体分析步骤可参见图 15。

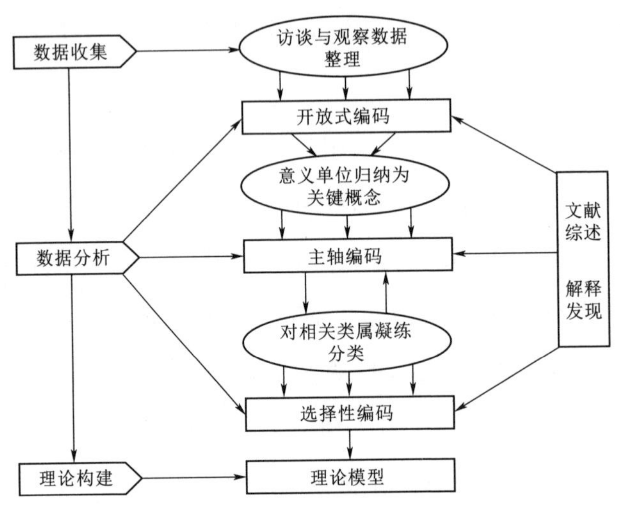

图 15　本研究数据分析流程图

首先，研究者对访谈数据进行预处理。本研究中对三位研究对象的访谈内容包括正式访谈和非正式访谈，其中正式访谈总共 14 次，逐字转写后生成 128,325 字文本。非正式访谈包括微信聊天等网络志方法（郑新民、徐斌，2016），生成访谈笔记 13 份。在对数据进行转写整理过程中，按照研究对象的昵称对文件进行编号，以方便对数据进行管理和后续引用查证。

第二步是一级编码，又称为开放式编码。本研究采用扎根、关键词筛查的方法，自下而上地对数据进行归类编码分析，让关键概念从数据中浮现出来。首先，对数据进行逐字逐句地阅读，根据研究问题提取被研究者使用的、用来表达研究对象自己看待问题的“本土概念”（Maxwell，2012）。然后以这些本土概念为依据进行开放式编码。例如，在三位教师首轮访谈中，“学外语不容易”、“就喜欢张口说出一个新句型的感觉”等视为一级编码。在对数据进行了开放式编码之后，反复阅读编码的信息，寻找凸显出来的意义。

第三步为二级编码，在反复阅读出现较为频繁的一级编码之后，研究者找出这些编码单位之间的内在关联，然后将表述意义相近的一级编码进行归类，形成更大一级的类属，这属于二级编码，也叫轴心编码（Maxwell，2012）。例如，研究者把“外语学习经历”、“海外教学经历”归为“教育教学经历”二级编码单位。在初步完成二级编码后，重复通读文稿的程序，找出意义凸显的二级编码单位。

第四步为选择性编码或叫三级编码。在二级编码的基础上，继续循环阅读数据和意义凸显的二级编码单位，直至主题逐渐浮现出来。通过对二级编码包含的关键概念之间的关系进行关联性分析，确定依据教师实践性知识的分析框架进行三级理论编码，比如，“教育教学经历”归入到教师生活史等。在完成三级理论编码的操作之后，研究者根据每个三级编码单位所对应的二级编码单位和一级编码单位所呈现出的数据进行深入解读，并选择有代表性的文本内容片段，用于后期数据呈现的支撑材料。

依据上述数据分析流程，对其中一位研究对象孟老师的部分数据为例解释操作步骤。在对整理之后的数据进行反复阅读之后，识别重复出现的意义单位，如“逐步呈现规则……”“引导学生在使用中掌握语言规则”，然后把这些意义单位归纳为本土化关键概念“归纳之道”，以此类推，得到另外一些关键概念，如“互动之道”、“话语之道”，这一步骤称为主轴编码；在对这些类属（catergory）进行凝练和关联性分析，进行选择性编码，发展成为上一级类属“学科教学知识”；以同样的编码流程建立起“关于学科内容的知识”、“关于学生的知识”、“关于自我的知识”；进而形成“国际汉语教师实践性知识”的初步理论模型。同时从数据中梳理出“社会环境、院系氛围、实践共同体、辅导职前教师、与学生互动”等概念，归为外部因素；“人生阅历、海外进修、孔院任教、个人反思、职业能动性”等归为个人因素；上述两类再上一级大的范畴，作为影响教师实践性知识建构的因素。上述孟老师部分数据的编码分析方法以表格形式呈现。另外两位研究对象的数据分析以同样的流程进行。

3.6 信度效度

信度（reliability）和效度 (validity) 是保证研究质量和研究结果说服力的关键因素。在量化研究中，信度和效度较高的研究意味着两个不同的研究者针对同一研究可以得出相近的结果。在质化研究中衡量研究信度和效度的方式略有不同，原因在于质化研究旨在客观呈现某一真实场景或现象的描述和分析。质化研究的效度指的是研究者运用特定步骤检验研究结果的准确性，而信度指的是同一研究者或者不同研究者在不同情境下对某一类现象进行分析的内在一致性程度（Silverman，2013）。鉴于质化研究中两个术语有独特含义，有学者认为应该使用不同的词语来表达信度和效度，例如信度换为可靠性（dependability）（Guba & Lincoln，2017）和一致性（consistency）（Duff，2008），效度换为可迁移性（transferability）和可信度（credibility）（Guba & Lincoln，2017）。

质化研究中对信度的考量包括几个方面，观察到的现象是否是稳定性，即研究者在不同时空条件下是否能得出同样的观察结果和诠释内容，不同研究者在用相似理论框架考察相似现象时是否能够作出相似的诠释（Denzin & Lincoln，2017），同时需要考虑现场记录下来的数据与真实情境下的现象的相符性。为了保证研究信度，本研究的具体做法是，1）记录数据收集过程时尽可能详尽、全面、忠实，包括数据收集的时间、地点等细节内容，在结束访谈或课堂观察之后记录研究者反思，以回顾真实场景发生的细节，同时核对研究过程是否遵循研究规范；2）分析数据时邀请专家和同侪参与数据分析审核（Silverman，2013），在每周由导师组织的学术研讨会上汇报研究设计、数据收集、数据分析和内容诠释，接受导师和同行研究者的质疑和建议，进而作出相应调整。Lincoln 和 Guba（2017）认为同侪评估能够降低研究者偏见。在数据分析过程中，邀请同一研究领域的同侪参与样本材料分析的重复分析，核对两个分析结果，在充分讨论之后确定总体的分析思路和内容阐释的方向。3）在数据呈现过程中，尽可能引用访谈对象的原话，保留真实场景的原貌（Silverman，2013）。

质化研究中效度方面需要考虑的问题包括研究数据的深度和丰富程度、与研究对象确立的稳定关系、数据收集和分析中的三角验证以及研究者态度的客观性。效度又分为内部效度和外部效度，内部效度指的是研究者对现象描述的准确程度，包括数据细节的呈现是否充分；外部效度指的是研究结果能够推广、一般化的程度（Cohen *et al.*，2017），由于质化研究强调的是研究深度，通常采用小样本，研究结果往往具有较强的情境特异性，因此质化研究中的外部效度并非指研究结果在更大群体中的适用性，而应该指向研究模型和理论的普遍适用性（Duff, 2008）。具体考量维度包括，描述的准确性、诠释情境的能力、理论架构的合理性、理论模型的概括性等方面。本研究为了保证效度具体做法是，1）收集数据过程中采用三角验证，质化研究中研究者和研究对象的态度、观念等具有主观性，进而导致研究结果有可能产生偏见（Cohen *et al.*，2017）。在质化研究中三角验证是保证研究信度和效度的重要手段，能够一定程度上消除或降低信度和效度受到质疑的可能性。在数据收集方面，本研究通过访谈、观察、文本资料等多样化手段获取数据，并且收集数据的时间和场所具有多样性。2）研究者进行访谈和非参与式观察，对访谈内容和观察情境进行翔实、厚实描写（thick description）。3）本研究过程中在转写访谈内容过程中，我把转写的文本发给受访对象进行核对和确认（Silverman，2013），教师访谈全部用中文完成，在数据分析之后邀请研究对象再次进行详细的核对（member-check），参与人员检验，以保证数据阐释的准确性。研究者把数据阐释的步骤以及阐释过程中遇到的困惑告知受访者，邀请他们指出可能存在的偏见或误差，进而适当调整阐释方向或方式，如果研究对象认为有关他们的言语和行为的解释存在偏差，研究者充分尊重他们的意见，对研究结论做出必要的修改。

同时，本研究通过控制研究进程的时长来增强研究效度（prolonged engagement），这种做法旨在与研究对象建立良好的关系（build rapport），以便增加获取数据的可靠性（Tillman-Healy，2003）。本研究选择的研究场地便于研究者接触受访对象，在研究正式启动以前，我做了为期三周的先导式调查，通过导师介绍和行政主管领导的帮助，结识了两位可能的研究对象，获得许可走进课堂听课观摩，并逐步和参与研究的教师建立了信任关系，与其中的一位教师保持经常性沟通，并最终被确定为研究对象。

3.7　研究伦理

本研究旨在探索国际汉语教师实践性知识的内容、特征，通过访谈、观察以及文本资料获得数据，这一过程高度依赖教师所处工作生活环境，需要深入研究对象的生活、学习、工作，了解他们对教学环境、国际留学生以及学术活动等细节内容的看法与态度，因此涉及大量个人信息以及他们不愿公开的内容。为保证研究对象的切身利益，本研究在参与原则、研究实施和保密性三个方面采取了一定策略确保研究遵循伦理规范。

本研究遵循自愿参与原则，在向研究对象发出邀请和正式启动研究程序前，首先与学院主管领导沟通，在访谈开始前把研究课题知情同意书告知研究对象，介绍访谈的主要目标及内容，询问访谈对象参与研究的意愿；考虑到研究对象不在校园附近居住，提前与受访对象沟通，依据便利性选择访谈时间和访谈地点，并提前告知访谈对象在访谈过程中他们如果感到疲惫或者遇到临时有事等情况可以随时中止访谈。

在研究实施中，谨慎遵循两个基本原则：不伤害原则（non-malfeasance）和有利性原则（beneficence）。本研究采用非参与式观察（non-participatory observation），在课堂观察过程中选择临近角落或最后一排的座位，避免打扰教师正常的教学秩序。在开展访谈过程中，事先与受访者约定非正常工作时间，降低对教师日常工作的干扰。为实现“有利性原则”，本研究对教师教学部分的分析结果分享给每一位研究对象，以帮助他们改进教学设计，同时向学院提交研究报告，为单位安排教师培训作为参考资料（Edge，1998）。

为保护研究对象个人信息隐私，本研究选择隐去教师的真实姓名，使用代称，同时在教师生活史的描述中，隐藏或修改可能会指向研究对象的具体信息。搜集到的数据保存在设有密码的个人电脑硬盘中，同时使用大容量优盘对数据进行备份，存放于安全位置，并定期进行核查。研究过程中，建立起来的数据库只有研究者本人有打开权限，只有在与导师研讨个别数据的细节时才会调用。

3.8 本章小结

本章详细阐释了本研究的整体研究设计。本研究是阐释主义范式下的质化研究，研究主要关注三位国际汉语教师的实践性知识外显型内容、特征和主要影响因素。本研究目的在于在自然状态下对教师实践性知识进行探索，因此符合阐释主义指导下的质化方法更加契合研究目的的达成；然后解释了本研究采用个案研究的理据所在，总体介绍了本研究的数据收集方法，通过访谈、田野观察以及文本资料等途径收集数据，并采用文本分析法进行数据分析。最后从质化研究信度与效度的特征说明了本研究确保信度与效度所采用的方法，最后对研究伦理进行陈述。

第四章　孟老师：习与智长，化与心成

4.1　引言

本章旨在探讨孟老师在教学活动中所呈现出的实践性知识的具体内涵，建构过程中的显性特征及相关影响因素。首先本章简要描述孟老师的生活史，包括其进修学习和国内外汉语教学经历，以及所处的教学环境。在此基础上，本章试图通过从描述孟老师的日常教学活动着手呈现其实践性知识的内涵，目的在于观察其实践性知识是如何呈现，以及孟老师如何与教学情境协商进而在由教学信念形成的内驱力推动下调整教学策略。结合访谈和观察数据，分析孟老师关于学科教学、学科内容、学生以及自我的知识，在呈现每一类知识具体内容的基础上，深入分析日常教学活动中孟老师面对问题情境时如何开展反思实践，如何与外部环境进行互动，分析其实践性知识建构过程中出现的关键性事件及潜在影响因素。

4.2　孟老师学习与教学经历

在参与本研究时，孟老师已有二十余年的汉语作为第二语言教学经历，所教留学生来自世界各地，语言水平从零起点到通过高级别 HSK 水平测试不等，在教学过程中积累了丰富的教学经验。在大学阶段，孟老师对外语学习有着浓厚的兴趣，当时的授课教师已经接触到引入国内的外语学习与教学理论。在攻读硕士期间，孟老师在校内做兼职教师为留学生讲授汉语课，具体内容以入门级汉语教学为主。在毕业面临就业时，出于对教学职业的热爱，孟老师选择留校成为一名汉语教师。

本研究中孟老师就职的 A 大学在国际学术交流方面较为活跃，该校有稳定的海外合作培养项目，留学生汉语教学是本校非常重要的一项工作。孟老师参加工作不久获得了海外工作的机会，第一次是被派往欧洲某知名大学教授汉语，第二次是在东亚某大学教授汉语，上述两次海外教学周期均为一年。当时我国国际汉语教育还没有完全大规模扩展，师资需求并不是特别紧张，孟老师很幸运地被选中派出海外承担汉语课程教学任务。在第一轮访谈中，孟老师回忆起第一次海外教学经历，感到非常开心。孟老师的第二次海外教学经历是在参加工作十年之后，当时国家推广汉语海外传播，有大量国家支持的海外汉语教学项目，孟老师参加的便是其中一个亚洲项目，为期一年的海外教学生活非常艰难，遇到的问题包括不精通所在国语言，不熟悉学校文化和学生特点，但一年工作完成后，她感觉收获非常大，尤其是更加清楚不同层次学习者的汉语学习需求。在积累了丰富的海外教学经历之后，孟老师开阔了教学视野，为今后的教学提供了更加灵活的思路，安排教学内容的时候更多考虑不同文化背景学习者的需求，增强了作为本族语第二语言教师的跨文化交际能力，并内化为提高留学生汉语学习效果的教学能力。

教学经验的积累与行动中的自我反思是教师知识发展的基础（Shulman，1986）。在工作十余年后，孟老师不断审视自己的教学方法，对所在学院严格的教学管理逐步适应，感到得心应手，“年轻教师都应该是有冲动的，趁着年富力强应该探索新的教学模式”（M-IV-1）。她主动参与到这个有着积极氛围的集体中，并不断尝试把积累的教学智慧转化为学术成果，先后发表学术论文和参与编写语言学和语言教学有关的教材。经历了一段时间的教学反思之后，孟老师意识到教学理论知识方面的欠缺，尤其是在她辅导汉语国际教育硕士的过程中，意识到原有储备的二语教学理念不能满足实际工作需要。在工作将近二十年的时候，孟老师申请参加了由美国某知名大学主办的二语教学法研修班，主修第二语言课程案例教学及第二语言课堂教学，为期一年的研修让孟老师受益匪浅。后来的访谈中她反复强调那次研修的重要意义。

“学习的收获非常之大，不仅仅是理论知识层面，而是系统全面的教学设计能力得到提升。困惑自己多年的教学问题在不同的研修环节找到了解决

方法。”（M-IV-1）

在一年的学习中，孟老师接触到了国外二语教学研究领域的新兴理论，例如任务型教学法等，通过系统学习，孟老师感觉到在原有的教学经验积累上又注入了新的能量。回国之后，孟老师开始结合自己以往教学积累，尝试把新的教学理念应用到自己的课堂实践中，同时用新接受的理念指导硕士生进行教学设计，经过她指导的学生在教学技能比赛中总能脱颖而出。由此看出孟老师的教学专长部分源于海外教学与研究所汲取的学术思想和多年教学经验。

除了多年的教学经验和海外汉语教学和教学研修对自己知识和能力的提升作用，孟老师的专业发展得益于良好工作环境，学院教研组有着良好的工作氛围，相同课程的教师定期组织教学研讨活动，探讨教学中遇到的难题与对策。几年前孟老师被委派负责国际汉语教育硕士研究生的培养工作，其主要工作是训练他们的教学实践能力，培养目标是使其成为合格的汉语教师。在这一过程中，孟老师定期为学生安排教学设计任务，并为此展开深入讨论，听取学生反馈意见；同时邀请学院经验丰富的老教师为硕士生做公开课。上述活动在一定程度上帮助孟老师不断地更新自己的教学理念与教学实践。

上述描述帮助我们总体了解孟老师的学习和教学经历，包括其教育经历和职业发展过程。下一节将会聚焦于孟老师课堂教学片断的呈现，具体以本研究获取的访谈和课堂观察数据为支撑内容，以探索孟老师实践性知识的具体表征与影响因素。

4.3 本个案教学环境

本案例中孟老师所教班级为二年级汉语专业本科生，共有 19 名学生，包括 11 名男生和 8 名女生，年龄在 18 岁到 20 岁之间。学生来源国包括日本、韩国等亚洲国家，还有一名来自美洲的汉语继承语家庭（heritage language family）。他们参加的是学制为四年的学位课程，毕业后获得学士学位。在申请来中国攻读本科学位之前，大部分学生在本国已完成一段时间的汉语学习，具备一定的语言基础。尽管学业成绩有一定的差异，但这些学生的课堂表现良好。在本研究开展的四次课堂观察中，偶尔发现学生课堂活动中有消极情绪出现的现象，但总体参与活动非常积极，乐意主动回答问题，能够完成孟老师布置的作业。据研究者观察，课堂活动或课间休息中学生的聊天内容大多是本国语言或英语，而非汉语，根据学生访谈情况，学生更愿意使用本国语言（如日语或韩语）进行同伴交流，而课堂上配合老师的活动安排也会使用汉语。

本研究开展时，这些学生已经入校一年多时间，对学校规章制度和校园文化比较熟悉。根据学业要求，由期中和期末组成的考试成绩将决定是否能够升入高一年级或是留级学习。这可能是大多数学生保持较高学习积极性的部分原因。学生对校园文化也相对熟悉，在研究者第一次走进孟老师课堂进行观察时，学生们的反应非常自然，丝毫没有受到干扰。孟老师提醒到，在本研究之前也曾有老师或研究生走进课堂听课，学生已经习惯陌生人参与其中，并不会感觉受到打扰。本研究中我是作为非参与者（non-participant）来观察课堂，每次课堂观察我都选择坐在角落，尽量避免分散学生注意力或干扰正常教学。学生听课非常专注，极少会转身关注研究者的出现。总之，课堂观察过程中研究者的出现没有影响到学生课堂表现。

本研究中的A大学为留学生汉语教学安排了专门的教学楼，孟老师所教班级在一个小教室，共有三排座位，与常规的多媒体教室安排一样，教室的前排是多媒体平台，配套的还有投影仪和专业音响。通常孟老师提前十分钟左右来到教室，打开电脑与投影设备后把准备的课件拷贝到电脑里，有时会用到激光翻页笔，方便在教室内走动。教室配备有专业音响与麦克风。授课过程中，教室里各个位置都能听到老师的声音，有些时候孟老师会有意识地提高声音，以便调动学生的积极性或强调某个知识点。教室的桌椅都是单独设置，方便移动，在组织小组讨论时孟老师会在教师来回走动，参与到讨论中，倾身聆听学生的谈话或检查小组活动进展情况，如果学生发出疑问，她还会选择搬一把椅子坐下参与其中。多媒体设备的功能在孟老师的课堂上限于课件内容的呈现以及播放课文朗读。总之，教室环境适合孟老师较为灵活地发挥其教学特长，组织教学活动。

4.4 孟老师的授课之道

本节主要呈现孟老师课堂教学实践的具体内容与个人教学理念，包括教学方法的使用、课堂互动情况、教师课堂话语使用等内容。

在参与本研究阶段，孟老讲授二年级综合课。这门课是根据学院课程要求为汉语专业本科生开设，目的在于培养学生的阅读与写作能力，培养学生的汉语综合运用能力。此外，学院要求考核学生期末考试成绩，学年结束后根据成绩考核情况决定学生是否能够顺利晋级到高一年级。孟老师所教班级中的学生大多来自韩国与日本，来中国学习之前已有一定的语言基础，经过两个学期的学习之后，对教学环境和教师教学管理的方法已经比较熟悉，偶尔出现消极的学习情绪，部分学生学习积极性不高。通过分析教学计划发现，孟老师主要按照课文推荐的内容安排教学内容，包括根据图片内容进行语言描述、解释语法点、知识点操练以及作业布置等。

在本研究开展过程中，孟老师的四次课堂教学设计基本一致，课堂观察记录下来两个单元。根据课堂观察数据，在教学过程中孟老师会在有些环节做适当调整，据孟老师解释，她一般是基于两点考虑在上课过程中做出适当调整，一是课堂上随机出现的学生反馈和需求，二是在教学内容讲解中有即兴发挥的空间。其中对学生课堂上给出的反馈和需求孟老师特别敏感，大部分的内容调整是在她察觉到学生的表现后做出的；基于教材设计的练习题以幻灯片形式出现。在时间分配方面，结合语言点的讲解所占比重偏大。孟老师对这样的教学安排比较矛盾。一方面据她观察，这种模式较为枯燥，学生反应不积极，有些甚至“趴在课桌上”，她感觉这种模式更多时候是单向交流，“有时候我也发现这种固定的教学安排枯燥、无趣，我能感受到他们有些厌倦上课的节奏，听课时候兴致不高。”但另一方面，孟老师认为这种模式是自己经历多年实践，不断调整之后的一种有效设计，能够帮助她顺利完成课堂知识传授。

“我觉得无论是从教学准备还是上课效果，这样的方式挺有效，尽管我们教研组也会讨论一些教学设计的革新，但我自己还是坚持这样的方式，对我来说行之有效就行。”（M-IV-2）

孟老师对自己教学设计的上述看法表明，其实自己的设计和实际课堂效果是有冲突的，从二十余年的教学经验来说，她知道应该可以把课堂变得更加有趣，比如组织交际型课堂活动等，但这样的活动准备和组织环节会消耗太多的时间。再者，孟老师更关心的是学生的学习效果，从课堂观察中发现，她采用的各种教学策略基本上围绕学生的语言学习展开。

4.4.1　在用中学融会贯通

在第二语言语法教学中演绎法和归纳法是最为常见的两种方法。演绎法的运用过程中，教师选择先讲清楚语法规则，使学生对语法规则有较为清楚的了解，然后在语法规则的指导下进行练习，这是一种从抽象到具体的方法。相反，归纳法是让学习者先接触大量具体的语言材料，然后在教师的启发下总结出语法规则，之后再运用已经掌握的规则进一步练习，这是一种由具体到抽象再回到具体的方法（刘珣，2002）。目的在于引导学习者自己观察、发现、总结归纳出其规则和特性。归纳法以学习者为中心，能够提高学习者语言学习的积极性。但是归纳法教学需要教师有充足的教学准备，包括挑选的教学素材应该有逻辑性，符合学习者特点和思维逻辑特征，课前准备工作会较为繁琐。

在谈及语言点如何处理时，孟老师认为自己在尝试新方法、调整不足和不断创新的过程中沉淀下来的做法，花费一些精力选定高质量的例句显得尤为重要。

“参加工作最初单位安排资历较深的老教师对我进行指导，基本上是按照课本流程安排内容，例句和练习题都从书上找，时间长了发现有些例句显得枯燥，没有情境感，就开始尝试换一些有时代感的例句，挑选合适的素材的确花费了不少时间，但这些年我基本上会调整一些学生可能感兴趣的例句。”（M-IV-2）

在被问及具体上课时如何处理语言点讲解时，孟老师认为设置有意义的语境，选取贴近日常生活的话题，引导学生理解。

“这个班的学生大部分已经参加过 HSK 四级考试，有一定的汉语基础。涉及语法讲解，我觉得最好不要直接告诉学生规则，还是要设置一定的语境，通过他们所熟悉的情境，一点一点地引导他们去理解新的内容，如果能够自己概括出这些规则，那就能更好的理解和运用。”（M-IV-2）

上述内容反映了孟老师运用归纳法的教学观念，在她看来，这种方法能够提高学生领会语言规则的能力。这种理念的发展也经历了从新手教师时期的模仿，之后不断尝试新方法，尝试改变，再到后来经验不断积累，形成较为固定的教学思路。

从课堂观察中可以发现，孟老师在讲解语法时习惯运用归纳法。在讲授“是谁在吃别人的饼干”这一单元时，涉及了“毫不 + 形容词 / 动词”用法的讲解。观察中发现，孟老师是按照“例句展示—总结规则”的思路进行讲解的。

第一步先给出例句如：“他毫不顾忌地把我的书拿起来看。”“对于昨天国家队比赛的结果，他毫不关心。”呈现例句时没有讲解规则，只讲解搭配的意义，在反复练习后，根据学生的反应来把握他们的感知度，然后在 PPT 上呈现“毫不 + 动词 / 形容词”这一结构形式。（M-OB-2）

从课堂观察内容看到，在讲解一个语法点时，孟老师没有直接解释语法规则，而是通过举例的方法，在学生理解了语言点意义的基础上帮助他们自觉归纳出语法规则。归纳语法规则的前提是学习者理解接受，整个过程以学习者为中心，这种教学理念背后包含了孟老师投入大量精力组织教学材料，在课后访谈中，孟老师对课堂的准备工作非常有信心。

“像今天 PPT 上的例句和设计都是一点一点积累下来的，我知道哪些能够满足学生的学习需要，哪些放在这个地方会让学生不好接受。所以大概知道怎么样引导学生从具体的例句出发，帮助学生理解，然后归纳出规则。需要注意的是所选例句一定是贴近日常生活的，让学生体会到学习这样的句子是为了进行真正的交流，并让他们在实际运用中更能体会到学习语言规则的妙处。”（M-IV-3）

上述内容表明，孟老师认为从具体例句归纳出语言规则，这一方法更多源自经验的积累和前辈教师的指导，从有趣的例子开始引导学生一步步领会语言的使用规则，更容易转化为交际技能。同时孟老师强调例句选取应遵循真实实用原则，引导学生在“使用中学习”，通过接触具有真实感的例句掌握语言知识。

4.4.2 纠正为先互动交流

访谈内容显示，针对课堂互动过程中对学生可能出现的语言错误，孟老师认为提出纠正性意见应该选择恰当时机，在不影响学生表达的前提下及时纠正。

“在语言教学过程中，对于学生出现的错误，教师必须适时地慎重处理，我觉得学生应该知道错在哪里，以便他们能够及时改正，但是我不习惯于非常直接打断学生的互动，应该找个合适的时机。”（M-IV-3）

可以看得出来，孟老师认为课堂环境中及时纠正会让学生记忆深刻，更有利于学习。尽管观察过程中有纠正反馈的情况发生，但是孟老师也提到应该避免过度纠正，因为有些语法点可能会超出学生实际水平，过度纠正会影响到学生的学习兴趣，从而影响到学生语言学习的产出效果。纠正性反馈是二语教师对学生的言语（utterance）进行的回应，主要传达教师表述的是否定的或要求改进的信息，Ellis（2012）认为只有当纠正性反馈发生在语言交流中而不是语法练习中，并且参与者的最终目的是语言交流的意义而不只是语言形式时，纠正性反馈才具有互动协商的意义。

根据第二次课堂观察数据，在讲解到“一连”与数量词搭配的用法时，孟老师设计了让学生参与的互动环节，以提问的方式引发学生讨论。从下面的片段中可以看出孟老师在课堂互动中是如何实施纠正反馈（T表示教师，S1、S2、S3…表示学生个体。以下各例同）。

T：今天的雨一连下了两个小时。连续的后面一般跟什么成分呢？

S1：量词……

T：一连的后面一般会跟上数量词，表示一段时间的意思。能不能举个例子？

S2：玩游戏的时候我一连玩三个小时，也不觉得累。

T：你一连做了什么？

S3：我找同学有事情，一连去了三个她的宿舍，她还是不在。

T：一连去了三次她的宿舍……嗯，很好。

S3：我的朋友去了酒吧，来到我的身边，一连急得团团转。

T：为什么你的朋友去了酒吧会连续急得团团转转呢？

S3：一连去酒吧太多。

T：哦，你的意思是你的朋友经常去，所以你很着急，是吗？

S3：嗯，她是女孩子……

T：哦，真贴心，（鼓励笑声）你可以这么说：我的朋友一连去了三次酒吧，我急得团团转。你可以这样说，理解吧？

S4：她一连都在学习。

T：可不可以在动词前面加上时间呢？

S5：她一连三天都在学习。

T：对的，非常好。

（M-OB-2）

从上述课堂片段可以看出孟老师所做的纠正反馈发生在语言交流中，刚开始的话题互动意在引导学生理解“一连”结构的意义，后来 S4 出现搭配问题时，孟老师做出了回应，并引发了其他同学的答复。这种多次语轮转换为学生提供了真实语言输出的机会，有助于学生语言能力的提高。

4.4.3 话语运用转换有据

根据访谈内容，孟老师认为课堂教学过程中教师教学语言应该起到交际性功能，尤其是在汉语目的环境下，兼顾学习者的多元文化背景，教师应该注意课堂教学语言的使用。

“课堂语言使用不单单限于问答或讲授知识点，还应该通过师生之间甚至是学生之间的相互沟通、讨论和合作等双边活动，形成一种互动关系，从而营造出宽松、和谐的课堂教学氛围。”（M-IV-3）

考虑到教学对象文化差异，孟老师的教学语言理念体现出最大限度地帮助学习者融入课堂跨文化交际活动，提升学生跨文化交际能力，营造良好的课堂氛围，最终推动课堂教学活动的顺利开展。孟老师的这一理念与二语教师教学语言中的超语言技能基本理念较为吻合。教师的超语行为（teacher-initiated translanguaging）指的是教师在语言输入和输出模式之间有意切换两种语言的教学实践，即教师有目的地引导学习者以一种语言接收信息，随后使用另一种语言进行产出活动，其基本假设是学习者在正确、成功地运用信息之前，必须先完全理解它，运用自己所有的语言储备来获取知识，使之产生意义，表达自己的思想以及运用语言进行交流（Li，2016）。二语课堂教学中教师超语言技能就其功能来说可以分为解释性策略（explanatory strategy）、管理策略（managerial strategy）和人际策略三种（interpersonal strategy）（García & Li，2014）。

根据课堂观察内容，孟老师运用超语言技能实施解释性策略，为学习者理解语言现象提供元语言支架帮助（scaffolding），比如解释语法规则、词汇使用规则，解释文化含义等。基于第二次课堂观察，示例如下：

S：上周我买了一副运动鞋。

T：不对，运动鞋不是一副。你可以说“一双运动鞋”，a pair of... 还有“一双眼睛”，a pair of eyes。

S：哦，但是它们都是两个的意思啊。

T：是的，但是运动鞋是分开的，是两个东西，而一副一般是一件物品。一副，可以说成 a set of...

（M-OB-2）

孟老师通过有选择地使用两种语言转换在教师输出与学生输入之间建立起联系，自然地翻译新的语言知识，再用汉语重复进行强化，这样的做法经常出现在学生提出疑问或者遇到新词时，也可能是孟老师根据经验预判学生可能会遇到困难，有些情况下可能会因为解释不当产生新的语法难题，但是在观察过程中，孟老师语言转换并没有出现这样的困难。可能的原因是孟老师所教班级为二年级本科生，已经具备了较好的语言基础，所以孟老师的解释过程能够帮助学生很快掌握解释性语言的意义。下一节将主要呈现孟老师有关学科内容方面的知识。

4.5　语言魅力需“用”与“悟”

如前所述，教师有关学科内容的知识被认为是教师知识的重要组成部分

（Schulman，1989）。教师实践性知识与课堂教学行为直接相关，源自于教师课堂经验，受先前教育和教学经历影响和教师对教育情境理解的制约，是一个动态、复杂的建构过程。对于第二语言教师而言，教师持有的有关语言文化和语言教学的知识是实践性知识的关键内容。成功的教师不能仅仅对某一概念、原则或原理有个人的理解。为了促进学生的理解，他们必须自己先理解向学生表征概念的方法，他们必须要有如何把内容转化以适合教学目的的知识。如 Dewey 所言，教师必须对学科知识心理化（psychologized），为了转化学科内容知识，发展学生头脑中学科知识，教师必须拥有学科知识，包括对教学内容的个人理解，也包括如何表达这种理解的方法（Calderhead，1987）。本研究中的教师实践性知识指的是教师关于汉语科目的理论知识和教师在教学实践中形成的教学理念。

4.5.1 使用语言体验文化

基于数据梳理发现，孟老师对语言的功能有自己的见解。孟老师认为语言是一种交际工具，汉语教育的目标应该是为汉语学习者提供这样的工具，以便与别人进行交流，“汉语作为第二语言，目的应该是帮助学生使用汉语进行交流。”（M-IV-4）孟老师并没有反复强调她的这种观点，在第一轮关于背景信息访谈中只提到过一次。

作为一名汉语本族语教师，孟老师对于指导留学生学习汉语非常有信心，在第一轮访谈中孟老师曾提及能够运用自己的方式让学生掌握汉语知识。

“这毕竟是语言教学，尽管我不擅长语言学理论知识，但汉语是我的母语，语言使用和意思表达没问题，多年的教学也让我积累了不少经验，明白留学生的学习特点，我觉得我能用自己的方式让学生掌握汉语知识，设计合适的教学活动来培养他们的语言交际能力。”（M-IV-3）

在谈及如何应对教学中的中国文化内容时，孟老师强调国际汉语教师必须有一定的文化意识，并表示她本人时常在教学过程中引导学生注意某些语言形式背后的文化因素，而不是单单区分语言形式。孟老师这种信念在选取教学素材过程中得以体现。在本案例中，孟老师的语言文化意识始终与教学活动有密切关联。访谈中，她提及自己在选取教学素材时对文化内容的青睐：

“在正常的教材教学基础上，我还设计有一些额外的教学活动，比如基于任务型教学法设计了几个教学内容，是与其他老师合作完成的，基本上是三个单元之后就会有一个这样的板块，素材基本上和中国传统文化有关系，选取这些材料主要考虑到学生已经具备足够的汉语程度，还有他们已经在中国学习生活了一年多，生活中已经接触过一些文化方面的东西，能够理解有关的知识。”（M-IV-3）

在第四次课堂观察中，孟老师安排了基于任务型教学法设计的一节课，主题是“中国美食”，设定的教学目标是掌握生活中常见的语言交际技能。孟老师使用投影仪在屏幕上展示了一幅中国地图，然后设置了讨论任务，即“介绍一种熟悉的中国美食”，随后的 10 分钟时间里，学生们以小组形式展开了讨论，讨论中每个同学都有自己的选择，讨论结束后把讨论内容进行现场汇报。此次活动紧密结合了汉语言背后的传统文化，通过引导学生了解中国文化，在增强语言文化意识的同时，又没有脱离语言学习。

有研究表明语言教学有自身独特的特点，其中一个特点是在语言教学中，目的语既可以是媒介（Medium）也可以是学习目标（Fradd & Lee，1998）。在第二语言课堂中，教学关注的不仅仅是语言的传授，还包括作为语言教学载体的内容信息。如孟老师说言。

“国际汉语教师不仅仅只是向学生传授语言知识或技能，还要用汉语向留学生传递信息，培养他们对汉语的兴趣。一个合格的汉语教师仅仅有语言知识是远远不够的，还应该有其他学科的知识。”（M-IV-4）

从访谈内容可以看出孟老师对学科内容的观点较为多元化，并非单一的语言教学观在主导教学实践，在孟老师看来，教师应该具备文化知识、社会学、哲学、中国文学等多种知识，

“教师应该是博学多才，不仅仅有汉语语言知识，还应该有东西方文化、文学、社会学等方面的知识，语言教学还应该是一种文化教学，把文化融入语言教学中，尽可能让留学生通过学习汉语更深刻地理解我们的文化。”（M-IV-4）

上述内容表明，孟老师提倡在交际任务中为学生提供使用汉语的机会，选择素材时偏向于与文化有关的内容，认为教师应该具备语言知识之外的复

合型知识。

4.5.2 启发学生感受意义

在访谈中孟老师提及围绕学生理解的归纳式教学能够培养学生“恰当使用汉语的感觉”，感受语言的魅力和使用中产生的意义，“引领学生感受语言很重要，语言教学不是看给学生脑袋里灌输多少内容，而是让学生感受到语言的魅力。”（M-IV-4）

根据孟老师的理解，教学中帮助学习者掌握语言交际能力，而不是死记硬背语法规则。

“我所采用的方法基本是基于理解的，需要学生理解语法现象，不想让他们生硬地背诵规则，否则等走出教室，还是不理解。我觉得目标应该落在提高学生的汉语语言交际能力上。”（M-IV-4）

在第二次课堂观察中，孟老师在讲解课文内容过程中，遇到篇章中的一句话，表示意外发现的解释，需要找一种替代的表述，孟老师说出“踏破铁鞋无觅处，得来全不费工夫”，并引导汉语程度较好的同学主动发言，没有直接解释这句话的含义，而是引导学生逐步体会其中的含义。汉语中的成语、诗句或是熟语往往蕴含着丰富的中国文化内涵，孟老师没有给出解释，而是选择引导学生来尝试给出自己的理解，由此可以看出孟老师这样的做法意图在于引导学生体会语言背后文化内涵奥妙。

孟老师关于学科内容知识的重要来源是过往学习进修的经历。后者产生的影响从其新手教师阶段开始，贯穿职业生涯始终，包括入职后与资深教师之间的交流互动。海外研修经历让孟老师对语言和语言教学的本质有了更加全面的认识。在第一轮访谈中，孟老师觉得那一次进修经历印象深刻。

“当时参加在北美一所知名大学举办的二语教学研修项目，这里其实也有教学方法这方面的课程，当时课程老师设计的教学活动非常实用，选择语言材料非常真实，老师在解释教学设计理念的时候反复强调教学活动应该以学习者为中心，让学习者主动发现语言的用法和意义。这种理念对我影响挺大的。”（M-IV-1）

从上述内容看出，孟老师所提及的引领学生感受语言的理念部分源于海外学习经历，接触到新的二语教学理论对她产生很大的启发，发生了教学观念的变化。同时发现，孟老师持有的学科知识与学生知识和教学方法方面的知识相互交叉重叠，并相互影响。

4.6　鼓励并理解学生

谈及对学生的理解和认识,孟老师集中提到的一点认识是学生各不相同，在后来一次非正式访谈中，她用了一个通俗的比喻，“伸出手来五根手指头都不一样长，学生其实也一样，学习能力还有学习风格等等不太可能会一模一样。”孟老师的这种理解涉及学生学习动机和兴趣不同，以及学习能力的差异性，为了应对学生不一样的学习动机和兴趣，她认为营造轻松的学习氛围能够鼓励学生；她还认为学习能力有差异，在教学过程中她倾向于调整教学方法。

4.6.1　鼓励为主激发兴趣

本个案中孟老师所教留学生来自不同文化背景，从访谈和课堂观察中发现，孟老师经常提到对学生的学习动机、兴趣以及课堂参与情况的关注。在第二次访谈中，孟老师谈到学生学习动机时谈到自己的看法。

“这个班的学生总体学习劲头儿挺大的，已经开学有两个多月了，感觉整体学习氛围挺好的，也有部分学生学习积极性不是那么高，可能是来中国一年多时间，新鲜感过去了吧。有些学生在来中国之前参加过规范的汉语课程，有系统学习汉语的经历，所以学习状态比较稳定，而有些学生兴趣相对弱一些，总体上有一定的差异性，所以有时候我会补充上课用的材料，增加课堂上的趣味性。”（M-IV-2）

从访谈数据可以看出，孟老师了解学生的学习能力，认为学生能力有差异，学习效率也会不尽相同。课堂上孟老师不会经常拿成绩来给学生施加压力，她更倾向于在课堂上营造和谐的氛围，但多年的教学之后她发现学生有时会“利用”老师的好意，拖延提交作业等，所以在管理学生的技巧方面孟老师有一套自己的做法。

“一般我都会很友好，因为大部分学生都是很乖的，学习也很用功，知道学习的压力，但有三四个学生不把学习当回事就很麻烦，警告过几次之后还不管用，我就会在课前很严肃地和他们交流一下，不是很正式的那种，我的声音、眼神不会吓到学生，但是给他们传递一个消息，那就是我是很严肃地提醒他们应该认真对待。”（M-IV-3）

从孟老师对学生学习动机、兴趣和学习能力的认识来看，她采取的是鼓励学生参与课堂的策略，安抚学生学习情绪，以相对柔和的方式提升学生学习积极性。避免使用考试等手段施压，体现出孟老师尝试营造支持型学习环境。

孟老师认为鼓励学生和提高学习兴趣首先需要建立一定的师生关系，学生来到陌生的异国他乡，其学习动机和兴趣的维护更加需要老师持续的关注和鼓励，长远来说这种关系有利于促进学生的语言学习。

“我们传统的师生观认为教师的职责在于传道授业解惑，这些留学生来到中国学习汉语，有很好的语言环境，教师本身就是一种语言资源，通过师生交流学生不但能够习得语言知识，同时还增强了他们语言学习的信心。”（M-IV-3）

在孟老师看来，良好的师生关系能够帮助学生效仿老师的语言，进而自主学习，教师则可以更深入了解学生学习感受、动机变化等心理状态，学生借助与老师交流获取语言学习机会和信心，在亲近老师、尊敬老师的基础上收获老师传授的知识，这可能是孟老师所信奉的“亲其师、信其道”的道理所在。

教师对教育情境的认识源于过去的教育教学经历。孟老师对学生学习动机和学习兴趣的了解与她过去的教学经历有关，来自不同文化背景、不同语言水平的学生群体增加了孟老师对汉语学习者的整体认识。

4.6.2 理解差异提升能力

访谈中谈及学生的学习情况，孟老师常提到的一点理念是学生学习能力的差异性，认为传统的“因材施教”就是要尊重学生的差异性，不仅是学生动机、文化背景的差异，还包括学生学习风格、语言水平的差异。她认为有些学生可能学习语言更多的是通过视觉类体验，而有些学生则是依赖于听说练习，还有同学是喜欢配合动作来完成对某类语言的理解和内化。孟老师能够清楚区分不同学生的学习风格。

“现在班上就有两种不同类型的学生。有些是偏好直观体验，比较活泼，学习方法很多样，有些在课堂是比较安静，但是学习非常踏实。”（M-IV-2）

上述内容表明，孟老师了解学生的学习风格，满足学生需求选取不同类型的素材，比如视听片段等，但从课堂观察来看（如 4.4.1），孟老师的教学设计没有体现出多样化，在提问环节，孟老师会选择提高声音来调动“安静”学生的积极性，而不是提供其他方式的帮助。可能的原因是孟老师认为较为活跃的课堂氛围，能够提高教学效果。

数据显示，过往经历在不同知识类型中都是可能的来源，孟老师表达了个人经历对了解学生个性化差异的重要意义，基于种种过往体验掌握了不同的应对策略。访谈过程中孟老师提到过去的学习和工作经历帮助她了解不同类型的学生，同时知道了选什么样的材料、用什么样的方法教才能适应大多数学生的学习需要。孟老师谈到学生学习风格和实际能力的差异是调整教学方法的一个影响因素。

“学生能力有高低，讲课时候不适合一刀切。在一个知识点讲完后，我以前习惯于点名让学生来总结，后来发现如果点到程度稍差的同学，就有可能总结的不到位，反而会影响其他同学的理解，考虑到学生的情绪我还不想过多点评。后来我就改变了策略，让学生主动举手以回答问题的方式，来完成这个部分。学生的能力很难一下得到提高，但是我的教学方法可以适当调整一下。”（M-IV-2）

上述内容表明，孟老师注意到学生在学习能力和学习需求方面的差异，基于对学生个体差异的认知，在教学策略方面做出适当调整。其中一项策略是小组活动中强弱结合原则，根据语言水平高低来进行分组，确保汉语表达能力较弱的学生与另外一名程度较好的学生进行合作。在第三次课堂观察中，孟老师安排了一个主题为“购物”的角色扮演的活动，要求两名同学合作完成。在具体实施活动时，孟老师先是发放提前准备的半结构式“剧本”，然后安排两名同学为一组，在分组时，孟老师有意安排坐在角落的一位男生与第一排的女生在一个小组，然后预留大概三分钟左右的时间让小组做准备。对于这样的安排，孟老师认为程度有差异的同学之间可以提供帮助。

“那位男生口语表达能力有限，平时不怎么愿意参与活动，每一次我都尽量安排他和程度稍好一些的同学在一组，同学之间更容易提供帮助，相对而言不会那么紧张，预留的准备时间比较充分，基本可以做好语言材料上的准备，在展示的时候效果会好一些，这样的话他的学习信心会有所提高吧。”（M-IV-3）

上述内容表明，孟老师认为学生的学习能力存在差异，在选择教学策略时相应地采取一些调整，其中根据学生程度不同进行小组活动的安排便是孟老师的对策之一。

4.7 学习教学中认知自我

教师对自我角色身份的认识同样是其实践性知识不可或缺的内容，是决定他们教学实践的一个重要组成部分（Varghese *et al.*，2005）。访谈过程中，孟老师在描述自己与教学工作的关联时有两个方面的内容凸显出来：“享受工作的园丁”和不断反思自己的专业身份和挖掘自身优势，上述两点能够比较清晰地呈现孟老师如何从不同侧面认识自我。通过梳理数据，本节主要从这两个方面进行描述以呈现孟老师如何认知自我。

4.7.1 “园丁”自我意象

孟老师把自我意象与平时课堂教学行为或对教学的态度联系起来，认为自己像是一名享受教学的“园丁”。在本研究进行过程中，孟老师表现出较高的教学情绪，课堂教学中充了激情和感染力，工作起来非常投入。在收集数据过程中，我请孟老师帮忙在课堂上请学生填写问卷，后来问卷收集完成后她在一个周六上午联系我，通知我去她办公室取走。在她看来，周末到办公室加班似乎已成常态。

“这几年我生活中的负担相对少一些，已经习惯了周六来办公室，可以做很多事情，除了为下周本科生的课制作课件，还有教育硕士的论文需要批

改，再说周末办公室没有人打扰，非常安静，比平时做事情的效率还要高。”（M-IV-4）

如前文所述，孟老师的教学工作量比较繁重，但对此她并没有太多抱怨，考虑到没有太多生活负担，可以多投入一些时间准备课件或是辅导学生。教学中总是愿意以轻松积极的心态面对，表现出一定的幽默感，作为调节紧张教学任务的“润滑剂”，面对留学生课堂纪律不好管理，孟老师认为尽量不给学生太多压力，在自己的课堂上提供轻松的气氛。

“留学生一般个性相对活跃，我不太会一直紧绷着脸和学生交流，反倒是时而搞点小幽默让我的课堂不那么紧张，听课变得不那么无聊，所以我的学生也不怎么怕我。时间久了，我觉得我更像是一名园丁，学生像是来自异国他乡的小苗，我希望我可以给他们提供阳光和水分，还需要为他们更好的学习汉语提供适宜的环境，不去给他们太多压力和控制，他们自己去发展。所以我觉得教好一群外国学生，应该首先考虑为学生提供宽松友好的学习氛围。”（M-IV-3）

孟老师把自己看作勤劳的园丁，这可以理解为孟老师对自己在教学中的一种隐喻形式。Clandinin（1996）和 Elbaz（1983）认为，教师自我意象代表着教师实践性知识的认知风格，可以通过这种隐喻方式获取教师如何认知自我。孟老师把刚刚来到异国他乡的留学生比喻成“小苗”，为学生学习汉语创造适宜的环境，把自己比喻为园丁的角色，认为学生应该在发挥各自能力的基础上自由成长。但是她也意识到为学生提供适宜的学习环境同样需要审视自身的长处与不足，充分挖掘自身潜能。

4.7.2　挖掘潜能不断学习

孟老师的教学理念并不是一成不变，而是通过不断尝试新的教学方法在更新和重构，而这样的调整源自教学过程中的自我反思，认为只有不断学习才能挖掘自身的潜能。孟老师在第一次访谈中提到在选择出国进修时的动机缘由。

“在教书满十年的时候，我开始回过头审视自己的教学方法，有长进吗？怎么感觉找不到刚开始上课时的节奏，更像是流水线一样组织教学，学生听课时的反应也显得非常平淡，想要调动一下课堂气氛，也找不到合适的办法，所以那段时间感觉有一点无所适从。那个时期对我来说很关键，一方面我总结自己十多年的经验，一方面我开始着手寻找学习的可能性，这个节点上就是要补充教学方面的营养了，这也就是为什么后来我积极争取到了出国进修教学法的机会。”（M-IV-2）

从上述内容来说，孟老师不断地审视自己的教学效果，尝试分析自己教学方面的长处与不足，对自己的职业发展大有裨益，对于促进学生学习是非常重要的因素。孟老师的主动反思并不是从一开始就有的做法，而是在教学经历中力求不断提升自我的结果，这其中教师表现出的职业能动性（agency）有助于克服教学过程中产生的职业倦怠（burn-out），对过往经验进行系统梳理可以被看作“行动中的反思”（Schön，1983；范梅南，2008）。

如前文所述，孟老师同时担负辅导汉语教育硕士的教学任务，在访谈中她认为自己积累的经验和知识在辅导学生进行教学设计和教学实习的时候都能派上用场，虽然辅导工作有很多繁琐的细节，而且工作量很大，但是孟老师觉得这是一件非常有意义的工作，不但能把经验传授给未来的教师，还能从辅导学生中学到很多东西。

从与孟老师的谈话中可以感受到，孟老师有着强烈的专业身份认同感，反映出其对教学实践、教学对象以及自我的认知。教师实践性知识的发展同教师身份认同密切相关（孙德金，2014）。在第二语言教育领域，母语与非母语教师的讨论自 1990 年代末以来始终是学者关注的一个热点话题（Kamhi-Stein，2004；Moussu & Llurda，2008），母语和非母语这种两分法存在把复杂问题简单化的可能，但是教师对各自身份的认同反映了他们对自己角色的意识，这种身份意识直接或间接地影响了他们的教学实践和专业发展（孙德金，2014）。

4.8　孟老师：学习中积累教学专长

上一节描述的是孟老师在日常教学中呈现出的学科教学、学科内容、学生以及自我知识的具体内容，从材料梳理分析中可以看出，孟老师在专业发展过程中经历过教学情境带来的新问题，并在教学过程中有其自己独特的反思性实践（Feiman-Nemser，2001）。本节将主要呈现孟老师经历的问题情境，然后描述苏老师如何与所处的教学环境进行互动，通过主动学习寻找应对问题情境的策略。

4.8.1　问题情境中调整教学情绪

在谈到选择继续进修的缘由时，孟老师认为主要是感觉在教学方法方面“力不从心”，意识到教学知识方面的欠缺影响到自己的“教学情绪”，后者是孟老师反复提到的概念，说明在其教学理念中占有非常重的分量。从上述内容可以看出，孟老师在教学情境中曾经出现过的问题或挑战是意识到在教学方法方面的欠缺，造成的影响表现在自己教学情绪方面的波动。

教师在教学过程中表现出的教学情绪被视为是实践性知识的一种综合性表现特征（陈向明，2011）。在课堂观察中发现，孟老师经常表现出较为积极的情绪，在面带微笑的同时，声音强度高昂、澎湃，经常使用大量肢体语言，与学生互动时，与学生距离非常近，身体往往向学生方向倾斜，像是努力抓住学生的全部注意力。但是教学情绪并非一成不变，在谈到初期教学经历时，提到随着教学时间的增加和教学任务的调整，孟老师经历过教学情绪上的变化，“刚工作时面对的是汉语初学者，一是作为新手好奇心比较重，二是我上学时候就喜欢听充满激情的课,所以上课时即便是大声喊上两节课，虽然会有些累，但是自己很开心。”（M-IV-4）后来学院安排孟老师给高级汉语学习者授课，学习者以学历本科生为主，大多具有一定的汉语基础，教授的课型也发生了变化，以精读课和写作课为主，在描述这一阶段的转变时，孟老师觉得当时的教学情绪发生了变化。

“原来给初学者的那些方法突然用不上了，成就感也没那么强烈，尤其是语言内容的呈现方式，教材里配备的有练习题，但是不想按部就班地那么做。有时候两节课下来看学生没什么反应，感觉很没劲，曾经有两个学期上课时精神状态不是那么积极。”（M-IV-3）

在孟老师看来，教学方法方面的欠缺对自己的教学情绪有着直接影响。在面对职业发展中出现的“困境”时，常常表现出消极的教学情绪。对于课堂中观察到的教学情绪，孟老师认为这种状态是不断调整的结果。从孟老师所教班级学生的反馈来看，教师的教学激情具有较强的影响力和教育意义，这主要表现在学生对汉语语言学习的观念上。在本研究开展阶段，孟老师所教学生刚刚升入二年级不久，如前文提到的那样，学生完成了一年的学习之后，对课堂学习兴趣有衰减的趋势。但根据其间研究者做的一次学生调查，留学生学习信念表现出了积极的一面，有超过一半的同学表示参与课堂活动的意愿为“较为主动”，在开放式问题中，有八位学生表示喜欢主动参与课堂活动是因为“课堂氛围比较好”。学生反馈的课堂氛围与教师教学情绪的影响有着直接关联。访谈和观察的数据表明，孟老师非常重视与学生的互动，在她看来“调动学生积极参与课堂”是提升学生学习动机的重要途径，同时教师调动自己的教学情绪直接影响到课堂氛围。

作为一种教师表现出的情绪状态，激情可以看作是教师情感的范畴，也可以视为是教师掌控并且灵活运用的一种知识。激情包含了教师的教育信念、自我认知，以及教学策略（陈向明，2009，p.144），课堂教学中，孟老师是有意识地运用自己的激情进行教学的，访谈过程中，孟老师提到过“调动学生情绪”，可以看得出来，激情的灵活运用目的是为了改善学生的学习。教师情感对教学实践与专业发展的影响一直未得到足够的关注与讨论（Richert，2002）。有研究（如 Clandinin *et al.*，2004）表明教师实践性知识的发展中情感因素起到至关重要的作用。孟老师在课堂上表现出的“情绪”使得她的教学显得更加鲜活、有个性，这表明个人情感与教学理念与实践有着千丝万缕的联系，影响着孟老师的专业发展。下一节将描述在面对问题情境时如何在与外部环境互动中进行学习。

4.8.2 与外部环境互动中学习

教师的学习或教师的实践性知识的形成与发展离不开教育教学情境，而且情境就在教师的实践性知识之中（陈向明，2011）。从上述内容梳理分析可知，孟老师在与外部环境互动中不断拓展新的知识，主要包含以下途径：教育硕士辅导工作，教学共同体中与同事的合作，来自学生的反馈，以及海外进修机会。

孟老师除了担任留学生的常规课程，还负责指导汉语国际教育硕士生进行教学设计。辅导过程中，学生会不断提出有创新的想法，这让孟老师同样深受启发。

“教育硕士教学实践项目会定期带着他们观摩视频课、与主讲老师研讨，然后组织学生进行教学设计，这个过程中，我自己也学到了很多，感觉知识一直在更新，这就是教学相长吧。”（M-IV-3）

研究者曾走进教育硕士的课堂，观察由孟老师主持的观摩课讨论环节。首先是观摩示范课，邀请学院的优秀教师现场示范，或观看示范课录像，要求学生在观摩过程中做好笔记；然后在第二轮时邀请主讲老师来到课堂与学生互动，互动环节的第一部分内容由主讲人讲解教学设计的理念，呈现教学视频背后的教学思路，第二部分内容由学生结合个人的理解，向主讲老师提问。在讨论环节观察到学生的观课感想对孟老师产生了影响。观课前，孟老师提醒同学们注意示范课中教师的讲课节奏，一位女同学在听的过程中记录老师语言点讲解之间的时间，这位同学认为课中的这位老师往往在单个词语上花费很多时间，而在组合词，比如成语用较少的时间。对于此类问题，苏老师会要求学生以书面反思的形式汇总起来。在问及学生的评价时，孟老师说师生之间的这种互动也有收获，“我们以前的确没有注意到单个语言点的讲解节奏问题，学生的提醒很到位。”

在教学共同体内，同事反馈是教师学习和实践性知识建构的重要方式。孟老师从所在教研组的同事处得到的反馈源于多个方面，包括围绕教学问题的研讨、教学材料的组织与共享等。

如前文所述，多样化学习经历对孟老师的教学理念有着多方面的影响，包括课堂教学方法、对语言的认识、对学生情况的把握以及对自己的认识。在第一轮访谈中孟老师谈到，多年的教学工作经历是无价之宝，方方面面的积累让她倍感充实并增强了对现有工作的热爱,有强烈的意愿投入到工作中。在选取教学素材方面，过往经验的影响也十分明显，孟老师两次海外教学经历让她意识到不同文化背景的学生适合用什么样的教学素材。即便是遇到调整所教课型，孟老师依然可以应对自如。

“多年的经验积累使得我的教学策略比较灵活。像我们的教材已经使用很多年没有换过，内容比较陈旧，但是我对其中的知识体系非常清楚，基于

语言内容不变，我总想尝试调整方法，添加新的素材。”（M-IV-3）

参与海外教学学习活动是孟老师面对新的教学情境时所采取的一种策略。两次海外教学经历让她对不同的教育体系产生深刻理解，进而影响到她重新认识多元文化背景的学生，产生了过滤效果（filter）。

“两次海外工作经历，这对我帮助非常大，我经常有意识地观察，在那些环境下教师和学生之间的关键是怎么处理的，换位思考，如果我遇到那样的问题我又该怎么办，学生的文化背景不一样，有时候一味按照我们的思路去解决可能会出问题。后来在教学过程中遇到学生学习方面的难题，我就会联想当时见到过的情境，然后调整策略。时间久了，我学着调整教学方法，这个过程好像没有停止过。”（M-IV-3）

丰富的海外教学经历让孟老师认识到了教学中该如何处理学生文化差异，同时直接接触到新的教学理念，更新了原有的教学理论知识。

“我提倡让（学生）自己去发现，自己去总结归纳出来这个逻辑。因为这样的话，学生更不容易忘记，老师讲的规律和自己发现的规律是不一样的。在美国研修的时候，授课专家常说，让学生在通过真实的句子，在语言使用当中去发现规律，这和老师先教规则，然后让学生再去按照规则来生成句子，效果不一样的。”（M-IV-3）

从上述内容中发现，她逐步从教学进修的多重经历中发现教学的深层意义，她认为汉语教学不再局限于汉字语法等语言知识的传授，更应该是语言文化的深入交流，让学习者体会到学习汉语带来的意义交流，通过使用语言建构意义是西方语言教学的一个基本理念（Kramsch，2014）。在完成海外第二语言教学研修班的学习之后，孟老师倾向于组织课堂活动和设计教学任务以便让学生融入课堂主动学习，同时引导学生在课堂上使用汉语，其目的在于使得留学生体会到汉语学习的乐趣和语言学习的意义。

基于上述分析，孟老师在应对教学中的问题情形时，通过不同方式与外部环境进行互动，具体包括教育硕士辅导工作，教学共同体中与同事的合作，来自学生的反馈，以及获得的海外进修机会等，开展多样化学习，通过个体反思与实践，实现个人教学信念的更新和实践性知识的建构。

4.9 本章小结

本章主要描述孟老师的实践性知识在课堂教学中呈现出的具体内容，通过梳理访谈、课堂观察等数据，尝试呈现出孟老师实践性知识形成的路径。孟老师实践性知识的表现特征有以下内容。首先，孟老师关于学科教学的知识在语法教学中表现为教学设计的灵活调整、归纳方法的运用、协商互动中做出的纠正性反馈以及解释型超语言技能的运用。其次，关于学科内容孟老师认为汉语学习重在交际中产生意义并感受语言背后文化的魅力，教学中看重引领学生逐步感受汉语言的魅力。对于来自不同文化背景的学生，孟老师认为学生的学习动机、学习兴趣和学习风格存在多样性，提倡针对性教学，有关学生能力差异性的认识影响到教学方法的选择，带动学科教学知识的变化；关于自我知识，孟老师有着享受教学的“园丁”意象，在专业身份更迭中挖掘自身潜能，实现自我价值。孟老师的实践性知识之所以呈现出上述内涵，与其在遇到问题情境时力求改变的反思意识有关联，通过与外部环境的互动寻求多样化学习机会，实现实践性知识的不断发展。

第五章　高老师：博学于文，好古敏求

5.1　引言

本章旨在描述高老师在教学活动中所呈现出的实践性知识的具体内涵，建构过程中的显性特征及相关影响因素。首先本章简要描述高老师的学术研究和国内外汉语教学经历，以及所处的教学环境。在此基础上，本章试图通过从描述高老师的日常教学活动着手呈现其实践性知识的内涵，目的在于观察高老师实践知识是如何呈现，如何与教学情境协商进而在由教学信念形成的内驱力推动下调整教学策略。结合访谈和观察数据，分析高老师关于学科教学、学科内容、学生以及自我的知识，在呈现每一类知识具体内容的基础上，深入分析教学情境中高老师面对问题情境时如何开展反思实践，如何与外部环境进行互动，分析其实践性知识建构过程中出现的关键性事件及潜在影响因素。

5.2　高老师学习与教学经历

在参与本研究时，高老师已有十多年的教龄，是一名具备丰富学术积淀和教学阅历的骨干教师。高老师从中学时代开始系统的外语学习，受当时条件所限，高老师接触的学习工具以传统的书本为主，当时的外语教学理念受国外语言教学理论影响，重视教师在课堂上遵循词汇讲解、句型操练、课文通读和课后练习的基本套路。大部分时间英语是零碎学习而且是死记硬背为主，有时间接触学习一些西方文化内容。大学时期的高老师对语言现象一直保持着浓厚的兴趣，热衷于语言理论的学习。在接受了系统的学术训练之后高老师掌握了扎实的语言本体知识基础，在教学理念方面，认为教师在激发和保持外国汉语学习者的汉语学习热情非常重要，一方面系统的汉语语言知识学习是保证学习效果的正确路径，另一方面维护外国学生的学习热情有助于引领他们感悟语言背后深厚的中国文化底蕴。上述高老师的学习经历虽然没有太多的外语学习经历细节和具体的课堂教学实例，但是不难发现过往的外语学习经历对他后来的语言教学理念有着深远影响，尤其体现在系统的语言知识和较高的学习热情是外国学生掌握语言能力和感悟中国文化的重要条件。

高老师在攻读博士期间申请到东亚某外语大学进行一年的学习，在完成自己的研究课题的同时，还承担汉语教学工作，教学对象是成年汉语学习者，这些学生大部分没有汉语语言基础，属于零起点学习者，高老师负责他们的主课讲授，有专门的当地汉语教师负责操练课。在访谈过程中，高老师特别强调这段经历对他后来教学理念的影响。

“在国外任教的一年时间，对我的教学观念影响比较大。一方面，完全不同的教学环境，给我带来了非常大的挑战，不得不想尽一些办法来解决初级学习者提出的一些问题，这无疑增强了我主动解决教学中难题的意识；再有就是，学习者的学习风格、文化特质改变了我的教学思路，以前在国内面对的是来到中国这个目的语环境的汉语学习者，有着完全不同的社会文化环境和教学环境，而在这里，班上都是本地学生，有比较固定的学习风格，比如说他们的认真程度，让我感到惊讶，曾经被学生问到过四声的问题，在我比手画脚地解释了一遍之后，仍然不停追问。这段经历对我的教学理念影响挺大的。”（G-IV-1）

从上文所描述的海外任教经历可以看出，处于职业初期的高老师虽然有着丰富的专业知识，已经足以胜任课堂教学任务，但是海外非目的语的教学环境和日本文化背景下的学习者特质都对高老师产生了影响。这段一年的教学经历发生在高老师职业生涯的初期，对其后来的专业发展尤其重要。

在完成博士学业之后，高老师留在高校从事语言学研究和对外汉语教学工作，后来高老师得知东南亚 H 大学的汉语教学项目需要招聘负责人，而招聘条件与自己比较相符，于是高老师满怀期望地提交了申请，并顺利通过。在谈及此次受聘过程时，高老师对自己当时的动机做出了解释。

海外大学的工作环境对我有着很大的吸引力，而且这所大学的汉语项目与我的专业也是一致的，我觉得非常合适的一个机会，自然而然就觉得自己应该迈出这一步。（G-IV-1）

在H大学的工作有两部分组成，一部分是作为华语教师的身份负责语言教学，主要是高阶汉语课程，学生以H大学的汉语专业学生，文化背景比较多样化，包括华裔背景和南亚等；另一部分的工作是协助项目负责人完成H大学的汉语项目的正常运转，包括制定项目计划、招生和教学安排等工作。这项工作让高老师有机会直接接触到当地汉语学习项目的各个环节，更加直接了解到多元化的学习者文化背景、学习动机、语言能力以及社会文化环境中的诸方面因素对汉语教学和学习的影响。

5.3 本个案教学环境

在参与本研究过程中，高老师所教班级为来自不同国家的汉语学习者，共有21名学生，男女生比例比较平均，大部分同学来自南亚国家，在来中国之前没有汉语学习经历，但是有很好的英语基础，课间休息时同学之间经常使用英语来聊天。整体而言，这个班的同学比较活跃，虽然也常有其他研究者或教学督导来做课堂观察，但是在研究者走进教室时他们仍表现得非常友好。

这个班级所在的教室是教学楼的四楼，是一个典型的小教室，教室空间刚好可以安排三排桌椅，每一排有七名同学。在第一次进入教室听课的时候，我找不到一个合适的位子，一名来自南亚的男同学主动站出来帮我从其他教室搬来一把椅子，摆在了最后一排靠墙的地方，不妨碍两侧同学听课。由于教室空间有限，原来设计的视频录课计划无法实施，研究者选择了音频录制，辅助以课堂观察表，以记录高老师课堂教学中的一些细节，尽可能保证课堂观察的数据充分、有效。

关于教室设备，高老师班级所在的教室使用周期较长，其中的多媒体设备较为陈旧，投影仪的效果并不是特别清晰，教学课件中设计的很多背景可能会受到影响，因此高老师在设计课件的时候会采用对比较为鲜明的颜色，以区分文字和模板。教室的座椅是可以灵活移动的单人单桌，但是受教室空间所限，在组织课堂活动时，两两合作可以作为主要组织形式，而不太适合开展较大规模的小组活动。有时为了达到活动效果，高老师选择走动在同学之间，以便观察活动细节，及时做出反馈。

综上所述，本案例的课堂教学环境中，学生来自南亚不同国家，同学之间友好热情，课堂氛围良好；教室配备有多媒体设备，可以供教师使用多媒体课件或音频视频补充材料。

5.4　高老师的授课之道

语言教学过程指的是教师处理教学内容呈现、联系和反馈等各个环节的方式。从整体的教学进度安排，高老师有着比较完整的进度控制力，得益于其教学经验的积累、教材编制的经历和专业的研究兴趣，高老师对汉语知识体系的认知非常系统，清楚知识点的分布、教材内容设计中的一些基本要点。高老师在安排教学内容时首先从重要知识点的回顾开始，到展示新课题，结合例句讲解语言点，到知识点的操练，整个讲授过程结合教材安排，并根据情况灵活调整。根据教学设计，可以发现高老师在安排教学内容时所遵循的教学原则是，引导学生对语言知识的感知、理解、巩固、运用，达到设定的教学目标，这种理念贯穿于高老师课堂教学的实施过程。

下文将根据课堂观察和访谈内容，呈现高老师在语法教学环节教学方法使用、课堂互动情况、教师课堂话语使用三个方面的内容。

5.4.1　逐层分析促使理解

在课堂上高老师比较注重语法规则的解释，通常先讲解规则然后结合具体的示例来逐步展开，从课堂观察中发现，高老师基本遵循的是一种演绎的教学方法。在访谈中，高老师谈到自己的看法。

“我觉得需要先对语言结构做出解释，只有把规则解释清楚了，学生才会明白具体的成分应该处于什么位置，一般我会先呈现结构形式，让学生熟悉该结构内部的先后顺序，等到基本理解之后再作进一步的练习。”（G-IV-2）

高老师认为首先进行语法结构的呈现有助于给学生一个清晰的整体印象，了解结构内部的顺序之后才能正确使用。这种方法用实例说明语法规则，便于学生自行替换、生成和扩展。通常做法是把语法规则归结为若干句型，把句型具体化为一些示范例句。

从课堂观察的内容可以发现，高老师在讲授“越来越……”结构时即是采用这一方法。通过使用PPT课件，高老师首先展示出“越来越……”结构，然后解释这一结构是“表示事物的程度随时间发展而变化”，接着显示出“越来越+形容词”，用以说明该结构后面可以使用形容词，具体的呈现内容如下：

越来越＋形容词

——天气越来越冷了。

——工人越来越辛苦了。

（G-OB-2）

从课堂观察看出，高老师倾向于从语言规则逐层分析讲解，首先说明这一结构的意义，之后在课件上以动画方式呈现结构和例句，在每个环节都会辅助以解释性话语，直到学生完全理解所讲语法结构。课堂观察中发现，高老师在讲解语言结构的规则时，解释性话语的多寡并不固定，即有些结构可能解释会多一些，或是重复多次，而有些时候会相对解释的少一些。对此在后续访谈中，高老师认为讲解语言结构的过程与教师对学生接受情况的判断有关系。

“我的习惯是在解释语法结构时在教室里走动起来，给学生多点眼神交流，接触时间久了，我可以从学生表情和眼神里判断他们是不是听明白了，如果显得疑惑不解，那肯定是还不太明白，那就要再重复解释，考虑到学生汉语基础比较弱，有时候可能会用一点英语解释，再加上手势，等到搞明白了，举例子时最好还要结合一定的语境，比如教室里的摆设或者校园里学生熟悉的场景，达到懂得规则，又理解意义的效果。”（G-IV-3）

上述内容说明，高老师选择先讲解语言规则，再给出例句，遵循从抽象到具体的方法，符合演绎法的基本原理，这一方法能够帮助学生对语言规则产生清晰的印象，较为符合成人二语学习者的认知特征（刘珣，2002）。在具体操作时，高老师选择以PPT动画方式逐步呈现，以达到清晰解释结构的效果；在解释语言规则时，解释话语和方式的选择，一定程度上取决于高老师对学生语言水平和背景知识的认识。在示例环节，则选择了创设语境的方法，借助学生所熟悉的事物帮助他们理解语言意义。总体而言，高老师选择演绎方法逐层分析语言结构，同时注重结构和意义的结合。

5.4.2　引导学生自我纠正

在课堂观察中，高老师直接口头纠正学生错误并不多见，较为常见的类型为教师引导学生自我纠正，这种纠正往往配合有肢体语言和声音的变化，引发学生思考。

在第三次课堂观察时，高老师讲到“把”字句这一语法点，按照正常的教学安排，在语法规则讲解之后是练习环节，高老师安排学生进行操练，其间发现有个别学生的句式出现顺序错误。语言教学中教师常用的纠正性反馈有自我纠正、同伴纠正、现场纠正等形式。基于课堂视频片段的分析，发现高老师倾向于让学生发现问题，示例如下。

S1：你把作业应该交给老师。

T：你？……

S1：……（沉默）

T：这个句子的顺序该怎么修改呢？

S2：你应该把……

T：对的，那么……（高老师举手阻止了学生2，并把目光转向学生1）

S1：你应该把作业交给老师。

T：对啦，非常好。

（G-OB-3）

从上述课堂实例看出，高老师倾向于让学生自己来纠正错误，这次纠正是在语法讲解环节结束之后的巩固环节，高老师认为讲解之后学生基本理解了语言规则，需要有一定的时间内化，所以出现一点错误，也可以自己意识到。在课后访谈过程中，高老师认为选择这样的纠正错误做法，可以提高学生语言表达的流利性和自信心。

“平时的练习中我不太倾向于当场纠正学生错误，觉得在练习活动后再集中处理，我清楚在练习的时候他们犯了一些错误，我不想即刻纠正，因为我觉得这样会影响语言表达的流利性，他们在练习的时候如果可以流畅表达，就会收获更多的自信心。”（G-IV-3）

高老师认为现场纠正错误会影响到学生语言流利性的发展，可能会导致学生自信心受挫，这同样反映出他注意学生学习动机的培养。但是在“流利度和准确度”的关系上，高老师的观点也有矛盾的时候。

“我对学生出现语法错误的容忍度是比较高的，应该更多关注语言表达的意义，关注流利度，虽然语法点的准确度对学生语言发展也是至关重要，但我想对于语言水平中等以上的学习者而言，应该先让他们把意思表达完整。”（G-IV-3）

由此看出，高老师重视学生语言流利度的发展，同时注意到学生语言水平发展的差异性，在课堂教学中选择恰当的纠正方式。

5.4.3 话语表述通俗易懂

教师的课堂话语转换体现在超语言能力的运用上，其中实施解释性策略，为学习者理解语言现象提供元语言支架帮助，比如解释语法规则、词汇使用规则，解释文化含义等。由于班上的学生来自不同国家，文化背景多元化，高老师课堂教学过程中会遇到一些问题。

“从跨文化交际层面上看，如果学生来自同一个文化，也就是常说的‘单国别班’，我只需要照顾一种文化群体就可以了，包括学生所在文化圈的收入、政治等问题，可以集中注意力照顾一种有共同特点的情绪，而且班级凝聚力容易形成，对于语言学习而言，小组活动中他们很容易互动起来，因为都使用同一种语言，有文化同理心，简单说，就是能很快进入状态。而现在我教的这个班，来自南亚多个国家，文化背景不同，容易造成学生之间文化理解方面的冲突，语言层面，并不是每一个学生都能听得懂我讲的英语，我又不可能使用越南语、泰国语同时交流，没有办法，我就会在讲解语法时辅助以肢体语言，帮助他们理解。”（G-IV-3）

课堂观察的数据显示，在第三次课堂听课时，高老师讲到“为什么把‘福’字倒贴在门上”一课，提到了红灯笼挂在墙上，解释“挂”这个动作时，举起手在空中比画出一个略显夸张的动作，一边做动作，一边说着“挂”，意在通过配合肢体语言来引导学生理解，同时使用英语释义“hang”解释动作的意义。

“后来在遇到类似情况的时候，也发现有用英语解释的情况，尤其是复杂的语法现象，辅助肢体语言也行不通，那就更加麻烦了。有时候一些语法概念用英语解释可能更容易懂，但学生的英语程度不一样，所以有些学生的表情就显得比较痛苦，但是没办法，这个问题没有根本的解决办法。”（G-IV-3）

关于教学语言，他认为虽然普遍认为教学过程中应当尽量使用汉语作为授课语言，这样有利于增加语言的可理解性输入，但是不能忽视英语作为课堂语言在学生学习汉语过程中的作用。高老师认为有选择地使用取决于教学环节和具体目的。

“我觉得应该适当使用英语作为学习语言的辅助手段，在教学指令、语言点解释、对比理解、偏误分析等方面充分发挥英语作为解释语言的作用。尤其是对这个班的学生来说，如果全部使用汉语，反倒抑制了学习者的主动性，甚至直接影响到学生对汉语的有效理解。”（G-IV-3）

该班学生来自不同国家，英语虽然不是其母语，但是大部分学生具有一定的英语基础，可以作为课堂语言正常交流。高老师认为课堂中适当使用英语能够帮助学生理解教学指令、理解对语言点的解释。尤其对于初级阶段的学习者，教师对语言事实的分析和解说首先选择使用学生熟悉的语言，以保证学生能够真正接受并理解。

5.5　知识系统性与文化融入

教师有关学科内容的知识被认为是教师知识的重要组成部分（Schulman，1989）。本节主要描述高老师在教学中呈现出的汉语语言和语言文化等方面的知识。

5.5.1　强调基础系统学习

访谈中，高老师认为留学生学习汉语打下扎实的基础非常关键，尤其是初级水平的学习者。在高老师看来，语言知识的系统性和语言点学习之间是紧密相关的，学生掌握某个语言点不能单单停留在理解这个层面，还必须结合课堂活动进行反复练习，每个点掌握的扎实了，才会有整个语言水平的提升。

“学习者在掌握这个语言系统的过程中需要经历一个从点到面的过程，也就是每个语言点的掌握不能简单地在课堂上听我讲讲就可以，必须结合现实生活中的实例不断操练，达到内化的程度。一个一个语言点掌握的牢固了，才会达到语言水平的整体提升。随着教学经验的积累，我慢慢发现，课堂活动应该以帮助学生掌握语言点为目的来设计。”（G-IV-3）

由此看得出来，高老师一开始是非常重视语言点的系统性，这和他学术研究的兴趣密不可分，但随着教学实践的积累他开始关注学生语言能力的提升，突破点就在于每个知识点的扎实掌握，要达到这一目的又必须在课堂活动设计方面做功课。由此看出，职业初期高老师的实践性知识更多偏重学科知识，即语言知识系统性等方面，后来到了职业发展中期逐步反思学生语言能力提升的路径，寻求教学革新的突破点，最终通过课堂活动形式的变化实现了教学法知识的不断丰富。

访谈内容的分析显示，高老师对于语言学习的理解和以往教材编写的经历有一定的联系，在海外高校参与汉语课程建设的过程中，高老师曾参与编写一套适合当地学习者的本地化教材，做过语言点的系统梳理，所以就语言点难易程度排序而言基本上做到了心中有数。

“学生遇到的困难我们有时候预想不到。但是，这么多年的教学下来之后，就我自己，通过学生的发问，通过学生的反映出来的难点、错误，积累了很多，通过慢慢摸索，我基本清楚他们的困难点在哪里，尤其是处于基础阶段的学生。”（G-IV-3）

上述内容表明，苏老师教材编写是对学科内容知识体系的一种系统梳理，参与这样的编写工作无疑是基于对汉语语言知识体系的深刻理解。针对所教学生的特点，高老师认为，由于汉语基础知识参差不齐，围绕基本语言点的系统学习是根本路径。

5.5.2 教学融入文化知识

从访谈和课堂观察中发现，高老师认为掌握语言结构对于基础学习者来说至关重要，在谈及各环节的时间分配时，他认为语言结构讲解需要投入更多的时间，同时也应该注意结合文化知识。

“上课时候我的确会花费大量的时间来讲解词汇和句型结构，首先我会带着学生复习重点词汇，然后让学生先掌握基本句型，加上反复的操练，在使用的时候才能提高语言表达的准确度。但是我班上的学生是第一年来中国学习，对社会文化有非常浓厚的兴趣，太过复杂的文化现象却没办法解释清楚，因为他们的汉语知识积累不够，讲多了会增加学习焦虑感，所以我在讲解语言点的时候辅助性地结合一些文化知识。”（G-IV-3）

在课堂观察中发现，高老师在课件中和讲解过程中加入了一些与文化有关的素材。在访谈中高老师重复提及的一个理念是，语言知识和技能的学习应该结合文化知识，增加汉语学习的趣味性，激发学生学习汉语的动机。在具体操作中高老师会在课件中插入和中国文化有关的图片或校园内部的一些实景照片。高老师对这种做法达到的效果感到比较满意。

“我发现班上的学生对选入课件的一些素材挺感兴趣，前面一节课里讲到‘红双喜’这个词，如果直接按照课本上的注释可能效果不太好，不如换成更加直观的方式，备课时候从网络上找到一组中国传统婚礼的图片，有结婚时用的红双喜字、大红灯笼和新郎新娘的红色礼服。这样的图像呈现方式学生挺喜欢的，注意力明显更加集中，而且在回答问题时候说的内容比较多。这就是文化的魅力吧，把这些有丰富文化色彩的知识和语言讲解结合起来，学生的学习兴趣就会高一些。”（G-IV-3）

上述内容显示，高老师认为语言知识和文化知识应该在教学过程中适当整合，在选择恰当的教学方法和教学素材时，主要考虑的因素有两点，一是学生对中国传统文化的兴趣，了解文化能够增强学生的学习兴趣、提升学习动机；二是考虑到学生的语言知识积累有限，选择在课件中增加含有传统文化要素的图片，信息量并不复杂。

5.6 关注并理解学生

本研究中高老师所教班级的 32 名同学来自不同国家，其中以东南亚国家的学生为主。根据访谈和课堂观察数据，高老师对学生的认识较为集中地体现在关注学生学习需求和理解学生文化背景两个方面。

5.6.1 关注学生学习需求

根据访谈数据，高老师认为对学生有足够的关注既能够深入了解学生的学习需求，又能增强学生的学习动机，学生学习汉语的动机背后有着非常显著的社会文化影响因素，学习者的多元文化背景应该成为教学过程中的一个重要关注点，高老师的具体做法是从熟悉学生姓名入手。

“在开学的前几次课我会尝试记住学生的名字，想办法把学生的名字和长相联系起来。如果能够做到随口说出学生的名字，他就会有一种受到重视的感觉，学习积极性就会高一些。目前的这个班基本是西亚和南亚的学生，语言体系和汉字的语言体系不一样，和东亚的学生不一样，所以在教语法点的时候还会穿插着重复某些汉字的笔画，这些环节往往让他们比较困惑。如果听到老师直接叫到自己的名字，自然参与的积极性就会高一些。”（G-IV-3）

高老师认为关注学生有助于了解学生的学习需求和学习困难。班上的学生有着不同文化背景，在语言产出过程中难免会出现一些不得体的说法。比如日常口语的一些说法，“再见”、“谢谢”等，学生在来到目的语环境之后发现此类常用语常常有替代说法出现。

“这是一个很有意思的现象，在来中国之前，这些学生已经在自己国家完成了初级阶段的汉语学习，基本掌握了日常用语，来到中国之后认为理所当然在结束对话时要说‘再见’，结果在日常交际过程中母语使用者会说‘走了啊’，这些口语化程度较高的用法的确会让学习者感到困惑。”（G-IV-3）

上述内容表明，高老师观察到这一现象，理解到外国学生遇到的语言学习困惑背后的深层原因，这与其曾经长期在海外任教有密切关系，有研究表明，教师的海外学习和教学经历有助于教师发现学生的语言学习难点与文化认知的差异。上述内容反映出高老师具备一定的跨文化交际知识，有助于教师察觉到影响到学习者交际的文化因素（吕必松，2004）。

5.6.2　理解学生文化背景

教师课堂管理策略与学生特征有着密不可分的关系。面对文化背景各异的学生，高老师的课堂管理策略在于其对学生文化背景的理解。对于学生在参与课堂活动时一些不一样的表现，他认为跨文化教学活动中应该首先考虑学生的文化背景。访谈中，高老师谈及过班上一位学生的事例。

“班上有个澳洲的男生，来中国学习一年的汉语，上课时候经常主动提问，有些时候会打断我的正常讲课节奏，影响到讲课的思路。这种现象在国外课堂也算是正常现象，我不怎么在意他的这种做法，如果问的问题回答起来有难度，我会提示他稍后再作解释。”（G-IV-4）

学生在课堂上主动发问的行为很大程度上是源自所在社会环境下鼓励质疑的文化熏陶，没有意识到在课堂上的这种行为的不妥，高老师并没有感到不妥，而是接受了这样的做法。高老师的解释是，这种处理方式来自海外教学经历的影响，当时与当地教师的合作使得他观察到当地教师如何处理这种情况，加深了他对跨文化教学中课堂管理的认识。

“在国外工作期间，我有机会参与当地一名汉语老师合作，其中有一些操练课由这名老师负责，我主要负责答疑，其间我观察到合作的老师是如何与学生接触的。当时惊叹于当地学生的自律和礼貌程度，以及在课堂上给予老师充分的配合。反思自己，应该理解他们，每一个来自不同文化背景的学生，其行为都可能是受到自己母文化的影响。”（G-IV-3）

因高老师所教的学生大多来自东南亚，在不同的文化背景下长大，与中国文化背景下接受教育的学生相比，其课堂行为会有较大差异。这自然会为高老师实施课堂管理带来挑战。从课堂观察分析可以看出，高老师应对不同文化背景学生的异样行为，采取的措施是从跨文化教学方法的角度出发，没有采取强硬的制止策略，而是选择给予学生一定的理解。

5.7 理想自我带来动力

通过梳理访谈数据发现，高老师认为成功的语言学习需要学生自我主动学习，而教师应该是学生自主学习的助推者和引导者。“引导者”的意象代表着高老师对教学中“理想”角色的认识。根据自我决定理论（Ryan & Deci，2000），理想自我指的是个人希望成为什么样子，是个人抱负、心愿的表征形式。

5.7.1 “引导者”自我意象

教师认知非常重要的一个方面是教师在课堂教学中的角色。根据Moallem（1998）的观点，高效的教师比较清楚自己的职业发展方向，一般会比较认真看待自己的教师专业身份,同时会把教学活动看作一项非常复杂、要求很高的任务，高效的教师不应该只是简单地将信息整合、发布，而应该引导学生学会掌握新知识的技巧，把老师看作学习环境的创造者，而把学生看作学习环境的主动学习者。访谈中，高老师有着类似的看法，觉得正确理解自己的角色对课堂教学很重要。

“教师如何看待自己在课堂中的角色非常重要，我觉得我应该对学生的学习负责任，学生本身各不相同，这对我的教学是个难题，但我知道我的职责就是要引领他们。很多老师把自己看作知识宝库，而学生是一个填充知识的容器。这是不对的。应该把学生看作一个完整的人，老师不是万能的，而学生也不是白纸一张。我认为一名好的教师应该是学习者学习汉语的向导，不是在课堂上教会他们每一件事情，而是教会学习汉语的有效方法，应该让学生自己掌控自己的学习节奏，学会为自己的学习负责，在这个过程中我会随时准备好为他们的学习穿针引线。我甚至觉得教师如何看待自我比如何看待学生还要重要，老师认识清楚了自己的身份，就会对学生形成助推力，学生就可以感受到这种力量，就会更加有学习的动力，并收获更多的信心。”（G-IV-3）

高老师上述观点表达出来他的自我角色定位是学生学习的引导者、助推者，表现出师生关系中自我认知较为积极的一面，认为教师不是单纯的汉语知识的传送者，而是为学生提供必要的学习方法的帮助，引导学生自觉探寻汉语学习的有效途径。高老师持有的“引导者”自我意象说明在师生关系和教学活动中的自我角色定位，这一角色定位在高老师的课堂教学观察过程得到不同程度的验证。

前文中提到在讲解“把”字句结构时，学生在练习时出现顺序错误，高老师选择通过互动，引导学生自己发现错误、自行纠正错误。

5.7.2　寻找提升自我的动力

基于数据梳理发现，高老师认为胜任教学任务必须具备扎实的汉语知识基础，但是随着教学时间的推移发现除了在研究领域的专长之外，还有很多需要学习的地方。经过不断反思自己教学中的问题，逐步形成了一种提升自我的“内在动力”。

“一直以来我的研究兴趣就是汉语本体知识，给自己的定位就是成为一名研究者，走进教学领域后发现，单纯的理论知识并不能保证取得好的教学效果，还要和教学相关的知识，俗话说，教然后知不足，发现自己在一些教学技能、活动设计上有很多需要改进的地方，而身边就有这方面做得很好的同事，所以我非常珍惜与同事探讨的机会，从他们那里可以学到很多有帮助的东西，同事组织的公开课也是非常好的学习机会。通过对照他们的做法，逐渐意识到自身的不足。”（G-IV-3）

从上述内容看出，在专业发展过程中，高老师意识到扎实的学科知识非常关键，同时通过反思发现需要补充教学方法方面的知识，并形成了不断提升自己的内在动力，然后通过向同事学习寻求提升途径。

5.8　高老师：教研结合自成一体

从梳理对高老师教学观摩的数据发现，她在专业发展过程中经历过教学情境带来的新问题，并在教学过程中有其自己独特的反思性实践（Feiman-Nemser，2001），教师教学反思过程就是调整教师的实践、理论和知识的过程（Griffiths & Tann，1992），不断对自我反思有助于教师专业成长。本节将主要呈现苏老师经历的问题情境，即从“研”到“教”的重心转移，然后描述苏老师如何与所处的教学环境进行互动，寻找应对问题情境的策略。

5.8.1. 从“研”到“教”重心转移

访谈中高老师回顾自己的教学经历，有感到“困顿”的时候，尤其是在课堂教学中处理学生学习疑难问题时发现自己对学生的学习规律、学生学习情绪的调动，常常感到无所适从。高老师的困惑可以理解为在教学中逐步认识到自己的不足之处，而后寻找问题所在，通过反思不断寻找解决方案，不断完善教学能力。这一过程正是高老师在“教然后知困”的自我认识与提高。从本章数据的梳理中可以看出，高老师所遇到的问题情境在于研究专长未能解决教学中的实际操作问题，进而经历从“研”到“教”的关注中心的转移。

从访谈中看出，高老师在入职初期接手留学生汉语教学时更多是按部就班地讲授知识，认为学生掌握一门语言更多应该重复记忆，有时会要求学生每天背诵一定数量的汉字，这种理念的背后是高老师长期专注于语言研究，对教学方法方面的关注不足。在海外教学过程中，高老师受到外国合作教师的影响，开始意识到教学方法方面的欠缺。后者在选择课堂活动类型的时候更多考虑学生的因素，比如学生水平高低搭配。由此引发高老师反思自己的教学，发现以往忽略了学习者的差异性，把教师自身看作知识资源的储备者，把学生看作知识的机械接受者。高老师意识到以往教学中课堂氛围不佳、学生参与课堂互动积极性不足等问题在于教学策略方面的欠缺。在国外工作期间，高老师接触的学生群体比较复杂，尽管有些学生来自华人家庭，或是文化背景受中华文化圈的影响，但是他们有比较强的独立意识，看来学生与老师之间是平等关系，课堂上有挑战教师权威的意识，面对这样的挑战，高老师觉得有些不知所措。中国传统文化中的师道尊严观念根深蒂固，师生之间并不是平等关系，课堂环境中教师自然成为权威，不会面对太多来自学生的挑战。谈及师生关系的处理，高老师认为首选策略应该是“因地制宜”。

课堂观察发现，高老师经常非常耐心地倾听学生发问，第一次课堂中高老师正在解释一个趋向补语的用法，一名留学生直接打断高老师的讲话，要求高老师重复刚才的那句话。高老师放慢语速重新解释了一遍。后来高老师给出了自己的解释。

“外国学生从小接受的教育就是挑战、质疑，我在国外经常碰到这种情况，现在觉得学生有时打断老师讲课也是正常现象。但是太过宽松型的教学方式也不利于他们的学习，还是要多一些严格要求。”（G-IV-3）

高老师所说的“宽松型的教学方式”指的是弱化的课堂纪律和约束性，比如老师上课期间学生自由出入、学习上不给学生施加压力等。在课堂活动环节，高老师经常在小组内部形成竞争的氛围，让学生感受到一定的压力。在高老师看来，课堂上尊重学生的质疑，但同时适当施加压力，使得学生对学习和老师产生一定的威严感，这样的方法有利于学生学习。

高老师选择的挑战策略与教学环境的变化有密切关系。在国外汉语教学环境下，学生个性明显，院系没有严格的考核和约束制度；相比之下，留学生来到中国学习汉语，学院有相应的学生管理制度，对他们的考试成绩有一定的要求，还有非常细致的上课考勤制度。尊重学生文化差异，同时遵守学院的规章制度，经过实践和反思，高老师最终形成了“自我协商”后的师生关系策略。

在出国参与汉语教学项目之后，高老师逐步意识到学习者的文化差异，语言学习过程中应该尊重学习者差异，重视课堂教学中的师生交流互动，教师角色从原来的知识提供者转换为学生学习的推动者和引导者。从梳理出来的数据可以看出，高老师在职业发展的初期以语言研究为重心，积累了丰富的学科内容知识，后来意识到教学知识方面的欠缺与不足。

有研究表明，教师在教学中遇到的确定性问题情境主要表现在教师和学生关系相对稳定，教学内容、教学原则、教学方法、教学材料等主体相对固定。而不确定性问题情境则表现在教师个人能动主体之间的关系复杂多变。情境是动态、变化和发展的，导致其解决方法亦无统一标准答案可循。因此，教师需要与“相对确定性情境”与“不确定情境”进行对话，不断实践、评价、反馈、再实践，通过信念、判断和决策来实现教师自身实践性知识的发展（尹静，2015）。在本个案中，高老师所遇到的不确定问题情境是由教学对象的多样性引发其反思如何从研究型知识转移到对教学知识的获取上来。

5.8.2 与教学环境互动协商

教师的学习或教师的实践性知识的形成与发展离不开教育教学情境，而且情境就在教师的实践性知识之中（陈向明，2011）。数据显示，高老师面对问题情境时，通过不断地与教学环境的互动协商，对自身认知、评估自身所处的情境，进而调整行动策略，具体表现在两个方面：对教学信息技术资源的整合利用，与同事之间的合作学习。

高老师谈及多媒体信息资源的利用，对目前教育领域尤其是语言教育领域出现的现代教育技术，他并没有非常积极的态度，但是后来遇到教学方法方面的困扰，高老师改变了以往的理念，不断尝试整合信息技术和教学实践。

“上课使用 PPT 和视频音频资料，起初我并不是十分积极，我觉得不是说所有的授课内容都适合用 PPT，有些情况下，板书可能效果更好，比如说初级阶段的学习者，他们对汉字的书写系统非常感兴趣，老师在黑板上随手写下的几个简单汉字，学生就会觉得非常有趣。后来意识到自己在教学方法方面出现短板，就尝试着学习有些同事的做法，加入一些网络上的资料，从刚开始的文化题材有关的图片，到后来可以从微博、视频网站上下载到一些与汉语学习有关的视频，作为教学材料的补充，当然还有很多适合学生使用的微信公众号、移动学习 App，我现在也非常关注，发现好的资源我会第一时间推送给学生，学生反映都挺好的。”（G-IV-3）

高老师后来逐步发现信息技术整合利用给教学带来一些变化，通过不断尝试，最终能够把技术资源、汉语知识和学生学习结合起来形成教学新途径。外在效果表现为学生学习兴趣的提升和高老师自身知识结构发生重构，在原有实践性知识范畴内加入新的技术知识，同时产生个人教学信念与知识结构之间的互动，运用技术有效地融合教学信息的提升，随之增强个人整合技术资源的自我效能感（Kim，Kim，Spector & DeMeester，2013）。由此看出，高老师在面对教学方法方面的情境困境时利用信息技术资源将学科知识、学生知识融合在一起，形成新的教学信念，提升教学效能感，这一整合技术与教学实践的过程在高老师个体信念和行为的互动过程中推进了实践性知识的建构。

高老师面对问题情境时寻求与同事之间的合作学习与交流。据访谈数据显示，与同事合作学习的具体内容体现在高老师的教学理念特别是师生关系的处理方面因教学环境的不同经历过调整。海外教学环境下，高老师参与同本地教师的合作教学，高老师通过“学徒式观察”当地教师处理学生出勤情况、与学生打招呼的方式等具体内容，认识到跨文化教学环境中理解学生的文化背景是建立融洽师生关系的根本。此外，参与本研究过程中，高老师与同事之间的合作交流主要是围绕教学安排与教学内容等教学研讨活动，组织形式包括观摩教学、定期教学研讨例会和网络环境下的微信群和邮件互动。研究数据显示，通过参与上述活动，高老师不断吸取与教学方法有关的知识，整合到原有自身擅长的学科内容，通过反思与实践，不断突破问题情境造成的教学局限，建构起新的实践性知识。从专业学习共同体视角来分析，积极与同行进行专业知识交流，能够促进二语教师专业身份认同感的增强，促进专业发展内在动力。

从上述内容分析发现，高老师在面对教学中的问题情境时，选择整合利用信息技术教学资源，提升更新各方面知识的能力，通过与同事之间的合作学习与交流，通过个体反思与实践，实现教学问题情境的突破，不断更新教学信念，最终实现其实践性知识的建构。

5.9　本章小结

本章主要描述高老师的实践性知识在课堂教学中呈现出的隐性和显性特征，通过梳理访谈、课堂观察等数据，尝试呈现出高老师实践性知识形成的路径。高老师实践性知识的表现特征有以下内容。首先，高老师关于教学实践的知识在语法教学中表现为教学设计、归纳方法的运用、协商互动中做出的纠正性反馈以及超语言技能的运用。其次，关于学科内容高老师认为语言学习重在交际中产生意义，教学中看重引领学生逐步感受汉语言的魅力。对于来自不同文化背景的学生，高老师认为学生的学习动机、学习兴趣和学习风格存在多样性，提倡针对性教学，这样的教学理念在研究过程中得到了印证。关于自我知识，高老师有着严谨设计教学的信念，并信奉行动中反思。

高老师的实践性知识之所以呈现出上述特征，主要源自以下三个方面的因素，一是高老师海外教学经历为其实践性知识建构的素材；二是高老师自身特质影响到教学中的情绪化特征发展；三是与周围环境的互动起到了实践性知识发展的媒介作用。

第六章　苏老师：育人若水，润泽生命

6.1　引言

本章旨在探讨苏老师在教学活动中所呈现出的实践性知识的具体内涵，建构过程中的显性特征及相关影响因素。首先本章简要描述苏老师的生活史，包括其职前学习实习活动、国外攻读博士学位和国内外汉语教学经历，以及所处的教学环境。在此基础上，本章试图通过从描述苏老师的日常教学活动为切入点呈现其实践性知识的内涵，目的在于观察其实践知识是如何呈现，以及苏老师如何与教学情境协商进而在由教学信念形成的内驱力推动下调整教学策略。结合访谈和观察数据，分析苏老师关于学科教学、学科内容、学生以及自我知识的丰富内涵，在呈现每一类知识具体内容的基础上，深入分析教学情境中孟老师面对问题情境时如何开展反思实践，如何与外部环境进行互动，分析其实践性知识建构过程中出现的关键性事件及潜在影响因素。

6.2　苏老师学习和教育经历

在参与本研究时，苏老师参加工作不足两年。相比于本研究中的另外两位“资深”教师来讲，苏老师是典型的女性“青椒”。苏老师出生在中部城市的一个工薪家庭。从中学开始苏老师开始接受系统的外语学习，授课教师基本上是毕业于高等院校、受过系统训练。早期的英语学习让苏老师觉得既苦又甜，觉得辛苦是因为要应付大量的作业、检查和各种考试，这也是那个年代的孩子们学习的常态；觉得学英语有一定的乐趣是因为一种新的语言让她觉得好奇。

在选报高考志愿时，苏老师面临着选择专业的问题，最终选择了北京某语言大学的对外汉语专业，这也是该校的优势专业，在学界得到普遍认可，尤其以对外汉语教学研究和语言本体研究兼顾而著称。本科阶段苏老师在这里接受非常系统的训练，所修课程有语言学理论、第二语言教学法以及心理学、教育学等相关课程。经过从本科到硕士的系统学习，苏老师奠定了扎实的专业知识储备，为后来教学理念的不断更新和升华提供了坚实的基础。

苏老师在硕士毕业之后，选择了前往英国华威大学攻读语言教育方向的博士学位，研究领域是外语教学。在国外大学淳厚的学术氛围内，苏老师拓宽了语言教学与研究的视野，接触到了西方第二语言教学研究的前沿成果，其中影响最为深刻的是语言教学研究理念方面，在国内学习阶段，一直比较专注于语言本体系统的理论学习和教学技能的培训，而在国外接受的学术训练则引导她开始关注语言学习和教学背后“人”的因素，如学习者态度、动机，教师的教学信念等。这对苏老师的知识体系产生了深刻影响。

在参加本研究过程中，苏老师仍处于新手教师阶段，其职前阶段的实习经历对其后来的职业发展有着重要意义。在硕士阶段，苏老师的专业方向是对外汉语，由于所就读的 B 大学是国内对外汉语教学与研究的主要阵地，有着成熟完善的对外汉语师资培训体系。在研究生二年级的时候，按照培养方案的安排，苏老师开始接触到实习指导老师的系统训练。在校内实习阶段，指导老师以实习小组的形式，要求她和同学各自按照规定的材料设计一节完整的课，然后组织试讲，在展示环节，指导老师针对存在的问题进行点评。在试讲环节结束后，按照指导老师要求还要撰写自我反思，主要是围绕这一环节中教学设计中的不足，这样的反思在下一轮的教学设计中自然起到矫正作用。在这个环节中，同学之间的观摩同样起到相互促进的作用。访谈中苏老师认为这一段校内教学实践非常有意义。

“那一次的教学设计是第一个比较完整的，展示的时候指导老师提出了很多问题，现在回想起来，我们的指导老师经验丰富，提得都非常到位，同学之间也暗自较劲儿，做得都非常认真，后来校外实习的时候基本就比较上路了。”（S-IV-1）

在英国留学的第二年，苏老师开始有教学实践的机会，最开始是走进英国当地的汉语课堂，观摩当地的汉语教师如何授课。当时的英国已经开始盛行汉语学习，学习者群体包括了小学生和成年人，汉语教学活动非常活跃。考虑到英国当地的社会文化特征与课堂文化有着密切联系，苏老师选择了走进课堂，认真观察，包括课堂布置、教师教学风格和学生课堂行为等。这段经历让苏老师了解到了多样化的第二语言教学环境和教学对象，学习到了来自不同文化背景的教师是如何处理课堂教学的。在回国任教的过程中，苏老师常常对照在英国课堂所见所闻，反思自己的教学设计，深刻感受到那段经历的深刻影响。

与孟老师和高老师的经历不同，苏老师的职业发展是从职前到新手教师的过渡过程。苏老师先后经历了四个发展阶段，从在国内接受系统的对外汉语教学训练，到教学实习期间的打磨，到国外就读时的理念塑造，再到回国后就职的学以致用。回顾苏老师完整的教师身份发展历程，为本研究分析其教学理念，探究其实践性知识的建构提供了个人生活史背景。

6.3　本个案教学环境

本研究中涉及的班上 18 名同学分别来自日韩、拉美等国家地区，参加的是汉语语言专业本科一年级学习项目，在参加本研究时，这个班的同学刚来中国两个月时间，在完成一年的学习后，学校会根据两个学期的考试成绩和平时成绩综合评定，核定合格后升入二年级。在本研究进入课堂观察阶段时，苏老师担任该班的综合课。

该班上课使用的是一个位于六楼的固定教室，共有四排座位，与上述两个案例的教室布局相似，空间略大一些，其中最后一排较为宽松，靠近墙角有一个空座。教室设备同上述两个个案相似，除了配备有多媒体设备，包括电脑、投影仪和扩音设备。

在实施课堂观察时，研究者选择这个空位，有两次课在与苏老师协商后使用录像机进行视频录制，使用小型三脚架放置在课桌上，这样做在上课期间不会对周围的学生产生太多干扰，更容易做到对课堂情况的客观观察和记录。

6.4 苏老师的授课之道

语言教学过程指的是教师处理教学内容呈现、联系和反馈等各个环节的方式（Richards & Rodgers，2014）。苏老师在处理个人的教学设计时，一般兼顾教研组提供的统一的教学进度安排，以及个人灵活的教学活动。

对于整个学期的教学进度，苏老师所在教研组同事往往在学习开始会有一个统一安排，这个教学进度安排作为上课进度的参照，对某个时间节点应该完成的教学任务，教研组选择集中讨论，以免出现进度方面的不一致。为了跟进教学进度，苏老师认为自己是个新手，首先选择与统一的教学进度安排保持一致比较合适，为了检测、监督自己的教学进度，苏老师采取的策略是与同一个办公室同事的密切交流，同时与资深教师保持联络，主动沟通。访谈中苏老师谈及教学进度问题时，她认为自己尚不具备宏观上处理课程内容安排的能力，所以随着教研组协商拟定的教学进度，为自己的教学内容定好方向。

与之前两个案例教师的课堂教学设计相似，苏老师的课堂教学设计包含复习、讲解、例证以及操练等步骤，其中以讲解和操练占用时间较长。但是当涉及课堂教学内容，苏老师发现教学节奏并不完全由自己掌控。学生课堂参与度与师生共同营造出的积极课堂氛围，往往会带动教学进度。

“比如我第一个学期时比较按部就班，按照进度来讲，教研组组织活动，大家会把进度大致统一起来，第一年过去之后发现每个老师还是有很大安排空间的。所以这个学期结合班上学生特点，我就加快了讲课节奏，插空给学生安排类似的活动。现在我们的进度可能要比其他班要快，有些课后练习正常可能一节课需要讲完，我们班 20 分钟就讲完了。这样的话换个活动可以作为补充。”（S-IV-2）

由此看出，苏老师对课堂节奏的把握受学生特征与课堂氛围的影响，根据情况灵活调整授课内容，增加课堂活动。下文将根据课堂观察和访谈内容，呈现苏老师在语法教学环节教学方法的使用、课堂互动情况、教师课堂话语使用三个方面的内容。

6.4.1　灵活处理强调自主

在安排教学内容的实施时，苏老师有一套自己的教学原则指导教学，首先她坚持归纳教学法，尽可能安排学生积极参与，启发学生开展发现式学习。

“在遇到某个语法点时，我尽量避免直接把规则讲给学生，从我的经历考虑，如果老师总是讲这是什么规则，那是什么规则，学生往往会忘得一干二净，所以我总是尽量避免讲枯燥的规则，而是尽量让他们动起来。”（S-IV-2）

同时苏老师认为把语法讲解和练习置于自然的、有意义的情境下展开，这样的教学容易被学生理解。

“设置的情境不太可能完全真实，但是我总想尝试找一些有意义的情境，语法项目可以正常使用，同时还能在课堂中展开，反正我想的比较简单，就是尽可能以学生理解为主吧。”（S-IV-2）

课堂观察环节，苏老师在处理“简单趋向补语”和“复合趋向补语”时，临时调整了后者的讲解方式。在开始“简单趋向补语”讲解时，苏老师直接在 PPT 上列出了该结构“V+ 来 / 去”，然后给出几组举例，如“进来，进去，回来，回去”，然后进一步加入主语，变成一个完整的句子，并伴随有肢体动作辅助学生理解。在讲解复合趋向补语时，苏老师首先在 PPT 上播放一组图片，以动画播放呈现出图片中两个人物上楼的动作，给出的提示语为“走”，然后引导学生使用给出的动词描述图片内容，大部分同学参与回答，基本说出了“走上楼去”的大致意思，然后又播放第二张图片（右侧），接着播放提示词“跑”，苏老师点名三位同学对图片中的动作进行描述，结果全部说出了“跑上楼去”。然后点击显示出两个完整句子（红圈部分）“他走上楼去了”，“他跑上楼去了”。经过上述环节的呈现，苏老师确认学生基本理解该结构的意义，接着解释“V+ 来 / 去”表示动作的趋向，然后播放 PPT，显示出“V+ 上来 / 上去”等系列结构。到此完成了结构规则的讲解。

结合上述描述发现，苏老师在处理简单趋向补语时，采用先讲解规则后举例的演绎方法，紧接着则以图片、动画播放辅助呈现具体语言实例，引导学生理解结构的意义，并增加提问环节巩固理解，最后归纳出语法规则。在此过程中苏老师并没有单独使用一种方法，而是将二者有机结合在一起。在课后访谈中，苏老师解释说，方法的选择主要是考虑到学生的接受程度。

“这个班的留学生认识这个结构里出现的汉字，简单趋向补语我会用英语 simple directional complement 直接翻译，讲了构成规则，他们也都能明白。紧接着复杂趋向补语，增加了上、下等成分，担心他们不理解，备课时候设计了这个图片加上动画的方式，先是引导他们理解，然后再给出结构规则。这样的例子都是日常动作，容易理解，学生也愿意配合回答。这也是照搬了实习阶段辅导老师的做法，我只是增加了动画的呈现方式而已。”（S-IV-3）

上述内容表明，苏老师认为语法规则的讲解方式应该照顾到学习者的理解程度，并且采取必要的图片、动画等视觉呈现手段，更加有助于达到教学效果。在苏老师看来，趋向补语的引申用法比较抽象复杂，当留学生学了多个趋向补语的引申用法后就很容易弄混，如果采取图示的办法，可帮助学生理解和记忆。

在组织课堂活动时，苏老师认为学生之间合作学习（collaborative learning）是非常有意义的。

“在选择和安排课堂活动时，通常我不会让学生独自一个人完成某项任务，通常会安排成对练习或小组练习，这样一来同学之间的互动就多了起来。”（S-IV-3）

课堂观察中，苏老师经常采用结对练习的课堂活动，她认为这样能够增强学生之间的互动，同时给学生机会调换一下教师主导课堂的模式，从被动接受输入调节到主动参与式学习。

在苏老师看来，这样的活动安排对学生的语言学习有着积极意义，这些学生处在目的语环境里，有大量机会接受语言输入，久而久之，输入积累达到一定量之后学生会主动推演语法规则。据此，苏老师眼中的学生并不完全是被动型学习者，她希望学生成为主动学习者，在接触大量语言实例的基础上能够自己推断出语言规则。

在安排课堂活动时，她经常鼓励学生积极合作，非常注意学生合作产出的质量，其中一个策略是组织学生小组展示。

“为了让学生集中精力练习某个语言点，我会事先提醒他们，讨论完之后会有小组展示，并由其他同学进行点评。这个做法还算有效，因为同学们会想，我们必须共同努力，一会儿老师会叫我们展示讨论结果。”（S-IV-3）

基于数据梳理发现，苏老师在处理语法讲解的过程中，采取较为灵活的策略，在组织联系过程中采用结对或小组练习的方式。苏老师认为这种授课方式与自己的学习经历有密切关系，受自己的经验知识影响（Wallace，1991）和源自经验的核心信念的驱动（Phipps & Borg，2009）。

6.4.2　鼓励学生倡导自纠

基于数据梳理发现，课堂活动中苏老师提倡学生自我纠正，偶尔引导临近的同学进行同伴纠正。在这种情况下，教师根据话题的情景和内容，将表达的内容从词语、结构、内容上做相应的替换，如在第三次课堂观察中，苏老师与学生之间有这样一段互动。

T：那么你问一问苏，她为什么来上海？

S1：苏，你为什么来上海？

S2：我特地来上海为了见朋友。

T：嗯，为了看朋友……所以……特地是说明你想强调说明，那么把句子顺序调整一下怎么样？

S2：……

T: 把想要强调的部分换一换位置。

S2：我为了见朋友特地来上海。

T：对的，很好。

（S-OB-3）

从样本中可以看出教师对学生的反馈第一感知是有语法错误的，而并未立刻指出错误，而是通过元语言提示提供支架式帮助，学生完成句子顺序的调整。苏老师是通过元语言提示引导学生完成纠正，在第一次没有达到纠正效果后，又进一步作出提示，由此可看出苏老师在互动过程中具有一定的监控和纠错意识。

访谈数据显示，苏老师认为应该意识到学生自我纠正的重要意义。

“课堂上针对新的语言点做一些练习，学生出现一些错误是常见现象，实习观课时候发现，我的指导老师不会直接纠正错误，而是选择眼神关注、停顿等动作，鼓励学生自己改正错误。经过反思，我觉得之所以在课堂上用到这样的技巧，是因为我从理论层面意识到了自我纠正的重要性。”（S-IV-3）

苏老师同样解释到，学生在找出自己所犯错误后，学习效率会更高一些，关于这方面的理论知识，苏老师认为在本科和硕士阶段的课程学习对她影响很大。

“这样的理论知识是我们的专业课程的一部分，现在看来，我坚持这一点，是因为专业课学到了理论知识，然后在实践的时候我发现了纠正对学生学习有益处，所以就坚信不疑了。”（S-IV-3）

苏老师的这番话表明，这种知识已经内化，通过在教学中顺利的实施，逐步变成教师的一种教学信念（Breen *et al.*，2001）。在交际语言教学和社会建构主义范式下，语言是通过互动而构建的。从这一点来说，教师的中介作用（teachers’ mediation）旨在帮助学生察觉到自己的错误，并且鼓励学生纠正错误，这个作用在学生语言学习中非常关键。交际语言教学鼓励学生自我纠正和进行同伴纠正（Richards & Rodgers，2014），而语言错误被看作语言学习的佐证。

6.4.3 通俗解释利于理解

数据显示，苏老师认为语法规则的讲解本身有一定的难度，加之学生情况比较复杂，不太适合使用过多的专业术语，甚至还要借助一些非言语手段达到学生理解的目的。

“语法规则讲解照本宣科很容易，但是要想讲透很难的，有些学生语言水平很差，还有些学生不会讲英语，所以只能借助图片啊，视频啊这样一些视觉手段解决这些问题。时间久了，我发现，这种情况下，创设形象生动的情境，能够帮助学生更容易地理解语法规则。简单来说就是上课讲解争取做到‘通俗易懂’吧。”（S-IV-3）

苏老师认为解释语言现象首先做到通俗易懂，而不是拘泥于专业俗语的信息传递。在具体语言点讲解时，苏老师以图片动画 PPT 展示，在不牵涉太多术语讲解的情况下，借助视觉手段完成了讲解，并且达到了学习者深刻理解的效果。

虽然不对语法项目术语做过多解释，苏老师在呈现具体内容时，使用了简单趋向补语的英语翻译“simple directional complement”。这种选择依然与其“通俗易懂”的教学语言使用理念有关。

“在国外读书时，去过社区学校的汉语课堂观察，发现英国的汉语教师很少解释语法项目，经常的情况是在解释语言点时，想尽各种办法让学生动起来，如果讲到动词，会先做某个动作，让学生跟着自己模仿。我觉得这样的道理就是用最简单的方法让学生理解。我有时用一些术语的英语翻译，是考虑到留学生一般具备一定的英语语言知识，更容易理解其中的意思。”（S-IV-4）

由此看出，基于有利于学生理解的考虑，苏老师在课堂上避免使用过多的术语解释，选择图片动画等视觉手段辅助，选择术语的英语注释作为解释材料，达到通俗易懂的目的。

6.5　学用结合体验文化

本节主要呈现苏老师有关所教学科内容的知识，具体包括以用法为基础和通过语言传递文化内容的理念和教学行为。

6.5.1　提倡用法强化基础

从课堂教学中安排教学内容的方式来看，苏老师倾向于引领学生感受汉语语言的潜在规律，而不是先入为主地讲解规则，在她看来语言教学和学习应该是以用法为基础。

“面向外国学生的汉语教学应该是基于用法的，教语法就是教用法，就是告诉学生本族人的交际活动中所使用的汉语。所谓用法就是来自具体的使用，交际实践中一个个具体的例子是语法教学的基础。”（S-IV-4）

在苏老师看来，语言学习以本族人交际实践中所使用的具体的句子、短语、词汇等为基础，将这些实际用例视为某一图式的一个实例，正如Langacker所说，一种语言有成千上万个规约性的表达形式（conventional expression），要讲的流利，掌握这些表达式至关重要。

“我觉得使用的材料最好选自中国人交际活动中的实际例子，能够让学生既学到语法规则，又能了解到句子的意义和功能，以自下而上为主的方式讲解，有助于学生通过感知语言的使用，丰富自己的汉语语言知识，久而久之，他们就能像母语使用者一样掌握大量的常规表达及语言模式，最终做到快速流利地表达意思。”（S-IV-4）

上述内容表明，苏老师认为语言教学中应该协助学生贮存足够的语言知识，此类知识包括趋向补语中具体的“他跑回宿舍去拿书包了”中的“跑回去”和抽象的“V+来/去”，这些规约表达式，无论这些语言知识是具体还是抽象，都是来自汉语本族语使用者的实际运用。

根据课堂观察数据，苏老师有意识安排学生参与听说活动。本研究开展到学期临近结束时，为了补充部分课堂数据，我再次走进苏老师的课堂。当时由于与学生之间的磨合进展比较顺利，学生的学习热情变得较高，授课进度加快了不少，为了与整体教学计划保持一致，正常课时中多出了一些时间。苏老师准备了一个名叫“猜真假”的口语活动，来增加学生开口说汉语的机会。

“这个活动我是从一个综艺节目里借用来的，一般是给学生三分钟准备时间，然后给大家讲述一个发生自己身上的故事，让同学们来判断故事的真假。我觉得这么做可能会比较有意思。”（S-IV-3）

课堂观察中发现，参与这个活动时，学生保持着非常高的兴趣和积极性。原本设计的三十分钟活动，结果持续了将近一个小时。虽然是全部用汉语来讲一个故事，有一定难度，但是不耽误他们用较为简单的汉语讲述一个生动的故事。有个男生讲了一个去健身房，举起150公斤杠铃的经历，大家觉得不会是真的，因为他的身材看起来不太像。讲述这个故事过程中，该男生无法说出“举起”这样的动词，此时苏老师拿起粉笔，把这个词写在了黑板上。该男生在得到帮助后顺利完成故事讲述。

苏老师认为学生在完成口语任务过程中遇到语言困难，应该及时提供帮助，直接把词写在黑板上，应该对其他同学的理解也有帮助。后来苏老师也意识到这样的活动虽然提升了活动氛围，增强了学生的学习兴趣，但是没有考虑到结合刚刚学过的语言知识，没有最大限度地结合活动任务与语言知识。

“这个班的语言水平表达没问题的，但是如果能把任务设计与本单元刚学过的语言点结合起来可能效果会更好，这一点下次设计的猜卧底的活动我争取做些改进。”（S-IV-3）

上述内容显示，苏老师提倡以用法为基础的语言学习，鼓励学生多听多说，通过参与活动增强语言交际能力。同时也可以看出苏老师灵活的课堂安排技巧，根据学生语言能力和兴趣特征调整教学安排，并设置有效的教学活动。

6.5.2 体验文化循序渐进

访谈中苏老师谈到如何看待汉语教学中的文化内容，她认为汉语教学离不开文化教学，汉语教学必然会同时伴随着文化教学。特别是不同民族、不同国家存在着文化上的差异，需要重视跨文化交际问题。苏老师认为语言教学必然伴随着文化教学，但是绝不意味着要让文化教学成为汉语教学的重心和主流，更不能用文化记忆来冲淡乃至替代汉语言文化教学。

访谈过程中，苏老师认为班上的学生刚来中国的时间不长，对中国文化的兴趣和好奇心还非常强烈，但是他们对文化内容的理解还不够深入，所以遇到一些文化方面的内容最好循序渐进，“润物细无声”，而不是输入大量信息。苏老师的这一观念影响到她的教学实践，具体表现在课堂上文化内容的导入和课外与学生的交际活动。

学生的学习态度和学习情绪影响到文化内容的接受效果，苏老师以循序渐进的方式导入文化信息，由学生的兴趣产生非预设事件，引发学生继续深入思考，符合学生的认知规律并收获较理想的教学效果。吴勇毅和石旭登（2011）认为，教师需要具备把学生的兴趣实践转化为教学资源的能力，使其成为有效文化教学的手段，起到促进文化教学的作用。在这个过程中，语言点的学习仍然是作为事件的出发点，通过学习过程中自然地假设桥梁，达到理想的文化内容学习效果。

6.6 倾听学生声音

上一节主要呈现了苏老师在教学过程中呈现出来的有关学科内容的知识

特征，本节将展现苏老师在教学实践中表现出的与学生有关的知识特征，具体包括如何理解学生的不同文化身份与倾听学生声音的意义，逐一呈现针对学生的文化身份和课堂角色、与学生的互动交流时苏老师的所思与所做。

6.6.1 理解身份强化动机

苏老师班上的学生来自不同文化背景，她认为理解学生的文化身份对于激发学生的学习兴趣和提升学习动机至关重要。在课堂观察过程中，苏老师十分关注一名华裔学生的学习，活动中有意识照顾到这位学生的参与。

“这位华裔男生叫 Mike，父母早些年移民到阿根廷，但有着非常强烈的文化认同感，于是送孩子回中国学习汉语，入学时候发现这个男孩儿学习非常用功，非常认真，就安排他来做班长，负责组织活动，在课堂提问环节，遇到冷场的时候，我会提问他，有时候他也会主动站起来回答问题。”（S-IV-3）

在第三次课堂观察时，趁课间时间研究者主动接触这位同学，并建立了微信联系，他很高兴答应了邀约。访谈时发现他是非常腼腆的一个大男孩，考虑到他的汉语表达能力有限，我选择用英语交流，而他主动提出来用汉语回答我的提问。问其原因，他说想借机会锻炼一下汉语口语。其中在提及学习动机时，他说父母希望他能把汉语学好，并且在家里也鼓励他与家人用汉语交流。继承语家庭保持方面的研究表明（Shin，2010），父母的干预对子女的继承语学习起到了非常重要的作用。Mike 讲述的故事印证了苏老师的观念，他学习汉语的动机中包含着父母的期望，同时其文化身份中亦有较为强烈的中国传统语言文化的认同感。

数据显示，苏老师认为学生具备一定的学习动机，应该提供机会让他们成为课堂学习中的探索者，主动自主地学习。

“主要是让他们在课堂上成为探索者，主动揣摩某一语言点的意思，并尝试表达自己的想法，久而久之，他们自己养成一种不依赖老师和课本的学习习惯。”（S-IV-3）

上述内容体现出苏老师对学生角色的理解，在课堂活动中，苏老师倾向于把学生看作是交际者和自立的学习者。语言教学活动受到某一语言学理论的影响，直观表现教师课堂教学中，其中教师对学生角色的理解支配着课堂教学活动的设计和实施。例如在交际语言教学中，学生在功能交际和社会互动等类型的活动中可以充当领航员、交际者、自立学习者等角色。

在访谈中被问及学生学习动机强弱时，苏老师认为更多的应该尊重学生学习汉语的工具性目的。

“来中国学习汉语的外国学生越来越多了，他们的学习目的很大程度上与将来的求职谋生选择有关系。中国经济高速发展，国际地位也明显提升，加上中国企业在海外投资，创造了大量的就业机会，能不能讲汉语与薪水高低有着直接关联。”（S-IV-4）

上述内容体现出苏老师对学生学习动机的理解，认为学生学习汉语有着工具性的一面。在与苏老师的学生访谈中，一位来自澳大利亚的华裔学生也提到同样的问题，“说中资企业在当地的投资越来越多，需要雇佣更多澳洲人，提供更多的就业机会，这样的合作影响到澳洲社会对汉语学习态度的改变。”（S-IV-6）传统语言教学中认为目的语环境下的二语教学更多倾向于增强学习者文化认同的学习动机（Liddicoat & Scarino，2013），本个案中苏老师对学生学习动机的理解同时兼顾到汉语学习工具性的层面。

访谈数据表明，苏老师认为学生面临的学习压力与汉语水平等级考试（HSK）有到一定的联系，认为教学中可以利用考试的约束作用来调动学生的学习积极性，把学业压力转换为学习动力。

“班上有些学生学习习惯不太好，但是留学生来这里学习大部分按要求都要求通过 HSK 考试，如果要想在下一年申请奖学金，需要通过 HSK 五级考试，难度还是比较大，但这个对他们来说挺关键的，现在 HSK 证书对学生来说含金量挺高的，求职就业时用处挺大，学生也比较重视这个考试，有时候我会借考试有关题型和教学内容结合一下，调动一下他们的学习兴趣。”（S-IV-3）

数据显示，苏老师认为这样的学习压力有一定的积极作用，按照学院的教学管理规定，留学生的 HSK 考试成绩关系到期末考评和奖学金的申请等一系列实际问题，同时关系到将来的就业求职等问题。

上述数据表明，苏老师在教学中形成了对学生身份和学习动机的知识，并且能够在汉语教学和学生的学习过程中付诸教学实践。

6.6.2 聆听心声把握难点

访谈数据显示，在第一年从事教学时，苏老师曾经尝试综合运用两次教学实习所掌握的教学技能，在教学设计时以教师讲解主导课堂活动，结合教材按部就班地布置授课内容，一个学期结束之后，从学生那里得到的反馈并不理想。在认真分析原因之后，苏老师觉得面对的挑战来自从学生那里得到的反馈非常有限，没有机会得到学生的详细反馈，无从得知教学存在的问题。

随后的一段时间里，苏老师选择了较为直接的应对策略，主动找学生聊天，争取获取一手反馈信息。从课堂观察中发现，在课间休息时苏老师经常选择走到学生课桌旁边，很随意地与学生聊起来；下课之后，苏老师有时并没有立刻离开，而是选择继续留在教室里，通过评点作业与学生进行交流。

苏老师认为寻找更多与学生对话的机会，不单单是获得学生在学习方面的反馈，更重要的是了解学生的真实想法，聆听他们内心发出的声音。

“他们刚开始比较抵触我布置的作业，完成起来会比较吃力，尤其是汉字的书写，因为他们之前参加 HSK 考试都是为了考试而学习，并没有体会到学习汉语的乐趣，对汉字书写还是挺困难的。通过课后逐一分发作业，我会选择个别完成质量不太好的学生单独聊几句，他们很坦诚地告诉我说书写非常麻烦。很明显如果这样的作业持续下去，他们很快就不愿意学汉语了，现在我基本明白为什么有些学生交作业总是拖拖拉拉，不积极主动。”（S-IV-3）

苏老师选择聆听学生声音有助于理解学生学习的困难所在，方便找到提升学生学习动机的方法，这一点对增强学生学习信心很重要。从访谈中发现苏老师意识到汉字书写困难是学生学习汉语的拦路虎，她开始摸索如何解决这一问题。首先是选择多样化的以听说练习为主的活动。

在安排语言点教学设计时，苏老师尝试设计多样化、有趣的课堂活动，她认为这样的活动对语言点的学习非常重要，但在实施过程中，因为学生文化背景的差异和实施环节的时间安排欠妥，导致设计的活动难以达到令她满意的效果。

苏老师认为学生来到目的语环境学习，在无意识的情况就能接收语言输入，她甚至把学生看作是“语言输入的接收人”。影响学习者语言输入的另一个因素同伴的语言水平。苏老师的做法是根据学生的水平差异来分组，有意识选择水平相近的学生安排在同一小组，或者一起参与“真的还是假的”活动。这一点在课堂观察时得到验证。在后来的访谈中，苏老师进一步解释了自己的理念。

“汉语程度较好的学生一般在应对小组讨论任务时不是很吃力，而程度差一点的学生则难以完成任务，我觉得讨论时最好是更多关注一下程度较差的这组同学，如果可能，我会参与到他们的讨论，提供一些帮助。”（S-IV-3）

苏老师应对学生学习能力差异的策略与 Moon（2000）的研究发现相似，后者发现教师会根据学生的学习能力不同来分组，安排不同的教学任务，给予学生的关注程度也有差别。基于此，能力相近的学生共同完成某一任务带给学生更加自然的学习体验，有助于学习者产生较强的合作意识和语言表达的意愿。

从上述内容看出，苏老师有关学生的知识还表现在对学生学习困难的了解，具体的做法是聆听学生的声音，作为新手教师，通过与学生的交流沟通获取有关学生的学习能力差别、学习风格以及学习困难等方面的知识，并相应地调整教学方法。

6.7　知己而善于行

如前文所述，教师关于自我的知识贯穿于教师专业发展的始终，在教学情境中教师持有的有关自我的认识直接影响到教学决策，自我知识的积累是教师获取教学经验和建构实践性知识的必要前提。通过数据梳理发现，苏老师对自己的认识表现为作为学生“合作者”的自我意象，和自己在教学中的努力方向。

6.7.1　“合作者”自我意象

数据显示，在入职初期，苏老师思考过作为教师在学生学习中该扮演什么样的角色，在描述教学过程中与学生的关系时，高老师不断表现出学生“合作者”的自我意象。经过数据梳理发现，高老师提到的自我认识体现在课堂教学情绪和探索教学资源两个方面。

观察过程中发现，苏老师的情绪容易受到班级环境的影响，比如说学生的出勤情况就是一个重要因素。有一次上课时，苏老师像往常一样提前 10 分钟走进教室，当时只有不足十名学生坐在座位上，看不出来苏老师的情绪上有什么起伏，但上课十分钟之后仍有六名同学未到，苏老师就开始显得有些不愉快，结果当天整节课苏老师在组织活动时，发出的语言指令显得较为含混不清，而且在讲解幻灯片上语言点内容时也有点照本宣科。在课后苏老师谈起当时的感受，她认为学生出勤情况对她情绪影响还是挺大的。

“上好一节课不是老师一个人在表演，师生合作才能完成课上的任务，有学生缺课自然很影响情绪的，有些时候需要稳定自己的情绪，情绪越是低落，越容易失去控制课堂的能力。”（S-IV-3）

课堂教学中教师往往需要调动教学资源来完成教学任务。苏老师认为自己在学生学习汉语过程中扮演有“合作者”的角色，作为汉语母语教师应该挖掘更好的教学资源和方法分享给学生。对于学生中普遍使用的汉语移动学习应用程序等新的技术和资源，苏老师在日常教学中会主动整合进自己的教学知识中。

“这几年留学生学习汉语出现了很多移动辅助语言学习工具，比如字典类的手机应用有一款叫做 Pleco，学生用得比较多，我也鼓励他们使用，即便是上课时候，我也不反对学生用手机查。这个软件可能特点比较适合留学生的习惯吧，主要是英汉查词，有详细解释，拼音，还有比画的动画演示，挺有用的。还有一些国内做的 app，都挺好的。网络平台，我们有唐风汉语平台，但是我用来与学生互动的机会不多，主要是从平台的资源库里筛选一些有用的资料，整合到课件里，辅助教学。”（S-IV-4）

苏老师在信息技术方面的探索可以增进自己在学生汉语学习中的“合作者”功能，增加了教学信心，面对学生的汉语学习需求和多样的教学资源，自身缺少足够的教学经验，不断地摸索新方法能够更快地提升自身教学能力。

从上述数据梳理发现，苏老师认为自己在师生互动中起到“合作者”的角色，由此苏老师对教学资源和信息技术的认识，在自身知识基础上融入新的技术知识，逐步形成一种新的知识形态。

6.7.2　开展自我导向学习

通过梳理的访谈数据可以看出，苏老师非常珍惜从事的汉语教学工作，同时感觉到教学中有着无形的压力，任职的学校对留学生教育非常重视，经常强调教学质量的重要性。在这种情况下苏老师自入职以后通过反思教学尝试提升对自己的认知。访谈中，苏老师描述过在英国留学期间的观课经历，认为那是一种完全不同的教学体验。

“在留学期间，参加汉语观摩课的经历至今印象深刻。参加的是一个英国老师教汉语的课堂，这个老师 50 多岁，是 80 年代比较早一批大学专业汉语的学生，她主张要按笔顺写汉字。我和另外一个去观摩的老师去他的课上，她就叫我们上黑板随便写一个汉字，一个慢慢写，一个快速写，然后就我们的笔迹用英文给他的十年级的学生解释。她的目的应该是想说汉语笔顺是遵循一定规律的，快速写的字能看到前一笔和后一笔笔锋上的联系，以此想说明汉语书写时按照笔顺书写很重要。在国外的汉语课堂上发现学汉字时老师非常喜欢用联想法，有的甚至编成了顺口溜。这也算是老师们本土化的教学方法了。”（S-IV-4）

苏老师对照所观摩的授课方式，反思自己授课中以自己讲解为主，缺少多样化的师生互动，所涉及的活动以口头汇报居多。

上述内容表明，苏老师通过对比过往观摩课的经历，反思自己的教学实践，在进行教学反思的过程中更新教学观念（Hoekstra *et al.*，2009），不断扩充关于自我认识的内涵。

6.8　苏老师：在“参与”中成长

以上呈现的是苏老师在日常教学中呈现出的学科教学方法、教学内容、学生以及自我知识的具体内容，从呈现的内容可以看出，苏老师在专业发展过程中经历过教学情境带来的新问题，并在教学过程中有其自己独特的反思性实践（Feiman-Nemser，2001）。本节将主要呈现苏老师在教学中面对的问题情境，然后描述苏老师如何“积极参与”周围环境互动，寻找应对问题情境的策略。

6.8.1 “身份困境”后理性反思

基于数据分析，发现苏老师在回国任教后遇到过“身份迷茫”带来的困惑。访谈中，苏老师认为这样的困扰主要来自两个方面，首先国外求学的经历没有为自己进入汉语教学研究领域提供足够的资历，感觉职业归属感比较弱，其次，面对院系的教学质量管理规定，感到有些不适应和紧张。

苏老师在入职面对的“身份困境”与其求学经历有关。苏老师在出国求学之前所修专业为对外汉语，接受过语言学知识、二语教学法知识等方面的系统训练，在参与教学实习阶段，辅导老师以其丰富的专业知识和教学经验，引领她下逐步掌握了教授外国学生学习汉语的系统方法，苏老师因此认定自己将来也会向自己的老师一样成为一名优秀的汉语教师。出于对所从事专业的学术追求，苏老师选择出国修读博士学位，研究方向为语言教学，在这里期间接触到这一领域的国际前沿理论知识，打下了坚实的学科理论基础。在回国任教之后，苏老师发现在国外所学教学方法方面的理论知识并不能直接与国内的教学现状接轨，在反思自己的教学效果和观摩同事教学公开课之后，发现自己在汉语教学领域有一些迷失了方向。

苏老师在教学效能感方面的负面反应还来自于教学督导员的反馈。她所在单位有较为完善的教学管理制度，对新入职的教师实行督导巡视制，一般会安排资历较深的教授随机走进课堂，不会提前通知被听课的教师。研究者对苏老师的课堂进行过 6 次现场观察，由于是有目的的选择个别课时，并没有系统地持续听课，因此没有遇到督导听课。期间，有督导老师走进了苏老师教师，结束之后对苏老师授课效果提出了一些建议，对此，苏老师觉得略显沮丧，在第二天我们约好的访谈中，苏老师认为自己的情绪明显受到影响。

“我事先并不知道当天有人来听我的课，当时看到那位年龄比较大的女老师走进了，我还以为她走错了教室，接着马上反应过来是督导来听课了，但是当时已经乱了阵脚，只能硬着头皮把课讲完，结束之后她非常友好地给我提了几点建议，说话方式挺客气的，但是说的内容让我有点难堪，按她的评价，我当天的课，从内容到课件设计，到授课方式和课堂控制都没有做到位。哎，当时觉得天都是黑的……”（S-IV-3）

作为教学质量管理手段，督导专家听课在苏老师所在学院已经成为常态化措施。苏老师的这种体验带来了巨大的挫败感，失落的情绪甚至影响到了第二天的工作，但她在反思这一事件时，还是选择深刻剖析内在原因，思考专家负面反馈的问题，并不断反省，意识到出现负面评价最主要的原因是教学准备做的不充分，当时那一周时间苏老师除了准备正常的课，还忙于为学院的教育硕士组织读书分享会，内容是第二语言教学的两本经典著作，她需要提前认真通读各个章节，然后在分享会上提纲挈领地讲解一遍。对此，她花费了较多时间和精力，在上课准备工作上有些疏忽。但她并没有把事情完全归咎于此，而是反思自己的教学专注度不够。

“其实问题还是出在自己身上，记得刚工作时同时准备好几件事情，也没有耽误过认真备课，可能是最近有些疲于应付，自己要求放松，对教学的关注度降低了，别人提的意见也是有道理的，以后是要注意一点儿。”（S-IV-3）

苏老师在收到负面评价之后，情绪受挫严重，感觉“天都是黑的”，通过自我剖析，认为是自己的教学热情有所减弱。

通过数据的梳理发现，苏老师经历过留学归来后理论知识无处发力而感到困惑，面对教学督导带来的无形压力，逐渐感觉到教学能力不足和教师身份认同迷茫。下一节将呈现苏老师如何应对出现的问题情境。

6.8.2　“积极参与”中寻求出路

如前文所述，苏老师在教学情境中面临着身份困扰和教学管理方面带来的压力。访谈中，苏老师面对这些困扰，出现过短暂的消极情绪，但在经过理性反思之后，选择为自己寻找解决方案。对此，苏老师经常谈到的是“积极参与”，这里她所积极参与的活动主要是围绕科研任务和教学活动两个方面。

苏老师所在单位对于新入职教师有相关科研工作量的要求，在教学方面感到困惑的同时，苏老师并没有回避，而是尝试将自己的研究兴趣和教学工作结合起来，积极参与论文发表、项目申报等科研活动。

“单位的科研要求不是很离谱，觉得自己能够完成，关键是趁着自己还有做研究的动力和情趣，结合学校政策申报了一个科研课题，与认知语言学有关，具体来说是留学生习得量词的认知因素，平时上课时我就发现留学生，尤其是初级学习者，对汉语量词的习得有很多有趣的现象，认知语言学的有关理论能够很好地解释这些现象。”（S-IV-4）

苏老师参与研究的动因既有单位压力，同时又有个人科研兴趣，其科研活动反哺教学活动，并加固了自己的教学理念，尤其是对语言学科内容的认识。Borg（2010，2013）的相关研究表明，教师参与科研最终致力于教学改进与理解。苏老师的实践性知识发展与其作为研究者的身份有着密切关联。

有研究表明（Kumaravadivelu，2006）语言教师已经获得知识尤其是理论知识与教学实践应用之间存在一定的空档。苏老师在平时的文献阅读中，锁定汉语教学中的量词研究为研究兴趣点，在后来申报科研项目时以此为题，在访谈过程中，她也曾经非常自豪的介绍自己的这个课题，后来她打算把自己研究的一点心得体会运用到课堂教学中，于是设计了一些练习题，在课堂教学中运用起来。

在课后跟踪访谈中，苏老师表示对此次围绕量词设计的练习活动不是特别满意。在实施这一活动时，她把准备好的一组练习题通过投影播放，然后以动画形式逐一播放，要求学生自愿站起来完成中的一道题，在结束两三轮的答题之后，教室里的气氛变得有些低沉，学生参与度急剧下降，这种情况是苏老师所没有想到的。究其原因，她认为是自己的关注点只是停留在设计好的练习题上，忽视了学习者自身的特点，结果导致学生参与答题时显得有些迷茫，她提到，如果选择把学生分组，以小组竞赛答题的形式，可能会激发学生参与互动的积极性。苏老师的这一点反思显得较为理性，有学者曾指出，汉语语法教学不仅需要教师有扎实的语法基础，而且要求汉语老师自己要具有研究、分析汉语语法的能力，同时了解学习者的认知特征。

苏老师从教学和研究结合着手，逐渐在汉语教学领域找到了专业身份认同感。结合教学中积累的一手数据资料，加之读博期间积累的学术基础，苏老师先后在国际学术界发表了与汉语作为第二语言教学有关的英语期刊论文。科研成果的发表增强了苏老师在这一领域的身份认同感和教学信心，同时，科研活动带动教学经验积累的教学法知识得以升华。

从上述内容分析得出，苏老师在教学环境中由于回国任教感到身份迷茫，以及感受到教学管理的压力后，积极调整学习策略，获取多样化的学习资源，转化为专业发展的内动力，另一方面，苏老师在教学中仍有作为研究者的专业身份认同感。据此可以得出，苏老师的实践性知识建构与专业成长是经历过教师学习的动机和职业投入之后的结果。

6.9　本章小结

本章主要描述苏老师的实践性知识在课堂教学中呈现出的丰富内涵，通过梳理访谈、课堂观察等数据，尝试呈现出苏老师实践性知识的建构特征，以及影响其形成、发展的主要因素。苏老师实践性知识的表现特征有以下内容。研究数据显示，苏老师所持有的学科教学知识包括灵活的归纳与演绎方法综合使用，鼓励学生自我纠正的课堂互动策略以及通俗解释的课堂话语策略；学科内容知识体现在语言用法为基础和以语言传递文化的认识，对于学生的认识体现在理解学生文化身份和了解学生学习困难；苏老师对教学自我的认识体现在“向导”的自我意象。苏老师的实践性知识之所以呈现出上述内涵，有以下三个方面的因素，一是苏老师海外求学经历为个人教学信念提供了知识来源；二是苏老师在经历回国教学“身份迷茫”后的理性反思；三是与外部环境积极互动起到了实践性知识建构的媒介作用。

第七章　讨论

7.1　引言

前三个章节对三位教师的过往经历、教学情境、在教学过程中各类知识的内涵以及相互之间的关联作用，进行了详细描述。基于以上描述，结合前文所做的文献综述，本章试图探索个案教师在教学过程中呈现出的实践性知识的内涵有哪些，建构过程中呈现出什么特征以及受到哪些因素的影响。

本章第二节对研究发现的个案教师实践性知识的内涵进行总体分析，探讨实践性知识的总体特征；第三节基于个案数据探讨教师在教学活动中遇到的问题情境，教师如何进行教学反思，以及教师如何与外部环境互协商，通过教师学习活动建构实践性知识，进而分析其建构过程的总体特征；第四节探讨以教师个人内在因素和教学情境为主的外部因素对教师实践性知识建构产生的影响；第五节在上文讨论的基础上，通过对教师实践性知识发展诸要素之间的互动关系进行概念化，试图构建一个初步的国际汉语教师实践性知识建构路径理论模型。

为了深入讨论三位教师的实践性知识内涵，本研究首先确定了他们所持有的实践性知识的不同类别。如文献回顾所示，教师实践性知识研究通常是基于一定的分类标准，目的在于使分析更加系统性（Black & Halliwell，2000）。所采用的分类标准在某些方面不尽相同，没有统一规范，但大多数研究的核心要素基本相似（Meijer *et al.*，1999）。基于文献回顾，教师实践性知识可能包含若干方面的内容，如关于教育本质和教育目的的知识、学科知识、课程知识、学科教学知识、一般教学法知识、学生知识、自我知识等。不同类型的内容呈现于教师日常教育实践活动中，表现出的内涵会因课程或教学重心的不同而又不同程度上的差异（姜美玲，2008）。通过对三位教师的实践性知识内涵范畴下的数据进行反复的类属分析，本研究提炼出国际汉语教师实践性知识的四个方面内容，分别是学科教学知识、学科知识、关于自我的知识和关于学生的知识，上述内涵在教师教学生活中相互融通，各类属之间不存在明确界限（Hillocks，1999）。一般教学法知识是由具体学科内容具体呈现出来并涵盖其中的(Tsui，2003)，本研究中并没有单独把一般教学法知识、教育本质和教育目的知识单独列出，而是融入学科教学知识中具体呈现出来。如第二章所述，本研究的目的并非在于析出划分非常明确的知识类型，而在于以此为分析框架，呈现国际汉语教师实践性知识特有的内涵和建构特征。

7.2 基于个案数据的教师实践性知识内涵总体分析

7.2.1 学科教学知识：实现教学情景化

如文献综述 2.3 所述，教师的学科教学知识指教师在课堂情境中对教学决策的个人理解，包括所采用的教学方法、课堂互动安排，以及课堂教师话语的使用等方面的知识（Schulman，1986；陈向明，2011）。基于个案数据分析发现，本研究个案教师的学科教学知识具体分析如下（见表 10）。从个案数据分析得知，课堂教学策略运用受教师个体差异的影响（Basturkmen，Loewen & Ellis，2004），在课堂实践中表现在教学方法、课堂活动、教学语言使用等方面，教师所信奉的教学理念虽然存在差异，但是亦有共性。下面将分别从三位个案教师的数据进行单独分析，然后进行整体分析。

表 10 基于个案数据的教师学科教学知识汇总

	孟老师	高老师	苏老师
教学方法采纳	用中学，采用归纳方法	逐层分析讲解，采用演绎方法	灵活讲解，不拘泥于归纳或演绎
课堂互动安排	互动中首先考虑纠正错误，教师纠正为主	师生互动；引导式自我纠错	小组生生互动优先；及时口头纠正
教学话语使用	话语转换有根据，用在必要的地方	简化术语，以学生接受为准	话语重在通俗解释，根据学生文化背景选择具体内容

基于个案数据梳理分析发现，孟老师在教学方法采用方面，选择从一般语言现象逐步归纳出语言规则，提倡在实际例句的理解和运用基础上发现语言规则；在课堂互动过程中，针对学生出现的语言错误，孟老师的理念是纠正语言错误为优先选择，课堂观察中发现孟老师选择教师纠正为主；在课堂话语使用方面，孟老师认为教学语言不应拘泥于仅仅使用目的语，而可以灵活加入学习者熟悉的英语作为解释性语言，起到融合课堂管理和教学内容的功能。高老师在教学方法采用方面，选择从语法规则的解释入手，分层解析逐步演绎到相关例句，进而组织学生进行语言点练习；在课堂互动过程中，高老师选择师生互动的情况较多，在针对语言点练习出现语言错误时，高老师选择引导学生自我纠正错误的策略；在课堂话语使用方面，高老师主张讲解语法规则时使用简化的术语，认为教学语言应该达到深入浅出、润物无声。他认为教师扎实的语言基本功必不可少，课堂上应该使用简化的方法来处理复杂的语言现象，做到讲解清晰易懂、简单明了，起到“化繁为简”的作用，这样的话语才更容易调动学生的学习情绪。苏老师在教学方法方面较为灵活，在观察中发现，在课堂教学的不同阶段，苏老师采用了语言点归纳和演绎相结合的方法；在课堂互动过程中，苏老师选择小组生生互动形式为主，鼓励活动中同学之间的同伴纠正语言错误，在回答老师提问出现错误后，请其他同学说出正确答案；在课堂话语使用方面，苏老师认为语法解释最重要的是通俗解释，由于自己多年海外留学经历，具备自如使用英语进行解释的能力，但是具体策略的使用还要依据学生的母语背景和汉语水平。

整体而言，个案数据显示，三位教师教学方法反映出在教学理念和教学风格方面存在一些共性的地方，其中包括教学方法的“灵活使用”以及为学生创造学习机会的教学原则。三位教师在教学过程中都遵循了不同程度的“灵活处理”的原则，其中孟老师和苏老师都提到在教学现场“灵活处理”的基本原则，孟老师认为“如果活动中交流受到学生语言错误的影响，我一般会当场纠正错误的。”苏老师和孟老师通过重复或是降低语言复杂度的解释来不断强调。总体而言，尽管三位教师课堂纠错方式不尽相同，但是访谈中他们都谈到了一个相似的观念，都认为只要学生接受足够的正确的语言输入，课堂上的纠正性反馈就是行之有效的。但是反馈的策略运用同样受学生因素的影响，有些留学生保留原来的语言学习习惯，更注重自我意思的表达（Jean & Simard，2011），不是特别在意语言上出现的个别错误，有些时候可能需要老师多次纠正才能改正过来。这可能是三位教师在纠正错误过程中采用灵活处理策略的原因所在。课堂话语的使用方面，三位教师都认为教师语言应该完成从学术语言转换为通俗易懂的教学语言。这一点也支持了陆俭明（2014）的观点，后者认为语言学理论与语言教学之间的接口之一，在于教师语言应该从学术语言转换为教学语言。已有研究表明（Veque，2005），跨文化语言教学中，教师使用两种语言并自然结合教学内容，能够较为清楚的解释授课内容，保持学生学习语言的兴趣。Johnson（1999）所提出的教师课堂语言"叙事化"的作用。卢福波（2002）认为对外汉语教师在讲解语法时需要采用"浅化"和"简化"的手段，不适宜照搬课本上的理论化语言表述。Li（2016）指出，教师专业背景和教学风格各不相同，但需要遵循对外汉语教学跨学科属性的规律，尝试把所教内容"叙事化"，用学习者容易理解的话语表达出来，就教学知识而言，其表达方式和话语有"叙事性"特征。

本研究发现，教师教学方法的"灵活使用"较大程度受到教学对象语言水平和学习动机等方面差异的影响，以往的研究表明，二语教学中，教学效能往往受学习者读写能力（Tarone & Bigelow，2005），学习者的语言水平和语言意识（Ammar & Spada，2006）以及学生学习目标或学习动机（Larsen-Freeman，2006）的影响，在上述研究发现基础上，本研究还发现，学习者多样化文化背景同样是影响教师采用灵活教学方法的一个重要因素。

研究表明，教师在教学方法的使用方面都表现出为学生创造学习机会的策略。高老师比较关注语言结构的解释，为学生提供单独的练习机会有助于更多直接练习语言的机会，安排小组时倾向于选择语言能力有差距的两个同学在一个小组，高老师认为语言能力较弱的同学能够得到同伴的帮助，有助于提高学习者其语言能力。从数据分析可知，孟老师和高老师更倾向于为学生主动参与课堂互动，为学生参与问答和练习创造机会，这样的做法更能调动学生的积极性。这一理念与"主动学习方法（active learning techniques）"（Meyers & Jones，1993）的基本理念较为契合，与教师主导式的做法相比，学生积极参与能够调动更多的学习资源，培养学生多样化的学习风格，总体上有利于学生的学习能力提升。相比之下，苏老师同样认为课堂教学最重要的就是教师和学生之间的互动交流，她认为教师“一言堂”的做法不利于学生的语言学习，但是在选择策略方面，苏老师倾向于师生话语互动与学生肢体活动相结合的方式，话语互动不是仅仅停留在具体语言特征的描述而是强调学生语言能力的发展，而学生参与教师活动的动作则引领学生融入实际课堂语境，苏老师的这一做法与“体演文化教学法”（Walker，2010）的具体实施规则有契合之处。“体演文化教学法”（culture performed）是美国俄亥俄州立大学汉学家 Galal Walker 提出的一套教学理论，强调的是教学活动中语言知识的实际运用，活动中充分结合运用与体验来理解目标语文化，在实践过程中教师根据教学目的创造与之相关的目的语环境，为学生提供在目的语文化环境中进行各种日常文化交际行为的表演机会。教师的角色不再是活动的主导，不占据课堂活动的主动，而是选择在学生表演过程中遇到语言困难时提供帮助。

综上所述，国际汉语教师学科教学知识内涵包括知识呈现与讲解为核心的教学策略，具体来说有教学安排的策略、教学方法的选择、课堂互动与活动的安排以及教师教学语言的使用等。从上述分析看出，三位教师所呈现出的此类知识糅合了教师对学生、语言、教学情境等方面的综合理解，在教师实践性知识中占有核心位置。同时，由于是建构于具体的教学情境，与情境中的各要素之间存在高度互动的关系，所以此类知识由教师个人在教学实践中不断发展与重构，呈现出动态性、多样性等特征（Sun，2012；陈向明，2009）。

研究发现，三位教师学科教学知识包括教师对社会文化环境、教学目的以及教学规章制度的认识，教师根据课堂教学情境调用相关知识以适应各方面实际需求。在课堂环境下，教师根据教学对象、教学环境以及教学目标设定教学计划，同时根据具体情境的变化调整原有设计，进而形成教师与情境的互动，互动过程中教师依据已有知识形成新的教学决策。这种调配适应的教学实践经历逐步形成教师的“教学惯习”（张庆华，2015），显示出教师自身的区别性特征和意向性。教师的教学智慧在于他们可以根据自己实践性知识的特定意向性，通过对教学情境的感知和判断，做出合理的教学决策，在情境各异的教学环境下按照教师自己的意象和预期方向发展（陈静静，2011），逐步形成个性化的教学风格和教学智慧。

7.2.2 学科知识：融汇语言与文化

如文献综述 2.3 所述，学科知识指的是所教学科内部相互联系的主要事实、概念及其相互联系的知识，涉及教师对所教学科的理解（Schulman；1986；陈向明，2011）。基于前文个案研究发现，本研究个案教师的学科教学知识具体分析如下（见表 11）。从个案数据分析得知，教师对所教科目的理解主要表现在语言知识和文化知识两个方面，这一发现与 Elbaz（1983）和 Meijer *et al.*（1999）的狭义学科内容知识的理解相似。下面将分别从三位个案教师的数据进行单独分析，然后进行整体分析。

表 11 基于个案数据的教师学科内容知识汇总

	孟老师	高老师	苏老师
语言知识	设计交际型任务，根据学生水平设计活动，语言魅力需感悟	知识点讲究系统性，尤其是基础阶段学习者	以用法为基础，巧妙设计活动增强语言交际能力；多说多练
文化知识	文化内容融入教学中，以活动促进学生的文化理解；引领学生感受文化含义	适当融入文化知识，增强学生的学习兴趣、提升学习动机；选择适当素材	语言教学搭建桥梁，传递文化内涵；循序渐进导入文化信息

基于个案数据梳理分析发现，孟老师持有的理念认为留学生学习汉语的过程中需要感受到汉语语言的魅力,在实施教学活动中选择设计交际型任务，比如结合留学生在中国各地旅游的经历设计的“中国地方美食”主题练习，实施过程中依据学生语言水平进行节奏的控制；在教学过程中孟老师注重把文化内容融入教学中，结合教学活动促进学生对文化内涵的理解，引领学生感受中国文化的含义。高老师对学科内容的理解主要体现在对语言知识的系统性上，尤其强调对基础阶段学习者的重要性；高老师有过编写教材和海外汉语教学的经历，体会到在讲解词汇、介绍背景等环节通过多媒体课件融入文化信息，可以增强学生学习兴趣，提升学生学习汉语的动机，但同时也意识到素材的选取至关重要。苏老师对学科内容的理解体现在语言功能方面，

强调语言学习以用法为基础，教学过程中巧妙设计活动，引导学生多说多练，增强学生的语言交际能力；苏老师认为语言教学同时起到搭建桥梁的作用，通过学习语言传递文化内涵，具体实施过程中倡导循序渐进导入文化信息。

基于个案数据梳理分析发现，教师在教学实践中不同程度地表现出在语言教学中融入文化内容，并恰当处理语言与文化教学，反映出教师具备的跨文化交际能力。本研究中，孟老师和苏老师都明确认识到应该在教学任务设计环节融入中国文化知识，这对于留学生有效学习汉语语言知识非常重要。其中孟老师认为文化知识的输入应该结合具体的语言点练习互动，而不是停留在专题型中国传统文化知识讲座，在设计语言点练习活动时适当加入地域文化元素，比如生活方式、美食特产、名胜古迹、休闲娱乐等，增加留学生对中国社会文化的深度理解和感知，此类体验式学习更能提升留学生汉语语言应用能力，同时增强其跨文化交际能力。高老师认为语言和文化在教学中的融合模式取决于留学生的语言水平和来华时间，初级阶段留学生有较强的语言学习和文化感知敏感度，具备较强的学习动机，教学中适当融入中国文化元素有助于学习者理解语言知识，并增强其使用汉语进行交际的动机。综合上述发现，三位教师的教学实践中汉语语言知识和文化内涵的结合较为明显，语言承载和包含着文化要素，在目的语环境下增强文化内容和语言知识的融合。

综上所述，国际汉语教师教学实践中呈现出的学科内容知识内涵包括汉语语言知识和与语言相关的文化知识。教师对教学内容知识的理解与灵活掌握对有效教学至关重要，涵盖了语言学理论知识，包括语音、词汇、语法等理论知识和各种文化知识，上述知识与学科内容有关构成了国际汉语教师的知识基础（刘珣，2002）。国际汉语教学研究领域讨论过语言和语境在学习过程中的重要性（郭熙，2007；贾益民，2013），针对文化与语境因素在教学中的运用逐步成为热门议题，香港理工大学吴伟平提出了“语用为纲”的汉语二语教学模式（a pragmatic approach）（吴伟平，2006，2013；Wu，2011，2016），其根本理念是强调“用中学”，而非学后用，实施过程中首先考虑了解各种语境因素，培养对语境的敏感性以及语言在不同情况下的得体使用。基于此，本研究认为，在具体教学情景中，采用灵活的教学设计，遵循任务型教学法要求，设计“真实”语言任务，例如采取外出游玩参观等实景项目，如本研究中孟老师和苏老师带领学生进入真实语境，增加学习者接触真实语言的机会，通过活动中参与同母语使用者对话，运用真实语言进行自然语言交流，按照社会语言学和语言习得理论，亲临其境“旁听”及观察汉语母语使用者的交际行为（Kramsch，2014），进而逐步使留学生了解、感悟和掌握语用能力和文化含义。

7.2.3 学生知识：理解学生多维化

教师持有的关于学生的知识主要是教师“了解学生及其特质的知识”（Shulman，1987；陈向明，2011），具体而言，包括教师对学生学习能力、学习动机、学业表现、认知特征以及学习态度的认识。本研究发现，三位教师教学方法的选择基本上体现出一个共同的原则，即调动学生参与课堂活动的积极性，提升语言运用能力。但是三位教师在实施过程中对学生的认识侧重点各不相同。基于个案数据分析发现，本研究个案教师的学科教学知识具体分析如下（见表 12）。下面将分别从三位个案教师的数据进行单独分析，然后进行整体分析。

表 12 基于个案数据的教师有关学生的知识汇总

	孟老师	高老师	苏老师
学生文化差异	多样文化带来多样学习风格；	理解文化差异；巧妙化解问题	理解学生文化身份；倾听学生的声音
学生学习动机	营造积极课堂氛围，提高参与度；自主学习能力很重要	对中国文化兴趣浓厚；需要更多鼓励和关注	未来就业考虑；考试升级压力；沟通交流以了解学习兴趣
学生学习能力	学习能力各不相同；熟语难以理解	汉字书写困难；语用得体性问题	根据学习水平差异分组活动

基于个案数据梳理分析发现，孟老师对学生的认识体现在学生的文化背景差异、学习动机和学习能力等方面，认为留学生文化背景各不相同，学习风格呈现多样化，教学过程中应该“因材施教”；对于学生的学习动机，孟老师认为随着在中国学习时间的增加，学生的学习动机会有所减弱，在课堂上营造积极的学习氛围，可以提高学生的参与度和学习积极性，同时还认

为学生的自主学习能力很重要；关于学生学习能力，孟老师认为学生的学习能力各不相同，并形象地比喻为五根不一样长的手指，其中在遇到汉语中的熟语表达时学习难度最大，反映出外国学生对汇集丰富文化内涵的固定语言形式理解起来有难度。高老师同样出于对学生文化差异的理解，提倡巧妙地化解问题，认为学生的学习动机中一部分原因是对中国文化持有的浓厚兴趣，授课时需要更多的鼓励和关注，在语言使用过程中存在语用得体性问题。苏老师对学生的认识体现在对学生文化身份的理解，例如华裔后代作为继承语学习者的身份，同时认为倾听学生的声音有利于加深对学生的了解，苏老师认为学生学习汉语的动机表现在未来就业考虑，还源自于升级考试压力。

基于个案数据梳理分析发现，三位教师出于对学生学习动机的关注，尝试在课堂中营造积极的学习氛围。孟老师认为学生的多元文化背景带来课堂上多样化的学习风格，有利于课堂活动开展，访谈过程中也多次提及维护学生的语言学习信心非常关键，而高老师则倾向于从学生独有文化背景寻找切入点，避免出现让学生尴尬的情况。对于课堂上的教学策略选择，三位教师也有不同之处。孟老师更多优先考虑学生的学习需要，进而在课堂上使用更多的鼓励性语言，使用超语言技能引导学生学习，营造积极的课堂氛围，选取教学材料时比较注重文化得体性（cultural appropriacy）。相比之下，高老师选择在兼顾学生特有文化的前提下选择中国特色文化相关题目，以引起学习者足够的学习兴趣。苏老师的理念更多体现出其海外学习经历的影响，她认为聆听“学生不一样的声音”非常有必要，通过学生自然表达或者讲述故事来理解学生文化身份，这样可以挖掘更多学生学习语言背后的动机，无论是来自将来就业还是学业考试都会影响到学生的学习动机。

本研究上述发现验证了以往研究成果中教师对学习者情感因素的认识。在应用语言学研究领域人本主义心理学（Humanistic psychology）的相关研究注重学习者的内心感受，包括学习动机、学习焦虑等维度（Horwitz & Horwitz，1986）。研究表明如果受到语言学习焦虑的困扰，学习者一般不愿意选择尝试新的学习方式和学习资源（MacIntyre & Gardner，1991）。因此，有研究认为教师在课堂中营造一个“安全空间”（safe place）能够促进学生以更加轻松的方式学习语言（Nelson，2010），这与本研究的发现基本契合。本研究还发现，教师通过鼓励学生参与课堂互动以及提供“脚手架”等策略以缓解学生的人际焦虑感，以达到满足学习者情感与交际需求的目的，在跨文化教学中小组讨论等互动形式可以理解为是一种社交和文化活动为媒介达到语言学习的目标（Larsen-Freeman，2006）。

研究数据分析显示，教师基于对学生的汉语学习困难、学习风格和学习动机的观察和思考，适当调整教学互动方式和教学内容。其中关于学生的学习动机和学习风格的认识对教师教学决策产生较大的影响，包括学生学习汉语的目的、兴趣，以及课堂行为习惯等方面。同时关于学习汉语和了解中国文化对学生的意义对教师的教学决策同样产生影响，包括不同文化圈的汉语学习者对汉语语言和中国文化的理解和接受程度。在本研究中，孟老师和苏老师在关于学生的知识方面经历过较为明显的变化。当处于新手教师阶段时，孟老师较多地关注语言知识的传输。作为新手教师，苏老师反复强调学生学习行为和来自学生的反馈，说明在有关学生的知识占有相当重要的分量。这一发现与 Gatbonton（2008）的研究发现基本一致。后者通过对教师教学理念进行分类统计后，发现新手教师关注学生学习行为这一类知识占比最高。这一发现说明新手教师对学生的行为和反馈信息较为敏感，可能的原因是新手教师在教学方面缺少足够的教学自信。

基于上述分析，国际汉语教师关于学生的知识包括对留学生学习动机、学习兴趣、学习风格、文化背景、语言认知过程的特点、语言学习过程中遇到的困难等方面的认识。教师关于学生的知识影响到教师自我效能感的提升，例如苏老师在带领学生外出郊游后发布一条朋友圈状态，感叹“与来自不同国家的学生一起外出，非常开心”。同时还影响到教师教学方法的选择，教师对学习者的了解直接影响着教师教学决策的调整，进而作用于学习者的语言学习效果。本研究的发现与 Gatbonton（2000）和 Mullock（2006）的研究结果也一致表明，二语教师依据对学生特征的了解来调整教学策略以适应学生的需要。除此之外，本研究还发现，教师对学习者文化背景的理解同时体现在学习汉语对学习者身份建构的作用方面，例如苏老师对所教华裔学生所持有的理念。Gu *et al.*（2017）的研究发现，来自东南亚的汉语学习者在香港学习语言过程中，汉语母语二语教师认为学习汉语有助于增强其多重身份认同感，同时有助于更快融入目的语社会文化环境。如 Kubanyiova 和 Crookes（2016）认为，教师教育的目的应该培养教师能够并愿意服务于不同背景学生的各种语言学习需要，同时进行“心灵化教育”（Psychologization of education）。

7.2.4 自我知识：认识自我角色化

教师关于自我的知识指的是教师如何看待自己作为教师的形象，如何理解自己在课堂教学中的作用和责任，包括教师身份、角色、价值观、价值理念等（Elbaz，1983；陈向明，2011）。基于个案数据分析发现，本研究个案教师的自我知识具体分析如下（见表 13），教师的教学方法选择与个人教学理念、过往经历、性格品质等方方面面都有一定关联，本研究将梳理出的数据大体上分为教师的角色身份和对个人特质的理解两部分，下面将分别从三位个案教师的数据进行单独分析，然后进行整体分析。

表 13　基于个案数据的教师关于自我的知识汇总

	孟老师	高老师	苏老师
身份角色	“园丁”的自我意象；不断建构专业身份；为学生创造适宜的环境	“引导者”的自我意象；从确定性知识传授者到鼓励学生自主学习的推动者；稳定的专业认同	“合作者”的自我意象；留学生学习中国文化的向导；逐步形成的专业认同；学习教学中寻找自我
特质理解	享受教学过程；保持较高的教学情绪	沉下心来教学；寻找提升自我的动力	乐于教学；挫败感带来困扰

基于个案数据梳理分析发现，孟老师持有“园丁”的自我意象，认为教学过程中经历过关注自我的发展到关注学生的学习的转变，专业身份得到不断重塑，教学实践中尝试为学生创造适宜的学习环境；源于个人教学经验的积累，孟老师感觉有较高的自我效能感，享受投入教学的过程，并努力保持较高的教学情绪。高老师持有“引导者”的自我意象，受到语言研究专业背景的影响，高老师经历过从确定性知识传授者到引导学生自主学习的推动者，经历过海外教学，高老师有稳定的专业认同感，能够沉下心来投身教学，为完善教学方法方面的知识，不断寻找提升自我的动力和学习的机会。相对而

言，苏老师作为初任教师，持有学生“合作者”的自我意象，从海归身份入职后逐步建构起专业认同感，但是一直处于“学习教学中寻找自我”的状态，虽然这个过程中受到一些困扰而产生一些挫败感，影响到自我效能感，但依然乐于教学。

研究发现，三位教师所持有的自我意象和专业身份的认识与自身经历和教学经验积累的程度有关。孟老师和高老师处于职业发展的成熟阶段，依据教师发展阶段理论（Berliner，1992）已经成为专家教师，能够熟悉地解读教学情境并做出教学决策，帮助自己突破教学方面的困境。随着教学经验的积累和理论知识的更新充实，两位教师感觉到在应对留学生汉语学习需求和课堂教学方面“游刃有余”，更多地关注到学生的学习需求等方面，因此产生了“向导”和“引导者”的自我意象。苏老师仍处于初任教师阶段，积累了一定的教学经验，但尚不足以灵活选择教学策略，其海龟身份和学术背景引发自己专业身份方面的困扰,苏老师表达出的自我意象则是学生学习的“合作者”。

基于上述分析，教师关于自我的知识直接影响到教师教学方法的选择，对专业身份和个人特质的理解影响到教师学习的途径和效果，最终影响到实践性知识系统的建构。本研究的发现验证了以往学者的观点，Clandinin & Connelly（1987）和 Verloop *et al.*（2001）认为教师自我知识直接影响教师对于“该做什么”、“教学应该是什么样”的看法，Elbaz（1983）指出自我知识是教师实践性知识系统中一个重要方面，包括者与教学有关的教师自我价值、信念、个人特征等。本研究同时发现教师自我专业身份认同感的不断重构推动扩展和深化教师知识的内涵，教师自我意象反映出对教师自我价值观的判断和教学目的的追求，以往研究（Clandinin，1985；Elbaz，1983；陈向明，2011）认为意象是理解教师知识的核心概念，是教师实践性知识的重要形式和成分，能够全面、动态地反映出教师的整体状态。

本研究梳理出国际汉语教师实践性知识四个方面内涵（见图 16），具体包括学科教学知识、学科知识、关于自我的知识和关于学生的知识。

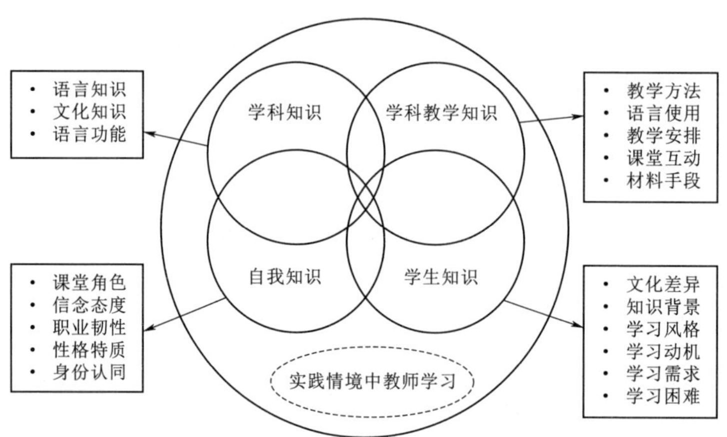

图 16　基于个案数据的国际汉语教师实践性知识内涵

如图 16 所示，国际汉语教师实践性知识的内涵可以概括为一个由自我知识、学科教学知识、学科知识和学生知识构成的综合连贯体。其中学科教学知识包容性更大，可以理解为整合了汉语学科教学法知识、一般教学法知识、课程知识以及教学策略知识等方面的综合体，是将各种知识运用到教学情境中的具体策略。位于综合连贯体中的各类生态知识群落，相互交叉关联，对教学实践产生影响。下节将在研究发现的基础上对教师实践性知识的内涵做进一步深入的讨论。

7.3　教师实践性知识特征分析

上一节基于个案数据的梳理，对教师实践性知识做了个体和整体分析，并结合现有文献对研究发现进行了初步的讨论，呈现出国际汉语教师实践性知识的内涵。在初步讨论的过程中，本研究发现国际汉语教师实践性知识的内涵还呈现出以下显著特征：教师实践性知识连贯体是由知识群落交叉组合而成；教师的跨文化交际能力是实践性知识连贯体的重要组成部分。本节将对研究发现的内涵从上述两个方面做进一步讨论。

7.3.1　知识群落整合为实践性知识连贯体

研究发现，教师实践性知识的各类分布没有清晰的边界，其中学科教学知识是其他各类知识交汇作用的结果，具有很强的动态性，教师关于自我的知识具有推动其他知识群落发展的作用。教师实践性知识各类内容相互交叉，相互之间边界并不明显。在学科教学知识方面，教师强调课堂上学生参与互动的重要性，如“引领学生参与纠正反馈、自我纠正反馈”等，体现出融合结构、情景、功能的融合，在例句的选择、语言点的解释和操练方面表现出了一定的真实性和交际性（翟艳，2017）。在学科知识方面，均包含有学生学习的相关知识，如“学习难易程度应该循序渐进”等，而在自我知识方面，包含有师生关系受到学生文化背景的影响。总体来说，其他各类知识均体现出与学生知识的关联性；同时，有关学生知识的巩固和积累加强了教师自我知识的形成，促进教师专业身份认同感的强化。

研究发现，如图 16 所示，教师实践性知识在具体运用过程中呈现成为一个整合的连贯体，在不同教学情境中，各类知识之间的组合形式不尽相同。Grossman（1990）认为学科教学知识（PCK）是教师知识的核心，由它来作为区分本学科和其他学科的知识群落，体现出学科内容和一般教学知识的整合。在我国有研究者同样指出，教师关于课堂情境和课堂上如何处理所遇到的教学情境的知识，是建立在以往专业学科知识和一般教学法知识的基础上，体现教师个人特征和智慧的知识（叶澜，2001）。由此看出，以往研究认为教师学科教学法知识是教师整个知识群落的核心。本研究认为学科教学知识是教师根据所持有的学生知识、自我知识和学科内容知识的基础上，根据具体教学情境而灵活调配而成的最终形式，具有较强的动态性。这一观点与Cochran *et al.*（1993）研究结果具有一致性，后者提出的动态的学科教学法知识，并称之为“学科教学识知”（pedagogical content knowing, PCKg），认为知识是认知个体和外在情境交互作用而建构出的产物，具有很强的动态特质，识知者（knower）作为主体在知识发展过程中居于主体地位（康晓伟，2017）。

本研究发现，在教师实践性知识的丰富内涵中，凸显出教师对于具体教学情境中感知和理解学生的能力，采用的是一种开放性的、能够带给留学生温暖的接受方式，让学生在学习语言过程中得到感情上的认可和尊重。这一发现呼应了与 Van Manen（1991）所提倡的“教育学理解”（pedagogical understanding）的指导理念，认为这是教师实践智慧的教师实践性知识养成的思维品质，教师在具体情境中具有敏感度的聆听和观察学生的具体做法。教育学理解的核心品质在于教师同理心（sympathy），具体指的是“个人所具有的易于、愿意并能够产生通情现象，引导自己行为方向的心理状态或态度倾向”（石中英，2010），作为教学情境中的实施者，教师教育学理解的养成至关重要，尤其是“信任同理心（trustful sympathy）”这一品质，具体表现在对学生的学习体验和情绪的关注（van Manen，1991），基于此教师与学生之间能够建立起具有教育学意义的和谐师生关系。

本研究发现，教师有关自我的知识是由人生目标、身份认同、教学信念、个人特质等组成要素的生态化知识群落，在不同的情境下推动教师个体追求新的专业发展目标，进而影响教学行为。本研究中孟老师认为自己有“园丁”般的责任，并且非常注重良好的师生关系，对教学持有很强的“激情”，进而影响到她对学生“文化差异”、“学习程度”等方面知识的形成。高老师认为自己有“向导”一样的角色，这一定位影响到苏老师在课堂中教学方法的选择，在语法讲解中遇到学生表达错误的时候，选择引导学生自己发现错误所在，并进行纠正。由此看出，教师关于自我的知识起到推动其他各类知识发展的作用，这一发现在以往研究中有相类似的发现。Clandinin和Connelly（1987）以及Verloop *et al.*（2001）等多项研究表明，教师自我知识直接影响到教师对于“该做什么”、“教学应该如何开展”的认识。同时，Fairbanks *et al.*（2010）的研究发现，如果教师持有较为稳固的自我知识，具有明晰的教学信念、教师角色和身份定位，这些教师便拥有更强的能力践行教学理想。基于上述讨论，本研究认为，教师有关自我的知识是由教师的教学信念、身份认同、人生目标、角色定位以及个人特质等组成的生态化知识群落，在特定教学情境中影响到其他知识范畴的发展，起到连接其他知识群落的作用，与其他知识群落相互交叉影响。

7.3.2 知识群落融汇教师跨文化交际能力

研究数据显示，个案研究中教师表现出不同程度的跨文化交际能力，具体表现在教学活动中语言知识和文化要素的融合、对留学生不同文化背景的理解等方面，反映出教师具备文化阐释和文化传播的基本能力，并在教学实践中有效解决师生以及生生之间交际中出现的问题。文化元素融入语言教学的重要意义在国际汉语教育学界已达成普遍共识，但是相关的教学理论和教学实践模式仍有较大提升空间。国内学者进行了理论层面的探讨（侯磊，2013；李泉、丁秋怀，2017 等），中国文化教学中教材建设问题（周小兵等，2010），以及部分针对不同留学生群体开展中国文化教学有关的硕士论文，但有足够实证数据支撑的研究仍然不足。本研究中教师在设计任务型交际活动时把语言知识的输入与文化知识进行整合，反映出教师在教学方法方面的创新探索。国际汉语教学领域已有学者关注这一问题。美国俄亥俄州立大学吴伟克教授提出的“体验文化教学法”，以跨文化交际为理论基础，以文化为载体，通过提升跨文化交际能力中的技能层面能力来全面提升学习者的汉语水平，是一种较为实用的文化教学法。

研究发现,教师的跨文化交际能力对学生跨文化适应方面起到积极影响。本研究中，孟老师和苏老师乐于带队各自学生开展课外郊游活动。这一过程中，留学生获得大量真实的文化体验，增加了与当地人群的接触机会，此类经历对于学生的跨文化汉语学习非常重要。课堂观察数据表明，苏老师在课堂教学安排中组织学生进行“小型演讲活动”，讲述一个自己经历过的故事，让同学判断故事的真假。这个活动引发学生广泛的兴趣，原来设计的是半个小时的辅助性活动，实施过程中同学们参与的热情非常高涨，活动持续了一个多小时时间。从这个活动设计可以看出，学生群体有多元文化背景，对自己国家的语言文化有强烈的认同感，通过此类活动，教师为学生创造了机会，可以在课堂上使用汉语讲述发生在自己所在文化背景下的故事，这样的活动强化了学生在汉语学习过程中的跨文化交际能力发展，是教师跨文化交际能力在教学中的具体形态（Oranje & Smith，2017）。本研究的发现验证了跨文化适应性研究领域的相关结果，文化距离和本地人接触的数量越多，对留学生的跨文化适应性越有利（An & Chiang，2015），尤其是对来华初期留学生的跨文化适应至关重要。

在国际语言教学研究领域，教师的跨文化交际能力已成为一个普遍性话题，并已有大量研究成果（Byram，2015；Jackson，2014；Liddicoat

& Scarino，2013；Sercu，2006）。其中跨文化敏感度（intercultural sensitivity）被认为影响教师有效实施跨文化教学的重要因素。在跨文化语言教学环境下，教师的跨文化敏感度指的是教师适应现实课堂教学环境中不同文化的能力（Pinho，2015）。国内相关研究中涉及汉语教师跨文化交际能力的研究非常有限（李茨婷，2017），但是作为国际汉语教师能力标准的重要指标之一，教师的跨文化交际能力已经引起学者关注，如江新和郝丽霞（2011）认为，在国内的汉语二语课堂中，教师的跨文化交际知识表现为多元文化观以及对不同文化的包容能力，具有鉴别和处理不同文化背景学生问题的能力。鉴于其对教师教学实践能力和实践性知识的影响，教师跨文化交际能力在教师教学过程中的具体作用形式值得进一步深入探究。

综上所述，教师实践性知识是由学科教学知识、学科知识、自我知识和学生知识共同组成的经过整合的知识群落连贯体，各个知识群落交叉重叠，互相影响发生作用，在各类知识更新建构过程中，教师依据问题情境开展反思性对话，并尝试在与外部环境互动中寻求协商互动的机会，这一互动过程呈现出一定的实践性知识建构特征。下一节将围绕教师实践性知识的建构特征，依据研究发现展开讨论。

7.4 教师实践性知识的建构过程

在对教师实践性知识的建构机制进行阐述时，陈向明（2011）认为，教师在教育问题情境中积极、持续地开展反思是其更新和发展知识的主线和推动力。教师基于一般理论性知识，在教学情境中发挥个人能动性（agency）（Lave & Wenger，1991），在实践过程中不断反思、与外部环境互动协商，内化为教师特有的实践性知识（Golombek，1998）。如2.6所述，转化学习理论为教学实践性知识的发展过程提供了有力的理论解释，教师实践性知识是由教师个人发挥职业能动性建构而成，而不是由外部他人传递或输入，同时社会文化理论视角下教师通过与外部环境的互动交流才能实现（Williams & Burden，1997）。

本节主要结合研究发现，讨论教师如何在问题情境下开展反思性对话，如何在于外部环境互动中进行协商，寻求实践性知识的建构，以探究教师实践性知识的建构特征。

7.4.1 问题情境中反思提升

教师学习活动和教师实践性知识建构过程都无法脱离具体的教育教学情境，教师实践性知识通常在具体的问题解决过程中体现出来，具有价值导向性、情境依赖性、背景丰富性等特征（陈向明，2011）。当处于某一特定情境中时,教师需要调动个人判断力、行动力和教学机智,以应对出现的问题(尹静，2015）。教师实践性知识是教师在实践情境中，通过对情境的认知、反馈和互动而形成的（佐藤学，2003），教师的反思行动是出于对具体情境的回应，在不断发展变化的情境之中，实践性知识的获取是从对连续变化的情景反应中形成的（Schön，1983）。基于转化学习理论，成年人学习是一个转化过程，在遇到新情境时发展新知识和投入更大的精力更新知识，该模型的理论观点体现在问题情境、批判性反思和反思行动（Mezirow，2000）。数据分析显示，教师在教学实践中遇到的具体问题情境大体分为两类，一是教师信奉的理论知识与能力知识之间转化所遇到的困境；二是由外界触发事件引发的困境。

7.4.1.1 命题型知识转化促进实践性知识内化于心

教师实践性知识可以视为是“命题型知识”和“能力型知识”的组合体(陈向明，2009），教师所信奉的理论性知识只可能是命题型的，只有以语言概念的形式进行陈述，不具备缄默性（tacit）；教师实践性知识大部分情况下是不可言说的，属于 Polany 所说的“支援意识”（subsidiary awareness），为教师作为“焦点意识”（focal awareness）的行动提供支撑和指导。在具体教学实施过程中,实践性知识需要通过可以用语言陈述的命题型知识传递,然后在教学中“做出来”（enacted），具有行动性、默会性特征，表现为教师在行动中反思，与情境对话，将学生和同侪的反馈作为回话，对问题情境进行重构，并发挥自己实践意识的作用对行动进行反思性监控。

本研究中苏老师在入职时就遭遇专业身份困境（如 6.8.1 所述），其主要原因在于其拥有的理论知识或命题型知识在向能力型知识转化过程中出现不匹配现象。职前教育阶段接受的“学徒制”训练过程中，接受了来自对外汉语教学法课程方面的理论知识和实习导师的“经验”型知识，以命题型知识出现在苏老师的知识储备中。另外一种来自于苏老师海外留学中通过课堂观摩学到的“经验型”知识和博士学习过程中导师传授的关于语言课程互动教学的理论知识。上述外授型知识并没有直接对苏老师的教学之间产生影响，而是作为其开展教学的参照系。同样的情况还发生在孟老师的个案中，孟老师在感到教学方法困惑时选择参与式学习，在国外沉浸式二语教学方法研究班学习任务型教学法等先进理论知识，回到现实教学情境中，此类命题型知识成为孟老师开展教学、改善教学效果的参照系。

研究还发现，教师获取的命题型知识通过教师根据自我意象和教学理念重建而发挥作用。数据分析表明，孟老师在把命题型知识转换为指导教学行为的过程中，受到个体认知“园丁”意象的影响，认为自己有责任呵护留学生和他们的汉语学习过程，在实施教学过程中尝试营造有利于学习的课堂氛围，调整了原来设计的“中国美食”主题交际型任务教学活动，安排的半个小时教学活动因为学生的参与热情而不断延长时间。这种情况下，孟老师是根据学习者的学习兴趣和有利的学习氛围的理性判断，观察自身的教学行为，并适当弱化课堂控制，增加学生参与课堂活动的范围，以此解决教学实践中命题型知识的应用问题。上述过程充分说明，教师实践性知识建构过程中，命题型理论知识作为一种外授型知识，是通过教师根据教学情境开展理性反思，转化为指导教师课堂行为的教学决策。这一过程中教师反思的媒介作用促成理论和教学实践的互动，教师的理性思维和判断能力起到过滤作用，最终将质疑评价过的知识内化为教师实践性知识的一部分。这一发现验证了 Ryder（2012）及 Randall 和 Thornron（2001）的观点，教师只有对教学实践进行不断地探索、反思，对教学实践有了深刻的理解，才能真正吸纳外授型理论知识，与原有个人实践性知识发生关联，通过学生、同事、院系制度等外部条件的中介作用发生知识转化，进而整合内化形成教师的实践性知识。

基于上述分析，国际汉语教师构建其实践性知识需要把教师反思作为主要的发展理念和关键环节（Lü & Lavadenz，2014；Shulman，2000；van

Manen，1995），原因在于教师所处的院系环境和所面对的学习者组成了一个特殊的教育情境，需要教师具备与之相适应的知识基础（Freeman & Johnson, 1998）。理论知识与实践活动之间的互动，通过教师集体或个体反思，最终情景中问题的解决，进而实现教师实践性知识发展。教师反思在教师实践性知识建构过程中的作用可以从 van Manen（1995）的教学反思理论得到一定的启示。首先，反思作为行动的调节工具，把反思作为引导教育理论与研究发现付诸实践的过程。教师开展反思实践的目的是把外部传授的知识运用到教学活动中。这些外部传授的知识即是来自外部权威的学术文献或教育教学理论，以命题知识的形式呈现出来，属于技术性知识；其次，反思作为对不同教学观点在特定背景下的思考，外部权威仍是知识来源之一，但是却需要经过实际教学环境的调节（陈向明，2011）。在这种反思中，经研究结果得来的知识发挥作用的机制不在于直接指导实践，而是作为改善实践的参考。

7.4.1.2 教学情境触发事件推动实践性知识外化于行

研究发现，教师面临的教学困境存在外部出发事件引起的情况。根据转化学习理论，教师实践性知识作为教师学习的结果始自于教学实践中所遇到的问题情境，可能有某一类积极、消极或新事件触发，也可能由某些事件混合产生作用，触发教师面对的问题情境（Mezirow，2000）。基于数据分析，本研究中的外部触发事件包括教师教学环境中涉及的重要他者和管理制度，其中前者涉及教学对象学生，后者涉及所在院系的教学管理制度。

本研究中，教师面对的教学对象有着多元化文化背景，由此可能引发的课堂教学问题情境表现在教学安排和教学方法的适用性以及教师角色的合理性。在课堂教学中苏老师面对的是刚来中国几个月、来自不同国家的留学生，由于学生课堂活跃程度较高，带快了课堂节奏，苏老师发现如果按照设计的教学步骤实施固守教学进度和教学设计，学生的学习兴趣会受到影响，可能会降低学生学习的积极性，于是改变策略，加快了课本内容讲解的速度，增加了学生参与度较高的课堂活动。后来苏老师发现这样调整之后学生参与积极性明显增高，同时增强了教学信心和自我效能感。个案数据还显示，学生文化背景的差异造成课堂管理的问题，外国学生有比较强的独立意识，看来学生与老师之间是平等关系，课堂上有挑战教师权威的意识，在课堂上会因为一个疑问而随时打断教师，这种情况的出现让教师感到不知所措。面对此类由学生特征引发的问题情境，教师凭借自身教学经验采取了“宽松型”的教学方式，最大限度允许学生个性的发挥。本研究发现学生特征出发的教学问题情境体现在教学计划的调整与课堂管理等方面，面对困境教师反思固有教学模式，开展了教学情境的教师学习，包括学生知识、教学知识以及自我知识等在内的实践性知识群落得到更新。上述发现验证了朱旭东（2017）的观点，认为教师面对多元文化学生群体时表现出一定的跨文化敏感度，应对学生学习困难挖掘、学生文化冲突下学习动机消退等困境时，教师开始反思自我认知，发挥自我效能感并主动学习，体现出教师学习专业属性论说，摆脱了教师教、学生学的二元论认识。

本研究发现，院系教学管理制度同样触发教师教学中问题情境的出现，并引发教师深刻反思。在参与本研究期间，苏老师在正常上课时遇到督导教师的随堂听课，得到的负面反馈包括教学内容设计、多媒体课件制作以及课堂控制力较差等方面，访谈中苏老师感到教学情绪和自我效能感受到严重影响。前文提到教学督导是苏老师所在院系的常规教学质量监控措施，督导教师一般是由丰富教学经验的资深教师担任，所做出的教学评价和反馈信息具有很强的指导作用。苏老师面对督导教师的负面反馈感到教学情绪低落。但很快也意识到自己在教学环节上问题所在，意识到由于同时面对科研任务、其他课程任务等带来的压力太大，导致教学投入不足。由此看出，教学环境中外部结构如院系管理制度与政策可能成为触发因素造成问题情境的出现，在面对问颗情墇时，教师开展自我反思，进一步形成对教师实践性知识的制约与影响。这一发现验证了按照 Clarke 和 Hollingsworth（2002）的观点，教师所处的教学外部环境包括学习资源和管理制度等都会影响到教师学习的行为和结果，让教师形成或获得某种新的理念、实践和策略。

基于上述分析，教学情境中的各类触发事件引发问题情境的出现，此类事件可能是包含积极因素或消极因素，但引发教师实践性知识建构的并不是触发事件，而是由触发事件引发的问题情境背后的教师反思。教师反思形成教师实践性知识建构的内在驱动力。数据分析显示，本研究中教师反思的内容主要包括对自我过往经验性知识的理性反思、对学生的反思、对所处教学环境的反思以及对自我专业身份的反思。已有研究表明，教师的理性思维的深度反思推动其解构原有认识并形塑新认识（Mezirow，2000）。Richards和Farrell（2005）认为教师专业发展包括技能学习、认知过程、个人建构和实践反思四个维度。教师通过反思教学经验的本质和意义在教学实践中学习教学知识，提高教学技能；所学内容由教师主动建构，通过内化知识并将新知识纳入个人知识框架实现学习过程，教师的人生观、认识观和价值观对教师的教学与学习均有影响。教师的反思实践是促进教师实践性知识发展的重要途径。陈向明（2009）认为教师实践性知识形式构成中非常关键的一环是教师的行动中反思，反映出在问题情境中教师所做出的思维活动和决策方式，是一个动态、变化不定的认知过程，以行动中反思为核心的“知识”是能力型的、身体化的、反身性的、形成性的。当教学问题情境需要解决时，教师的行动具有紧迫性，其实践性知识也具有行动的逻辑（杜威，2005）。Wallace（1991）指出，教师专业发展过程中的反思实践为教师知识和教学能力的发展提供了强大推动力，教师通过实践、反思、再实践、再反思的循环达到教师专业发展的最终目的。

上述分析显示，作为实践活动的主体，教师总是在特定情境中构建其实践性知识，其教学行动无法脱离特定情境而孤立存在。面对各类问题情境，教师首先对所处的情境进行框定（frame），分析其教学行为的合理性，反思并调整原有教学理念和知识，形成新的教学情境，这一过程反映出教师与情境的反馈与回话（talk-back）（Schön，1983），教师根据情境做出评估，根据评估结果判断是否继续原有教学策略，或是重新框定师生角色或情境，进而影响到行动结果，更新实践情境。上述过程反映出“框定情境—行动—新情境—反馈—评估—重新框定—行动—新情境—反馈”的循环过程，在这一过程中，教师与不断发展变化的情境进行“反映性对话”（Schön，1983），其实践性知识的获得也是在从对连续变化的情境反映中形成。从社会文化理论的内化视角分析，教师实践性知识的建构是教师个体从外部文化产物或环境中获取资源，运用教师个体智力完成的活动过程，在反思性实践基础上把原有科学理论和教学资源等外部支持和互动带来的教学感悟逐步融入自身认识系统（Vygotsky，1987）。

7.4.2　与外部环境互动协商

教师实践性知识建构是教师与所处教学情境互动的结果，其研究焦点集中在环境对教师个体的影响以及教师与外部环境的互动（Johnson，2009）。根据转化过程学习理论，教师面对问题情境选择积极与外部环境对话交流和互动协商（rational discourse）（Merizow，2000），以更好地理解和建构实践性知识的过程。

教师实践性知识的建构过程自带情境性和互动性（陈向明，2011）。本研究中的教学情境即包括作为学习活动主体的学生，也包括教师所在的院系氛围等处境。研究发现，教师的教学决策随着学生群体的文化背景、语言学习动机、语言水平特性要求教师随时与学生、同事以及其他利益相关者互动，这表明他们随时随地都在做出决策，而且这些决策具有伦理的和环境规则的意涵。研究结果显示，教师在面对由教师个体和外部触发事件引发的问题情境时，结合所处环境实施自我互动和反思，同时以多样化方式与外部环境进行互动式对话，具体表现在人际交往作为生成媒介（包括师生交流以及与同事的办公室日常交流和观摩学习），和在实践共同体中协商两个方面。

7.4.2.1　与人际环境的互动

研究结果显示，教师与人际环境的互动是教师实践性知识建构过程中重要环节，具体包括师生交流以及与同事和同行的日常交流等。

师生交流互动是教师应对问题情境时采用的互动式对话形式，为教师应对问题情境提供有力帮助，主要包括课堂师生互动和课后交流，这在一定程度上对教师实践性知识的建构起到媒介作用。数据分析显示，课堂教学过程中的师生互动构成引发教师反思教学的关键性事件，促使教师重新审视教学中存在的问题。对于高老师来说，学生在课堂上的突然提问构成教学日常中的挑战，基于过往教学经验的积累，高老师采取顺应学生文化习惯的方式与其进行交流对话，使得课堂教学得以正常运转，此类师生互动促使高老师加深对学生和自我的认识。数据分析显示，师生课后交流同样是教学过程中教师实施与人际环境互动的方式。以苏老师为例，下课时候她选择以点评学生作业为机会增加与学生交流的机会，借机了解学生学习困难和动机变化，学生提供的新信息丰富了苏老师原有的学生知识和教学知识。对于孟老师来说，组织学生课外郊游时增强了自己与学生之间沟通交流的机会，获取更多关于学生学习机会和学习态度方面的认识。由此看出，学生反馈有助于教师改进教学方法和丰富教师知识，促进教师专业发展（Chen & Goh，2014）。在对教学实践情境中教师、学生、教学过程以及课堂微环境进行反思的基础上所形成的实践性知识，教师实施有效教学奠定基础，也为教师发现自身不足，调整教学方法与技能，寻求有效的专业发展路径提供了方向性指导与依据。研究数据显示，教学活动的实质体现为教师影响学生为主的师生互动（佐藤学，2003），教学活动主体之间是一种以理解为目的的相互作用，教学中的人际交往为了获得对学生和教学环境的理解，营造进行教学实践的心理基础和氛围。

研究发现，与同事、同行的日常交流对教师实践性知识的建构与发展产生一定的影响。具体的交流方式和影响程度呈现出个人差异性，与教师对自己所处的教学情境以及个人职业能动性的发挥有一定关系。对于孟老师来说，同事对自己的帮助和支持不仅体现在教学经验方面的交流，还包括日常交流中提供的情感支持；对于苏老师来说，在入职初期通过与有经验的教师和办公室同事的交流，她意识到目前教学对象的学习特点决定了完全按照国外所学的教学理念需要进行适当调整，在接到教学公开课任务时，苏老师对自己掌控课堂的教学技能感到信心不足，向同一办公室的同事提出听课的请求后得到及时支持，通过观摩找到了调动课堂氛围的教师因素，在收获教学策略方面的知识同时也增强了教学自信心。

本研究上述发现支持了Day（2002）的观点，在教师专业发展的不同阶段，教师与学生和同事的互动交流推动更新和拓展教学并推动教学改革的过程，在此过程中教师习得知识并发展技能、计划和实践。教师所处的课堂等非正式社会或专业联络网是教师开展专业学习的有效场所，同事同行的日常交流和课堂教学是教师教学实践最为集中的场所（Xu & Connelly，2009），为教师提供非正式学习机会，在这一过程中，教师对于个人日常教学经验的理解和概括等原生态的教学知识，或称之为日常概念，转化为较高级别的本学科相关理论和研究成果的概括和总结，其中，师生互动和同事日常交流作为文化活动和社会关系等中介工具起到调节作用（Johnson，2009）。

7.4.2.2 与实践共同体协商

研究发现,教师实践性知识在教师学习过程中逐步塑造和重新塑造而成，其中实践共同体（community of practice）是教师积累专业知识和专业发展的重要环境。如第二章所述，实践共同体理论认为，学习是特定形式的合作社会参与，是积极参与实践共同体并在其中发展专业技能的过程（Wenger，1998）。教师所参与的实践共同体是由具备共同教学研究兴趣的教师组成，以直接参与、想象和结盟等方式参与共同体（Wenger，1998），参与过程中以共同体为载体、以共享愿景为导向、以协商互动为方式、以教学学术问题为基础、以实践参与中的身份认同为标志的学习和发展过程，无论是教学实践共同体还是学术研究共同体都可能在教师实践性知识的形成与发展中发挥作用（姜美玲，2008）。

研究发现，教师参与实践共同体活动的形式包括日常教研活动。在访谈中都谈及所处的教学环境,尤其是教研组活动为他们提供了“聚焦教学生活”、“严肃而又活泼的交流对话”的机会，营造了积极而严谨的教学学术研讨氛围。三位教师所处的实践共同体有着显著特征，即他们有着共同的教学目标和趋同的教学热情，经常通过多样途径开展教学心得交流，通过合作方式进行备课和教学研讨，新手教师在入职初期由资深教授引领，并形成了长效机制。教师在实践共同体内的多样化互动营造出探索式教学革新的大环境，为教师学习和发展提供了平台。入职初期表现为从偏重理论知识向情境教学知识转型，具体表现在教学材料的筛选优化以及语言点的选择，同时对课堂教学活动的组织等微观教师技巧的需求较为强烈。以苏老师为例，在接到参加公开课的任务在着手准备素材的同时，首先对自己的教学优势和不足进行了认真的反思，认识到作为年轻教师自己在课堂气氛的调动、提问的艺术、组织学生活动等方面尚有欠缺。然后苏老师主动联系到同办公室的一位老师，认为在这些教学技巧方面，同事能够为自己提供一些“学习材料”。访谈内容表明，苏老师从同事的课堂里学到了课堂组织等方面的技巧。与孟老师和高老师相比，苏老师尚处在职业发展的初期，对自己的教学能力进行反思时，清醒地认识到自己较为欠缺的是课堂教学技巧方面的知识。这一发现说明，在实践共同体内教师进行协商的内容因所处的专业发展阶段不同而存在个体化差异，处于职业初期的教师在学科教学知识方面存在较为强烈的需求。本研究的这一发现与刘弘（2015）的研究发现比较一致，后者在调查参加培训的学习需求时发现，在理论知识、语法语音知识、教育技术应用和教学技巧等各类知识中，初任教师需求最为强烈的是教学技巧方面的知识。

研究数据显示，教师在实践共同体中参与协商的内容和方式存在一定的个体差异性，这与教师的专业发展经历和在教学情境中表现出的职业能动性有关联。以苏老师为例，在回国任教初期，经历到专业身份迷茫带来的困惑，苏老师在国外就读期间其博士课题与国外汉语学习者的学习信念有关，为此采访大量的英国汉语学习者和汉语教师，聆听他们汉语学习道路上的故事，苏老师感受到这些语言学习经历背后的故事，意识到以前的教学经历只专注于语言知识点的安排，少有留意学习者的体验和感受，在回国从事汉语教学的第一年，苏老师在新的教学环境里产生紧张情绪，尤其担心在语言知识的解释方面出现漏洞，在教学准备过程中花费大量时间和精力研究课本上的语言知识讲解。在面对教学方法的挑战与冲突时，苏老师感到专业身份认同的迷茫，把这种身份认同迷茫归因于与她与实践共同体的距离感，认识到需要在教学工作情境下调整身份认同来适应新的工作规则。这一发现表明，教师在实践共同体中的学习所具有的社会性、双向性，以及权力实施特点（Lave & Wenger，1991）。在从边缘性参与到融入共同体的过程中，教师不断与所处的实践共同体进行对话，接受评价、反馈，逐步将共同体内的知识体系与个人原有的知识体系进行协商，在逐步达成内在一致性之后，形成教师个体的实践性知识组成部分。

研究数据显示，教师参与实践共同体的方式还体现在积极参与国际学术交流和研修方面。以孟老师为例，职业生涯初期受自身外语学习经历的影响，开始采用传统的听说法，到后来与国外二语教学领域的交际式教学法、任务型教学法的采纳，到后来形成具有个性化特色的强调意义驱动、情景化教学，语言知识的呈现会让学生在具体的语言情境中获得，在获得一定的语法知识之后，进入到情景化的、意义驱动的操练阶段。在参与本研究阶段，孟老师尝试使用任务型教学法来完成单元内容的主题练习活动，但从完整的教学体系安排来看，孟老师并没有完全单一的依赖任务型教学法作为根本教学原则，用作巩固已学知识的练习方法，其中观察到的任务设置更多的是教学法任务（pedagogical tasks），而非真实性任务（real-life tasks），是在学生已经获得语法知识以后在操练阶段使用的方法。由此看出，教师通过参与国际学术共同体活动，获取专业理论知识，受到本土文化价值、教学环境等教学文化机制的影响和调节，发挥个人职业能动性，逐步调整适应教师课堂教学的具体方法和策略，这一过程表明，教师在与实践共同体互动过程中存在协商、调适的可能，体现出教师实践性知识建构的动态特征。

有研究认为，第二语言教师专业发展的核心要素是教师作为学习者的身份（Johnson，2009），学习是教师个体学会参与某一社会群体话语和实践活动的过程。在参与实践共同体活动过程中，教师的学习者身份处于动态演变和不断更新状态，由处于边缘的观摩者身份逐步转向中心的积极参与者身份，通过不断参与和实践，教师有机会分享和利用到教学或学术共同体积累起来的各类资源，获得活动系统内的知识并为该系统创造新知识。因此，教师学习是个体通过与他人的对话协商共享知识、经验和能力，并且共同创造新知的过程，是人与社会情境持续互动的过程，是个体受特定社会文化环境的影响不断发生变化的过程，也是个体重塑环境的过程（Vygotsky，1978)。教师知识建构过程源自于实践者与社会环境的互动，即从互动心理（intermental）层面转化到个体心理（intramental）层面，该过程是社会知识的内化过程（internalization）。转化过程发生在“最近发展区”（zone of proximal development）之内，即个体学习者构建知识时不依赖环境因素与依赖环境因素可能达到的不同水平之间的辖区，也可以理解为个体在原有知识基础上进一步发展的潜在空间（吴一安，2008）。Vygosky 社会建构主义学习观不排除学习者可以不依赖环境因素而通过独立完成任务来构建知识的可能，但这种形式的知识构建只能使学习者达到最近发展区的底层水平。

研究发现，教师实践性知识建构是在多重问题情境触发下，教师主动开展反思活动，在与同侪、实践共同体、学生等多重外部环境进行互动交流，经由在实践中进一步强化的过程。杜威（2005，p.65）认为“内在的因素和环境的压力引导思维真正地具有逻辑的或反省的性质”。真实教学情境下，教师的内在因素可以理解为二语教师接受的理论知识和自身的所具备的理解力和应对能力。本研究发现，教师在特定教学环境下面对各种问题情境，感受到情境压力，引发主动反思原有知识的合理性，通过发挥职业能动性寻求解决方案，进而实现教师实践性知识的重塑。Shulman 和 Shulman(2004) 认为，教师学习与专业发展不仅需要考虑教师的认知和个体观念，而且应该置于具体情境和实践共同体这样的范畴进行阐释。人类的认知和学习是一种社会文化活动，学习者的高级心理过程的发展取决于学习者与所处的社会文化环境之间的互动，并非是从学习者内部自发产生，而是产生于与他人的协同合作（Vygotsky，1978）。其中“中介”起到重要作用，经由“中介”协调，人际交往的互动活动行程的外部心理过程转化为个体内部心理过程。作为学习者，教师同样在获取新知识的过程中通过与所处社会文化环境进行互动，将外部输入的知识内化为个体知识，完成实践性知识的建构。教师学习研究表明，教师所从事学习活动主要包括接受过的正规学校教育，以及非正式教育，包括教师生活史、学徒制观察、教研活动等。上述活动在教师学习活动中起到中介作用，将外部获得的新信息内化为教师个体知识。

本研究结果表明，国际汉语教师实践性知识的建构不仅受到静态的课堂教学影响因素，还包括来自外部环境中人际环境和教学环境各类因素的影响，教师作为学习的行为主体在教学实践中与外部环境互动中生成个人认知和意义，该过程尤其强调互动协商性（Barkhuizen，2007），由此看出，教师实践性知识的建构是教师在职场学习过程中不断与各种环境因素互动协商、生成个人意义的过程，这一发现支持了部分学者的观点（陈向明，2011），共同体是实践性知识形成的场所与主要媒介，能为知识同化、情境化和内化环节提供持续且显著的支持，知识情境化的过程也必须以实践共同体为前提和必要条件。因此，教师在提升自身教学能力的过程中，应该参与共同体内互动活动，发挥环境因素中学生的反馈交流、导师的引导和协助、同侪之间互动交流的脚手架（scaffolding）作用，提升职场学习效果，达到最近发展区的高层水平（Johnson，2009），实现教师实践性知识的发展。下一节将重点讨论在教学情境中教师实践性知识建构过程中存在的重要影响因素。

7.5 影响教师实践性知识建构的因素

以往有些研究尝试找出教师实践性知识建构的根源所在（Johnson，1994），本研究的研究目的并不在于此，如文献综述中所述，教师实践性知识有缄默性特征（Elbaz，1983），教师的教学实践受到自己“无形的理论”所支配（Wedell & Malderez，2013）。在本研究实施过程中，三位个案教师常常无法解释清楚如何形成某种具体做法。在数据分析过程中，影响到教师实践性知识的具体因素逐步浮现出来。

基于个案数据分析发现，教师实践性知识的建构扎根于个人过往学习和教学经历，发生在特定的社会文化环境、院系空间以及师生互动的过程，是一个动态的、不断重新整合的过程。其中教师过往经历以及教师职业能动性构成的内部因素对教师实践性知识产生影响，院系氛围和社会文化环境包括国家汉语教育政策等因素对教师实践性知识的建构形成外部推动力。

7.5.1 教师自身的研学教

教师实践性知识与个人生活史中的过往学习工作经历密不可分（Grossman，1990；Johnson，1992；Meijer *et al.*，1999）。本研究发现，教师的海外汉语教学和学习研修经历对其实践性知识产生了深刻影响。孟老师在职业发展中期参加海外名校组织的第二语言教学方法研习活动，丰富了第二语言教学方法方面的知识，在教学环境中此类教学方法的理论知识通过汉语教学实践与教学中反思，转化为个人理论的一部分，在设计中国美食等为主题的任务型教学活动时，孟老师考虑到留学生经常组织在学校周边的城市旅游，对当地的美食、自然景观和风俗人情等有着浓厚兴趣，于是借助海外研修期间系统学习的任务型教学知识，与教研组同时一起设计出系列主题任务型活动，实施效果非常理想。高老师的海外汉语教学经历帮助其实现知识结构上的转型，作为一名语言研究者高老师在职业发展初期比较集中关注汉语本体知识的内容以及教学中知识点的系统性等学科内容，在参与海外汉语教学项目过程中，高老师接触到不同文化背景和语言水平的学习者，辅助协调各种课程安排，逐步积累起丰富的教学管理和跨文化理解知识。与孟老师和高老师的经历不同，苏老师的海外求学经历影响更多表现在跨文化教学内容和自我的重新认识方面。在海外求学之前，苏老师接受系统的对外汉语教学方面的训练，课程内容包括汉语本体知识、教学法等，但是苏老师认为在出国学习以前自己的教学理念更多地集中在对语言本体知识方面，而在国外开展博士论文研究期间，开始关注国外汉语学习者与汉语教师的汉语学习态度和信念，苏老师认为以前自己的教学理念是围绕语言要素这些微观层面，后来逐渐转向对语言学习的主体的关注，逐步了解学生的学习动机、学习难点等，等到回国任教时，不再只是固守语言本体知识的思想，而是依据学生学习需求来选择合适的教学方法和教学资源。上述内容显示，参与国际学术共同体的研修实践、国外汉语教学经历以及国外留学经历影响到教师学科知识、教学知识以及学生知识等多重知识范畴的发展和重构。

本研究发现验证了 Roskvist *et al.*（2017）的研究结果，国外留学和教学经历对二语教师的语言学习理解程度以及教师的教学信心都有帮助。同时，Slepkov（2008）的研究也表明，教师在职进修学习对教师改进教学质量和提升教学效能感有重要影响。本研究同时发现，在进修学习期间通过体验“学徒制观察”（Lortie，1975），对外国学生学习汉语的过程和各种规则有了深刻体验，经历了对汉语学习和教学生活社会化的过程，认识到汉语作为第二语言学习过程中的教学方法和教师角色，并且尝试把“观察”到的对象教师当作教学生涯中的“重要他者”和效仿对象（陈静静，2009）。本研究中苏老师的海外求学经历中所观摩过的英国当地汉语教师强调学生进行“表演式”学习，表现出很强的教学热情，在苏老师回国任职时成为她效仿的对象。上述发现同样验证了研究者关于教师进修学习经历铸造教师实践性知识的观点（Clandinin，1985；Colombek，1998）。本研究的发现还回应了以往的部分研究，通过体验获取的教育教学知识比培训项目中获取的理论知识更能影响到教师的教学理念和实践（Johnson，2009；Lidstone & Hollingsworth，1992)。

7.5.2 教师的职业能动性

教师能动性在教师职业发展生涯中既有短期影响力，还有较为持久的长远影响作用（Priestley *et al.*，2012；Vähäsantanen，2015）。数据分析显示，教师在职业发展过程中遇到困境时表现出程度不一的应对策略选择能力，这是教师职业能动性发挥的表现形式（Toohey，2007）。如第四章中数据分析显示，孟老师在职业发展初期经历过学科教学知识发展的瓶颈期，在科学内容知识逐步稳固之后，孟老师逐步开始产生更新教学设计的想法，同时意识到原有的教学方法储备已经不能满足教学实践的需求，于是主动寻求机会前往国外知名大学参加二语教学方法研习班,通过进修后去新的教学理论知识。苏老师的个案分析显示，在完成学业回国任教的第一年，全身心投身教学内容的准备，面对新的教学环境和教学任务，苏老师认识到自己肩负重要的教学使命，选择把完成备课和教学质量当作首要任务；如第六章分析显示，苏老师入职前的研究工作是其主要的兴趣所在，以致在入职前还曾坚持自己的研究者身份，面对困境苏老师的策略是被动地调整个人定位，暂时把汉语本体的研究工作放在次要地位，而优先考虑认真完成教学任务，因为苏老师在入职半年左右时发现留学生的教学工作“不像想象中那么轻松”，同时苏老师还表示争取在教学工作和研究兴趣之间找到结合点，说明她并没有放弃其作为研究者的专业身份认同，而只是面对职业发展初期的困境选择适当调整阶段性职业目标，以确保顺利发展。

本研究发现，教师实践性知识与教师个人生活经历和经验密切相关，具有较强的个性化（Clandinin & Connelly，1987），教师获得的经验积累以及面对的困境存在差异，因此他们会选择不同的方式发挥各自的职业能动性，同时教师自身在职业发展各个阶段所处情境各不相同，其能动性发挥的程度也有差异，最终体现出教师个体的个性化实践性知识发展特征。本研究中孟老师所表现出的职业能动性带有明显的主动行动特征，而苏老师则是因为职业发展初期的困境而选择被动调整的职业能动性特征。本研究的这一发现验证了陶丽和顾佩娅（2016）的研究结果，该研究认为教师发挥能动性一般由两种形式，一种是主动型的选择发展策略应对面对的教学困境，另一种是偏向于被动的调整个人信念和行动策略以减少受到的消极影响。

研究发现，教师在某一类属实践性知识发展的选择方面表现出的职业能动性呈现不同表现形式，但都能推动教师个性化实践性知识的积累和教师职业顺利发展（Hitlin & Elder，2007）。同时研究发现，教师能动性的充分发挥需要一定的环境条件。首先，教师职业能动性的发挥与所在院系的宽松管理环境有一定关系，这种环境下为教师提供较高的自主性，为教师主动采取措施提供足够空间，与此同时，教师发展新的实践性知识需要一定的自我效能感（Bandura，1997），来为实践性知识发展提供方向。研究发现，尽管苏老师处于职业发展的初期阶段，但是表现出强烈的职业认同感，受到宏观的国际汉语教学大环境和国家政策的影响，在遇到教学困境时，愿意主动采取措施，积极与人际环境和实践共同体展开互动协商，寻求个人发展机会。研究结果证明了教师对教学环境认识的重要性（Ruohotie-Lyhty，2011），同时表明环境因素对教师教学决策的影响并非是决定性。

7.5.3 学习者的文化差异

本研究发现，在日常教学活动中教师对留学生的观察以及师生互动中学生的反馈引发教师教学反思和教学策略的调整，留学生的汉语基础、学习态度、文化差异、学习风格、学习动机等特征影响到教师的学生知识内涵的扩展，在教师实践性知识的建构起着重要作用。在课堂管理层面，三位教师需要同时兼顾学院规定的课堂纪律以及中国传统的师生关系认识，采取上课签到考勤、阶段性测验等手段来进行有效课堂管理，达到维持教学秩序的目的；同时顾及到来自不同文化背景的学生，风俗习惯以及学习风格和学习汉语的动机等因素，采取调整教学语言内容和课堂活动设计等手段，以达到保持学生学习兴趣的目的。从个案分析可以看出，教师教学决策的调整受到学生因素的影响，证明了教师对学生学习的了解程度以及全面考虑学生学习因素等，直接影响到教学决策的调整，进而影响到教学过程的顺利实施（Mayer & Marland，1997），为了达到理想的教学效果，教师持续关注、更新对学生理解（Mullock，2006；Tsui，2003），并引发其他各类知识的优化整合，实现实践性知识的整体重构并推进教师专业化发展。

本研究还发现，留学生在获取汉语学习资源方面的强烈动机对教师实践性知识的建构有一定影响。本研究中孟老师和苏老师每个学期有一次带学生外出郊游的机会，这对留学生而言是非常宝贵的语言学习机会，两位老师都提到过学生参加此类活动的积极性，其中有学生反馈这种活动最大的益处是可以直接与更多的汉语母语者交流，获得学习汉语的机会。苏老师曾经多次组织学生外出郊游，从推送的社交媒体信息可以看得出，苏老师与学生相处地十分融洽。此类活动带给苏老师和孟老师的影响是对学生的认识更加多元，其中更加清楚学生的学习需求，了解如何为学生提供语言资源。有研究表明，目标语构成的共同体被视为是跨文化语言学习的潜在资源（Byram & Feng，2005；Roberts *et al.*，2001），参与此类共同体可以是发生在课堂之外，常常可以更加投入体验文化与教师之间的语言交流，同时提高语言能力和跨文化交际能力。

如前文所述，教师实践性知识涵盖教师对学生特征的理解和认识，包括学生的学习风格、学习兴趣、学习需求等，同时教师了解学校的社会结构和院系文化和管理制度对学生的具体要求（Elbaz，1983），由此看出，来自不同文化背景的学习者对教师实践性知识的影响并非是直接发生作用，而是通过院系文化和管理制度等中介的调节作用，引发教师调整教学策略的调整适应，内化为教师实践性知识的组成部分。

7.5.4　校院系的教研环境

数据分析显示，教师实践性知识的建构与所在院系的学术氛围和教师之间开展的合作教研活动有着密切联系。高校院系组织有不同形式的教学实践共同体组成，讲授同一门课的教师组成一个共同体，以教研组或者研究组形式开展组织活动。具体活动形式依据所在院系具体环境而有所不同，选择固定周期或较为灵活的不定期举行教研活动。在院系范围内，教师之间以同事交流、观摩学习、集体备课等形式开展学习，数据分析显示，由学校院系与教研共同体所构成的外部环境对教师实践性知识发展产生程度不一的影响作用。

教师所处的院系环境为他们的实践性知识发展提供了不同程度的推动

力。教师在安排教学进度过程中，可以根据留学生的汉语水平、文化背景以及个人反思进行适当调整，在教学材料、课堂活动设计等方面有灵活的空间，有利于教师形成具有个性化的教学风格。相比另外两位教师而言，苏老师入职时间较短，其实践性知识的发展较大地依赖于在教学共同体内“汲取养分”，在访谈中苏老师经常提及自己在汉语语言和文化方面的知识在教学输出时经常遇到“瓶颈”，通过不断反思，苏老师开始寻求解决方案，主动向在同一办公室的“实力派”同事请教，获取间接的教学专长；苏老师积极参与教研组组织工作，帮助同组教师搜集辅助练习材料，同事主动发现问题，就材料的适宜性与有经验的教师进行讨论。在这种环境下，教师逐步同化了教学共同体内的教学思想和行为方式，内化为教师个人实践性知识的一部分。本研究的这一发现呼应了 Fuller 和 Unwin（2004）的观点，该研究认为教师的职场学习经历深刻影响到教师的专业实践，包括教师课堂管理，激发学生学习动机的方式，教学方式，教学材料的选取，参与反思实践的方式等方面。

院系环境对教师学习以及教师实践新知识发展的过程中起到组织、监督以及反馈的功能。在深度访谈中苏老师提到，学院要求教研组老师开展定期的教学研讨，但是由于教学任务较为繁重，同时缺少有效监管，苏老师所在教研组的活动停留在对齐教学进度，较少有深度的教学研讨活动。这一情况表明，教师所处的院系环境对教师学习活动具有组织、监督等功能。本研究的发现进一步验证了 Richards 和 Farrell（2005）关于院系环境对教师专业发展方面所具备的组织、监督和反馈等功能。Richards 和 Farrell（2005）认为教师所在院系需要从组织和管理层面确定教师专业发展需求，具体分析教师专业学习目标，进而提供有效支持。本研究证明了教师所处的院系教学情境是影响教师知识发展的一个重要变量（Feiman-Nemster，2001；Haggarty *et al.*，2011；Wong *et al.*，2012），同时也是教师学习和实践性知识建构的机会源泉（a continuum of the opportunities）（Fuller & Unwin，2004）。

教师实践性知识发展过程中实践共同体作为教师与外部环境互动的媒介发挥一定的作用。已有研究表明，实践共同体是教师实践性知识形成和发展的重要外部因素，Lave 和 Wenger（1991）认为新手成员在实践共同体中通过“合法的边缘性参与”（legitimate peripheral participation）中逐步获得共同体身份，同时将自己的经验带入共同体，使之丰富和发展，实践共同体是“在同一情境下由参与共同行动并具有共同目标追求个体的个体所组成的共同体”。Wenger（1998）认为“实践共同体”有三个显著特征，即相互介入、共同的事业以及共享的技艺库。教师群体从事着共同的教学实践工作，共享着教师技艺库，在平时的交流及教学研讨活动中相互介入，进而影响到教师实践性知识的更新发展。

共同体内的公开课观摩活动对教师实践性知识建构产生积极影响。本研究个案数据中可以发现，学院定期组织的公开课为教师提供观摩学习的机会，选派的公开课教师一般具有较好的教学评价和同事认可度，通过观摩教师可以更加深刻地理解该领域的教学专业知识，引发教师进行批判性反思教学。访谈中，苏老师认为在观摩一位同事的课之后，发现该同事在课堂管理和肢体语言的控制方面做得非常到位，反观自己，发现困扰自己的课堂效果不尽如人意可能是因为自己在课堂管理技巧方面的欠缺。孟老师的故事中同样有类似的发现，教育硕士研究生具备职前教师的专业身份，在接受教学实践方面的辅导阶段，其中一个重要环节是观摩公开课，通过观摩经验丰富的教师授课，并进行面对面的对话交流，教师可以收获直接的教学专业知识。这一点发现验证了 Clarke *et al.*（2014）的研究结论，表明“实践模范（models of practice）”在教师知识发展中起到重要作用。本研究同时也呼应了以往的研究结果（van Driel *et al.*，2001），说明同事日常交流合作、教学观摩等积极的院系氛围有利于教师实践性知识的建构。

7.5.5 社会环境传统文化

研究发现，中国传统文化对教师实践性知识产生的影响还体现在教师教学理念方面。高老师强调基础阶段的汉语学习者应该注重语言知识学习的系统性，相对年轻的苏老师的教学理念中，也偏重于以“用法”为特征的语言技能。本研究认为，教师对学生学习知识和技能的重视与中国教育传统观念有一定联系。这一发现印证了与孙德坤（2014）的研究发现，后者在一项研究中发现汉语教师以成为“演艺能手（Virtuoso）”为最高发展目标，中国教育传统中信奉发展知识和技能优先，然后在此基础上培养创造能力，而西方教育更加看重探究过程，认为创新和探索比掌握技能更加重要（Biggs，1996）。Ma 和 Gao（2017）指出中国传统社会对教师这一职业普遍有较高的期待，强调教师的权威地位，在某个领域具备完善的专业知识。在这一环境中教师在学生时代接受的教学理念可能会内化为个人教学理念，比如机械重复记忆，在面对外国留学生实施教学过程中，国际汉语教师会在选择恰当的教学方法过程中感到难以取舍（Zhou & Li，2015）。有些情况下他们会因为使用过量练习、死记硬背、汉字教学过量等策略而得到负面反馈，因为在外国学习者看来，这样的教学方法牺牲了汉语学习的交际型目的（Moloney，2013；Moloney & Xu，2015）。中国传统教育受到儒家思想影响，认为师生之间的关系并非完全平等，学生应该尊重教师的学识与权威，学习应当刻苦认真。正如 Moloney（2013）指出，受过传统中国教育的汉语教师一般都会受到上述基本观念的影响，在教学中看重学生学习结果，通常以考试成绩为衡量标准。

本研究上述发现表明，国际汉语教师实践性知识的建构根植于中国传统文化的土壤，教师的教学理念与早期接受的教育有密不可分的联系，而在根本上，中国传统文化中的传道、授业、解惑等理念对教师认知的影响却是深远的（Zhou & Li，2015），但文化传统对教师思维和教学行为的影响在教师认知研究中并没有得到充分重视。基于此，今后的研究应该更多地立足国际汉语教育的主阵地，基于探究中国传统文化和教育理念对教师教学可能产生的影响。

综上所述，教师实践性知识是在教师个体与所处教学情境之间互动协商的动态过程中建构而成，呈现出情境性、反思性、互动性和阶段性特征。本节主要是基于对三位教师与教学情境互动的分析，讨论了教师实践性知识的建构受到内外双重因素的影响，内部个人因素方面，到教师过往经历尤其是海外汉语教学和学习经历对教师在教学环境下的认知思维和教学决策都有一定的影响，教师自身的职业能动性发挥内驱力的作用；外部因素中主要包括多元文化背景的留学生因素和院系氛围以及社会文化因素，其中留学生的文化背景、语言水平以及学习动机等对教师教学决策和教师知识的发展有较大影响；上述各类因素中教师个人因素构成实践性知识建构的内在基础，各类外部因素构成教师实践性知识建构的外部媒介。

7.6 本章小结

本研究试图研究三位国际汉语教师的实践性知识，引导研究过程的三个问题分别是：1）二语教师实践性知识包括哪些方面的内涵？ 2）二语教师实践性知识的建构呈现出什么样的特征？ 3）二语教师实践性知识的建构受到哪些因素影响？

通过对教师日常教学活动的考察，研究发现国际汉语教师的实践性知识在其内涵和建构路径方面与其他学科教师的实践性知识有着很多共同之处，如英语母语教师（Clandinin，1985；Elbaz，1983），英语二语教师（Golombek，1998），以及非语言学科教师（陈向明，2011），其共同特征表现为实践性知识建构的情境性、反思性、互动性和阶段性。研究还发现教师实践性知识的发展和重塑过程受不同因素的共同制约，各类因素对教师实践性知识的制约程度因教师个体差异性而略有不同。本研究中教师有海外学习或教学经历，在国内接受过系统的语言教学训练，深受传统中国文化思想的熏陶，这种跨越中西方不同文化环境的学习和教学经历直接作用于教师教学理念和实践。研究发现教师实践性知识的建构过程存在共享特征，即过往经历迁移到当下教学情境，教学情境中的经验积累继续迁移至下一个教学情境；已习得的理论知识灵活运用到教学实践，通过行动中反思自身理论知识得到升华，这种互动过程较为深刻的揭示教师专业发展过程的复杂性。

在分析讨论的基础上，本研究对此前提出的概念框架进行修正，试图建构一个关于国际汉语教师实践性知识建构的理论模型，如图 17，为研究国际汉语教师专业发展提供一定的参考。

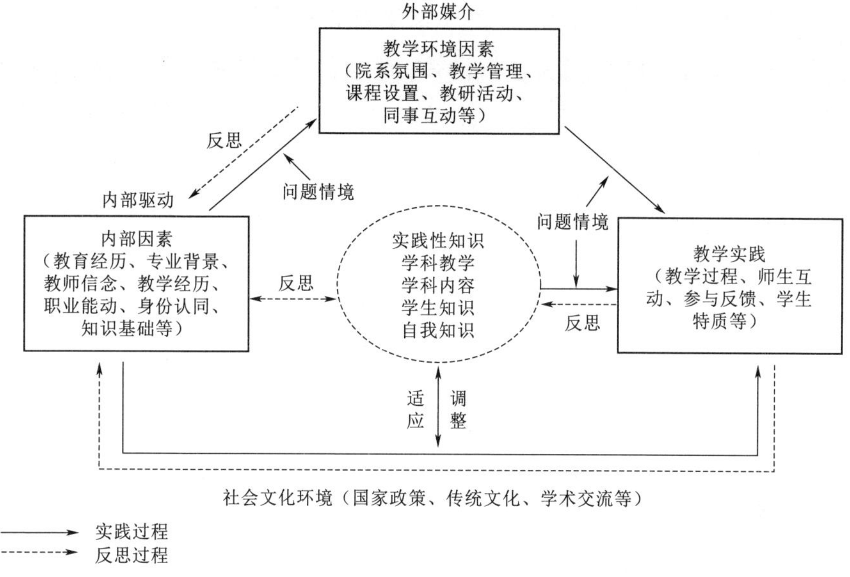

图 17 国际汉语教师实践性知识建构理论模型

从该模型可以看出，教师实践性知识内涵涵盖学科知识、学科教学知识、自我知识和学生知识，各知识群落相互交叉重叠，相互作用，整合为教师实践性知识连贯体，教师跨文化交际能力是实践性知识的重要组成部分。教师实践性知识是以教师个人生活史、过往学习教学经历和学科知识积累为基础，以专业发展动力为内在驱动力，以教学环境因素为外部媒介，在教学实践过程中由理论知识转化过程、外界触发事件等条件引发问题情境的出现，教师通过情景化学习和教学反思，发挥职业能动性，通过与人际环境的互动和实践共同体内部的协商，逐步发展新的实践性知识，在教学实践过程中根据情境变化调整适应策略选择合适的教学策略。上述过程循环往复促成教师实践性知识的不断重构，逐步添加新的知识模块，最终生成新的实践性知识。研究发现教师的反思贯穿教师情境学习活动的各个阶段，具体包括为教学而反思（reflection for practice），教学实践中的反思（reflection in practice）以及课堂教学之后的关于实践的反思，反思性理念贯穿教师实践性知识建构的各个阶段，循环发生作用促进实践性知识的重新建构。

教师内部因素（包括专业背景、知识基础、教学经历、身份认同、教学效能感）形成教师实践性知识发展的内部驱动力，社会文化环境（如国家政策、社会文化、学术交流等）和教学情境因素（学校文化、院系情境、课程设置、同事互动等）构成教师实践性知识发展的外部媒介，教学实践因素（教学过程，师生互动，参与反馈、学生特征等）作为教师实践性知识建构的直接作用力。值得注意的是，教学情境因素和社会文化环境因素并不对教师实践性知识直接发生作用，而是通过教师个人内部因素和课堂教学实践产生影响，经由教师教学信念的过滤作用和外部条件的媒介作用，间接地作用于教师实践性知识。

本研究提出的教师实践性知识研究框架对以往二语教师研究有一定程度的研究补充和理论添加。前文提到，Borg（2006）提出的语言教师认知研究模型目前被认为具有较强的理论解释力，分别关注到教师教育背景等个人因素，教学环境和课堂教学实践等三大类影响因素。基于研究发现，本研究有两个方面的理论价值贡献，其一，本研究提出教师实践性知识建构还受到社会文化环境的影响，如上文论述的中国传统师生观，传道授业解惑传统教育理念等文化因素对教师实践性知识的影响，这一点发现有别于以往西方社会文化背景下所得出的相关理论；其二，本研究认为教师个人因素中除了以往研究包含在内的教育背景、教学信念和知识结构等因素之外，还包含更深层次的教师教学情绪、效能感等与教师情感有关的深层次因素。综上所述，本研究所提出的理论框架对二语教师认知研究提供了更具包容性和开放性的理论解释基础。

第八章　结论

8.1　主要发现

本研究旨在通过自下而上的视角关注我国高校汉语教师在面向留学生汉语教学的日常教学生活，尝试性地探究了国际汉语教师在教学情境下呈现出的实践性知识内涵，描述其真实的专业生活场景，进而阐述教师如何在问题情境中开展反思，关注教师如何在与外部环境进行协商互动过程中建构实践性知识。在研究问题的引导下，本研究选取质化研究取向，采用个案研究方法，运用课堂观察、深度访谈以及文献资料等方法收集研究数据，通过主题分析法和情境分析法对资料进行了分析，得出了研究结果，并结合以往文献对研究结果进行了讨论，基于讨论结果尝试性地提出了高校国际汉语教师实践性知识建构的理论模型，基本达到了研究目的，回答了提出的三个研究问题。

研究问题 1：二语教师实践性知识包括哪些方面的内涵？

教师实践性知识主要来源于教师的个人经验和教师的教学经验（Elbaz，1983）。在真实的教学情境中，教师根据自己的“实践性知识”做出自己认为合理的教学决策。教师实践知识作为综合性整体一般体现为教师的教学风格及教学智慧。了解教师实践性知识的内涵是洞悉教师专业发展的重要环节。本研究通过课堂观察、深度访谈和文件资料收集资料对国际汉语教师实践性知识的内涵进行了分析探讨。研究发现，国际汉语教师实践性知识具体体现在四类知识，分别是学科教学知识、学科内容知识、关于自我的知识和关于学生的知识。

首先，国际汉语教师学科教学知识在语法教学过程中体现在归纳、演绎方法的灵活运用，知识呈现与讲解为核心的策略方法，具体来说有教学安排的策略、教学方法的选择、课堂互动与活动的安排以及教师教学语言的使用等。从上述分析看出，三位教师所呈现出的此类知识糅合了教师对学生、语言、教学情境等方面的综合理解，在教师知识中占有核心位置。同时，由于是建构于具体的教学情境，与情境中的各要素之间存在高度互动的关系，所以此类知识由教师个人在教学实践中不断发展与重构，呈现出动态性、多样性等特征（Sun，2012；陈向明，2009）。教师基于社会文化环境、教学目的以及教学规章制度的认识，根据课堂教学情境调用相关知识以匹配各方面的知识。在课堂环境下，教师根据教学对象、教学环境以及教学目标设定教学计划，同时根据具体情境的变化调整原有设计，进而形成教师与情境的互动，互动过程中教师依据已有知识形成新的教学决策。这种调配适应的教学实践经历逐步形成教师的“教学惯习”（张庆华，2015），彰显出教师自身的区别性特征和意向性。教师的教学智慧在于他们可以根据自己实践性知识的特定意向性，通过对教学情境的感知和判断，做出恰当的教学决策，在情境各异的教学环境下按照教师自己的意象和预期方向发展（陈静静，2011），逐步形成各有的教学风格和教学智慧。

其次，国际汉语教师教学实践中呈现出的学科内容知识内涵包括汉语语言知识和相关的文化知识。由于教师对教学内容知识的理解与灵活掌握对有效教学至关重要，所以涵盖了语言学理论知识，包括语音、词汇、语法、语义及文字的理论知识，各种文化知识以及一些基本知识都涵盖在内。上述与学科内容有关的知识构成国际汉语教师专业发展的知识基础（刘珣，2002）。

再者，国际汉语教师关于学生的知识内涵包括对留学生学习动机、学习兴趣、文化背景差异、语言认知过程的特点、语言学习过程中遇到的难点等，表现出多维度特征。如前文所述，教师对学习者的了解直接影响着教学决策的调整，进而作用于学习者的语言学习效果。

最后，国际汉语教师关于自我的知识内涵体现在教学情境中自我角色和专业身份的认知方面，表现出不同程度的教学情绪等情感属性。教师受到教师各自过往教育经历、海外汉语教学经历和所处教学情境的影响，在不同的职业发展阶段表现出个性化的自我意象，引导教师做出为学生创设积极的学习氛围、建立和谐融洽的师生关系等教学策略。

研究还发现，在内涵分析基础上，教师实践性知识呈现出两个较为显著的特征。其一，教师实践性知识是由各类知识群落整合而成的知识连贯体，各知识群落相互交叉渗透，具有较强的动态性，相互之间边界并不明显。在学科教学知识方面，教师强调课堂上学生参与互动的重要性，如“引领学生参与纠正反馈、自我纠正反馈”等，在学科知识方面，均包含有学生学习的相关知识，如“学习难易程度应该循序渐进”等，而在自我知识方面，包含有师生关系受到学生文化背景的影响。总体来说，其他各知识群落均包含有一定的“有关学生的知识”，有关学生知识的巩固和积累加强了教师自我知识的形成，促进教师身份认同感的强化。其次，研究发现教师表现出不同程度的跨文化交际能力，具体表现在教学互动中语言知识和文化要素的融合，对留学生不同文化背景的理解，对教学过程中文化素材的创设以及教学场景中师生互动和生生互动的交际活动。

研究问题 2：二语教师实践性知识的建构呈现出什么样的特征?

教师实践性知识形式构成中非常关键的一环是教师的行动中反思，反映出在问题情境中教师所做出的思维活动和决策方式，是一个动态、变化不定的认知过程（陈向明，2011）。教师在教育问题情境中积极开展反思是其构建和更新知识的主线和推动力。教师实践性知识是基于一般理论性知识，通过发挥个人能动性（agency）（Duff，2010；Lave & Wenger，1991），在实践过程中不断反思、协商，才能重构内化而形成，最终内化为教师特有的实践性知识（Golombek，1998）。基于教师转化学习理论（Mezirow，2000），个体在面对问题情境时，进行批判反思，采取反思行动，与外部环境进行互动协商，通过不同形式的媒介形式将获取的信息内化为教师个体知识。本研究借助这一理论视角对我国高校国际汉语教师实践性知识的建构特征进行了探讨，研究发现我国高校国际汉语教师是在问题情景中开展反思和与外部环境进行互动协商中构建实践性知识，总体呈现出情境性、反思性、互动性和阶段性特征。

首先，教师在教学实践中遇到分别由教师个体和外部触发事件两种类型引发的问题情境。教师个体引发的问题情境指的是命题型知识向能力性知识转化过程中存在不匹配现象，外部触发事件指的是教学环境中涉及的重要他者和管理制度，包括多元文化背景的留学生和院系教学管理制度。上述问题情境的出现引发教师反思，教师根据教学情境中学生特征和教学环境如院系文化等中介作用，调整教学策略，将外授的命题型知识转化为指导教师课堂行为的教学决策。

研究发现，职前教育阶段接受的“学徒制”训练过程中，教师接收来自对外汉语教学法课程方面的理论知识和实习导师的“经验”型知识，另外一种来自于海外留学或教学方法研修中通过课堂观摩学到的“经验型”知识和导师传授的关于语言课程互动教学的理论知识，都以命题型知识出现在教师知识储备中，没有直接对老师的教学之间产生影响，而是作为其开展教学的参照系。

其次，教师实践性知识的建构过程呈现互动性特征。研究发现，教师在面对由教师个体和外部触发事件引发的问题情境时，结合所处环境实施自我互动和反思，同时以多样化方式与外部环境进行互动式对话，具体表现两个方面，一是教师与人际环境的互动，包括师生交流以及与同事的日常交流；二是教师在实践共同体中协商，包括教学共同体和学术研究共同体活动中的参与和协商。教师在与外部环境进行互动过程中，学生反馈信息、同事同行教学专长和情感支持起到教师实践性知识建构的脚手架作用。

再者，教师实践性知识在建构过程呈现较为显著的阶段性特征，具体体现在入职初期表现为从偏重理论知识向情境教学知识转型，具体表现在教学材料的筛选优化以及语言点的选择，同时对课堂教学活动的组织等微观教师技巧的需求较为强烈。当处于专家教师阶段时，教师知识侧重于学生学习生活和和谐师生关系的建构，教师教学决策随着学生群体的文化背景、语言学习动机、语言水平特性要求教师随时与学生、同事以及其他利益相关者互动，这表明教师决策具有符合环境规则的意涵。

研究问题 3：二语教师实践性知识的建构受到哪些因素影响？

本研究发现，国际汉语教师实践性知识的建构并不局限于教师个体知识的获得和教师个人反思，还涉及教师个体与外部环境之间的交流对话和互动协商，具有较强的情境性与互动性（陈向明，2009）。研究发现，影响教师实践性知识建构的各种因素中，国外进修学习和汉语教学经历、教师职业能动性、自身的专业背景、知识基础等教师内部因素构成个人基础，院系氛围与教研活动、教学管理、不同文化背景的学生等构成外部媒介，同时国家汉语国际教育政策、国际学术交流以及传统教育理念等社会文化因素构成发展的宏观环境。

本研究发现，国外进修学习和汉语教学经历、教师职业能动性、自身的专业背景、知识基础等教师内部因素构成教师实践性知识发展的个人基础。国外进修学习和汉语教学经历为教师提供外授型理论知识，增强教师职业认同感。在面对问题情境时，教师职业能动性发挥内驱力作用，推动教师开展教学反思和调整教学策略，其中教师发挥职业能动性的主要形式是主动型选择发展策略应对问题情境。

本研究发现，院系氛围与教研活动、教学管理、不同文化背景的学生等构成外部媒介。其中，外国留学生作为教学对象对教师实践性知识的建构影响最大。在日常教学活动中教师对留学生的观察以及互动中学生的反馈引发教师教学反思和教学策略的调整，留学生的汉语基础、学习态度、文化差异、学习风格、学习动机等对教师实践性知识的建构起着重要作用。在课堂管理层面，教师同时兼顾学院规定的课堂纪律以及中国传统的师生关系认识，采取上课签到考勤、阶段性测验等手段来进行有效课堂管理，达到维持教学秩序的目的；同时顾及到来自不同文化背景的学生，风俗习惯以及学习风格和学习汉语的动机等因素，采取调整教学语言内容和课堂活动设计等手段，以达到保持学生学习兴趣的目的。再者，教师所处的院系环境为他们的实践性知识发展提供了不同程度的推动力。教师在安排教学进度过程中，可以根据留学生的汉语水平、文化背景以及个人反思进行适当调整，在教学材料、课堂活动设计等方面有灵活的空间，有利于教师形成具有个性化的教学风格。

本研究发现，国家汉语国际教育政策、国际学术交流以及传统教育理念等社会文化因素构成教师实践性知识建构的宏观环境。国际汉语教育事业的迅速发展和国家相关政策的支撑带给教师强烈的职业认同感。根植于传统文化的教师教学理念不同程度地影响到教师教学方法的取舍（Zhou & Li，2015）。同时来自社会文化环境的影响因素还包括传统的师生观念，语言学习中重视反复练习、死记硬背等策略而忽视交际型目的（Moloney，2013；

Moloney & Xu，2015），在上述因素影响下，教师根据教学情境不断调整教学策略，构建或重构某一类属的知识群落。

8.2 研究贡献

本研究提出并解答了我国高校国际汉语教师实践性知识的内涵、建构特征及相关影响因素，研究发现对相关领域的研究有一定的贡献。本研究的贡献包括实际贡献（substantive）和概念贡献（conceptual）两个层面。

1）实际贡献是通过“深描”对研究对象进行探究，对于汉语作为第二语言教育与研究领域的知识添加有帮助（Edge & Richards，1998）。这种描写手段的内在价值还在于，可以对教师专业发展产生更加广泛的启发意义。

2）本研究得出的概念框架将有助于理解国际汉语教师实践性知识的建构过程，这一概念贡献目的不在于理论的概括、抽象化程度如何（Corbin & Strauss，2014），但是对其他教学环境中的汉语教学实践有参考价值，同时，该概念框架的提出有助于汉语二语教学研究者深入探究影响教师实践性知识发展的内在、外在因素。

3）本研究立足于国际汉语教育学科领域，在学科特征基础上研究教师专业发展，不同于普通教育领域的研究，研究视角具有创新性。研究视角结合静态教师知识与动态教学实践两个界面，从实践维度对教师知识进行“由内到外”开展研究（吴勇毅等，2014），延伸了教师专业发展的认知视野，研究结果得出的国际汉语教师实践性知识建构模式对教师专业发展研究领域具有普遍借鉴意义，对我国社会文化环境下的教育研究有方法论上的参考意义。

4）本研究采用多重范式探讨了国际汉语教师实践性知识的建构过程，将教师所处的微观即时情境与宏观社会文化环境结合起来，运用转化过程学习理论和社会文化理论对研究发现进行了理论层面的诠释。以往相关研究主要通过三种主要的范式（paradigm）研究教师知识变化过程，分别是证据范式（the evidence paradigm），生活史范式（the life history paradigm）和实践理论范式（the practice theory paradigm）（Wieser，2016）。证据范式目的在于辨别影响有效教学和学生学习的相关因素，教师被视为是有多重能力的控制者，具备一般认知能力、学科认知能力和元认知能力。该范式下的研究依赖于问卷等形式的大规模评估，或对课堂互动进行评级，教师知识被看作是外显特征，而此类外显知识内化的转化过程无法考察。生活史方法通常把教学实践和教师个人过往经历联系起来，分析如果通过教师过往经历来理解教师教学实践，在这一视角下，教学方法是自然而然形成的，是教师过往经历，文化、社会影响和所处教学环境的价值观共同形成的混合体（amalgam）（Day，2002）。生活史范式根植于人类学研究，要求研究对象讲述个人故事，从宏观层面看待教师学习的全部过程，以及在教学过程中教师学习如何发生变化（Biesta *et al.*，2011）。生活史范式使得研究者能够观察教师教学专长发展全局，但是这种范式一般采用叙事分析，而缺乏关注教师在具体教学情境中不断发展的专业技能，缺乏对教师教学行为的分析。实践理论方法聚焦教师处理日常教学活动的具体内容，强调教师面对的具体任务，描述教师如何应对这些任务，通过描写教师课堂教学事件和教师课堂管理细节，梳理教师惯习（teacher habitus）的形成特点，即教师采取的教学策略所依赖的个人定位（Wieser，2016）。

基于上述内容，本研究采取生活史叙事方式和实践理论方式相结合的视角，探究了三位教师的实践性知识建构过程，从宏观层面叙述教师生活史，从微观层面描述教学实践的具体细节，较为立体化地呈现了教师实践性知识发展的持续变化特征，呈现出教师知识由个人获取的理论知识通过教学实践发生升华的过程。这一研究视角为本领域未来的研究提供了方法论上的借鉴。同时验证了 Borko（2004）提出的“双重分析”视角的合理性，既关注教师个体内在认知变化，又从社会文化视角下教师与外部环境互动，两个视角相互补充。

8.3 研究启示

本研究针对我国高校国际汉语教师实践性知识的内涵和建构特征进行了探讨，其发现有助于现今国际汉语师资队伍建设，对于我国国际汉语教育领域管理者和国际汉语教师群体均有一定的启示意义。

首先，以新的知识观重新解读国际汉语教师专业知识结构。教师知识是在实际教学情境中，为了达到有效教学目的所具有的一系列理解、知识与技能等的总称。教师专业知识包含学科知识和教学实践知识两大类。学科知识的重要性已经在教育学界达成共识，而在真实教学情境中的实践知识并未受到重视。建构汉语二语教师的专业知识结构，首先需要重新认识上述两类知识在教师知识建构过程中相互促进的关系，重新理解教师知识不再是由外部提供的学科知识，知识主要是基于个人实践经验的知识，通过教学实践中的不断反思与修正而重塑而成。完整地理解汉语二语教师专业知识结构及其建构过程，对指导开展汉语二语教师教育实践具有重要意义。同时，国际汉语教学是一项涉及多学科领域知识的复杂教学活动过程，但以往的教师标准在知识结构层面仍停留在以语言学、应用语言学作为单一学科理论指导的局限之中，师资培养思路集中于专业理论 + 教学法 + 语言技能的单一模式，将复杂教学过程简单化认识和技术化处理，教师认知在教学实践中的作用没有得到理论层面的认可。因此，应当以新的知识观认识教师专业知识结构，扭转以往教师教育实践偏重学科知识培养、弱化教育信念培养和教育心理学方面的理论指导的局面。

其次，调整课程体系和课程内容，凸显综合实践课程的地位。倡导以教育为基础的汉语二语教师教育，并以此为依据调整和充实课程体系和课程内容。Chen（2017）在对比澳大利亚汉语教师硕士培养计划和国内汉语国际教育课程设置时指出，前者的培训内容大部分是围绕标准化教师教育，比如语言学、教学方法和教学实践，而不是具体的落在某一具体语言教学内容上（Wang *et al.*，2013, p.120），而后者则大多围绕语言学理论和二语习得，二者相比，前者为学生提供的教学实践机会要比后者多处三分之一。由此，在考虑学生已有知识与经验的基础上，应该平衡学科知识和教学实践知识。减少对学科知识的依赖，凸显实践课程的地位，如教学实践与反思、反思性教学与行动研究、课堂教学管理、教学语言研修等，增设跨学科选修课程，如社会语言学、教师认知研究等。课程设置须摈弃原有的简单学科分割，需要体现知识的高度融合性。这种融合不仅体现在课程上（如语言技能课）、学科之间（学科知识与教育 / 教学知识，教育 / 教学知识与特定的学科专业知识）的融合，还表现在课程内容与教学过程的内部融合（internal integration）(Freeman，2002)，例如在教学过程中，把握随时出现的问题，即是根据实际不断审视、加工，甚至充足部分既定教学内容，选择恰当的教学方法，使得教学过程融入教师对学生在学法、学科知识体系等方面的引导。

同时在课程设置中需要体现汉语国际教育硕士跨文化交际能力培养的具体内容。Tolosa *et al.*（2018）认为在过去二十年里，国际二语教学领域已经把教学目标从主要教授语言知识转向更加全面的交际技能的掌握，前者强调如何使用目标语言流利、准确地交流，后者则强调对目标语文化内涵、信念和实践的理解，常常是隐性，却能引发成功交际效果。提倡跨文化语言教学方法（an intercultural approach），培养留学生完成跨文化交际活动所需的技能，这种方法已经在多语教学环境下得到认可，原因在于其契合二语教育目标（Chan，Bhatt & Nagami，2015；Hill，2012），帮助二语学习者成长为全球公民（global citizenship）（Byram，2015）。

再者，提倡探究式、发现式的学习，发展实践性知识。Kubanyiova（2012）认为教育管理决策者在开发第二语言教师教育课程的时候应该意识到经验性知识的重要性，有必要通过反思把教师关于语言教育的默会信念提升到显性水平，进而达到理解教师如何学习的目的。对职前教师教育而言，调整原有去情景化的理论传授思路，更加有效的促进职前教师教学能力提升。从实践认识论的观点出发，鼓励并促进教师以探究、发现的方式，在教学情境体验中开展学习，发展实践性知识。具体形式可以包括：教学观摩（同伴、自我、专家教师）；教学活动（微格教学、合作教学）；教学探究（如案例研究、调查、课堂教学分析）；批判性地反思教学 / 学习（日志、自我监控）；分析教学关键事件（问题分析、角色扮演）；教育见习与实习（分散式与集中式相结合）等。在上述培养模式的基础上，为职前教师提供国内和国外汉语教学实践机会，以教师实践性知识的视角为他们提供塑造个人教学理念的教学实践情境。

最后，教学方法创新应当深挖我国传统教育智慧。随着汉语学习热在全球范围内的扩展，汉学学习者群体变得越来越多元化，这些带着不同文化背景和不同语言的学生进入到汉语课堂，形成一种跨文化、多语言的教学环境，对教师的教学方法是一个很大的挑战（Wang，2016）。随之，学界所呼吁的适应跨文化情境的革新的教学方法已经提上日程，以期取得理想的教学效果，这一呼声已经在世界范围内得到学者的响应，如澳大利亚（Moloney & Xu，2015），欧洲（Wang & Du，2016）等。国内面向来华留学生的汉语教学面对着同样重要的议题。为满足不断变化的教学情境需求，教师需要结合教学情境，采纳多元化理论，形成更具实践性、动态化、符合语境特征的课堂教学方法（Zheng，2005）。目前二语教学法研究领域存在方法论之争，Kumaravadivelu（1994）提出"后方法"概念，Holliday（1994）提出"恰当的教学方法"（appropriate methodology），这些理念反映出一个共同的立场，教学方法应该基于特定社会文化环境，重在其适用性，即所谓"principled pragmatism"（Kumaravadivelu，1994）。文秋芳（2017）认为，我国应用语言学学者对国外理论如数家珍，了如指掌，而对中国传统教育理论知之甚少。从本质上说源自缺乏文化自信。陈向明（2011）指出，我国传统教育智慧中有大量可以汲取的思想营养，如王阳明的"知行合一"思想，《礼记.学记》中"教然后知困"，这些传统文化资源值得我们深入挖掘，仔细研究，从中汲取学养，可以在面对教学方法的情景化过程中，把此类宝贵的传统教育智慧融入教学实践中。由此说开，教师专业发展相关研究应当建立在与国外理论比较的基础上，批判、吸收传统教育智慧，并有所创新，唯有此才能是融会贯通中外优秀资源，才有可能构建出原创性的理论（文秋芳，2017），为解决我国现实问题提出具有中国特色的方案。

8.4 研究局限性及对未来研究的建议

本研究是一项针对国际汉语教师实践性知识的探索性研究，研究方法主要遵循质化研究路径，采用课堂观察、深度访谈等手段收集数据，对教师在教学情境中呈现出的实践性知识内涵、建构特征及影响因素进行了探讨，研究结果具有一定的理论和现实意义，但是本研究不可避免地存在一定局限性，以下将陈述本研究的局限性并对未来研究提出建议：

首先，数据的体系性存在一定的局限性。本研究在收集过程阶段，由于时间安排等原因，没有完全地按照教学设计、教学实施和教学实践反思整个过程进行数据收集，可能造成忽视了某个阶段的反思对教师实践性知识的影响，导致探究深度不足；其次在分析数据过程中，针对教师的课堂教学片断做了课堂话语分析，但是主要是 IRF 序列，虽然以此能够较为深入理解教师实践性知识，但是在课堂观察分析的细节上尚有不足之处，比如教师在课堂教学过程中的肢体语言以及表情等方面，而系统分析上述内容将会更有助于剖析教师职业观、职业道德、职业态度等，这些内容被称为“解放型知识”（emancipatory），是教师知识中精神层面的一部分内容，构成教师专业发展的源动力，与宏观学科知识互动，在更高的意义上影响教师教学导向和教学效果（吴一安，2008）。建议未来的研究在上述两个层面进一步完善、添加。

其次，数据收集手段存在一定局限性。本研究中遵循自然观察的研究路径，研究者作为“局外人”进行观察，研究过程中没有进行任何干预。教师实践性知识相关研究表明（尹静，2015），适当的干预措施能够为教师适时进行教学反思提供更多机会，未来研究可以适当增加必要的干预措施，如进行焦点小组讨论和邀请教师撰写日志等，以增加研究数据的丰富度。

再者，本研究的数据分析过程存在一定的局限性。在对本研究收集到的质化数据进行分析时，需要对资料中存在的大量复杂关系中的概念进行梳理，提炼出情境要素并探寻情境与过程之间的关系。在具体分析过程中，研究者过于固守原有的分析框架，即一定的范式（paradigm）（Carbin & Strauss，2014），而缺少思考范式使用背后的逻辑以及分析框架选用的目的。有学者指出，在质化数据分析过程中，如果过于强调从复杂的资料中寻找“概念化分类”的条件，可能会导致分析过程变得僵化，最终导致虽然分析结果正确无误，但是会遗漏一些更加富有研究创造性和生动情感的元素（Carbin & Strauss，2014）。教师实践性知识建构过程中的信念、情感等因素的作用至关重要，未来研究在数据分析过程中技术层面可以更加关照分类框架背后的相互关联，以期能够更加生动、完整地呈现实践性知识发展的动态化、多样化特征。

8.5 结语

本章基于研究问题总结了研究的主要发现和结论。在此基础上，指出了本研究的理论贡献和实践的启示意义，为国际汉语教育管理部门、国际汉语教师专业发展以及汉语国际教育硕士培养提出一些参考意见。最后指出了本研究在研究方法、研究对象等方面存在的局限性和不足之处，提出了本研究未来的研究设想，将尝试从扩大研究对象选择范围、改善研究方法以及开展历时的追踪研究等方面进一步开展后续研究。

参考文献

Allwright, D., & Bailey, K. M. (1991). *Focus on the language classroom: An introduction to classroom research for language teachers*. Cambridge: Cambridge University Press.

Almarza, G. G. (1996). Student foreign language teacher' s knowledge growth. In D. Freeman & J. C. Richards (Eds.), *Teacher learning in language teaching* (pp. 50-78). Cambridge: Cambridge University Press.

Ammar, A., Lightbown, P. M., & Spada, N. (2010). Awareness of L1/L2 differences: does it matter?. *Language Awareness*, *19*(2), 129-146.

An, R., & Chiang, S. Y. (2015). International students' culture learning and cultural adaptation in China. *Journal of Multilingual and Multicultural Development, 36*(7), 661-676.

Andrews, S. J. (1999). Why do L2 teachers need to "know about language"?: Teacher metalinguistic awareness and input for learning. *Language and Education*, *13*(3), 161-177.

Andrews, S.J. (2001). The language awareness of the L2 teacher: its impact upon pedagogical practice. *Language Awareness*, *10*(2&3), 75-90.

Andrews, S. J. (2007). *Teacher language awareness*. Cambridge: Cambridge University Press.

Argyris, C., & Schön, D. A. (1974). *Theory in practice: Increasing professional effectiveness*. Jossey-Bass.

Arıoğul, S. (2007). Understanding foreign language teachers' practical knowledge: What' s the role of prior language learning experience?. *Journal of Language and Linguistic Studies*, *3*(1), 169-181.

Bandura, A. (1997). *Self-efficacy: The exercise of control*. New York: Worth

Publishers.

Barkhuizen, G. (2007). A narrative approach to exploring context in language teaching. *ELT Journal*, *62*(3), 231-239.

Barnard, R., & Burns, A. (Eds.). (2012). *Researching language teacher cognition and practice: International case studies*. Bristol: Multilingual Matters.

Basturkmen, H. (2012). Review of research into the correspondence between language teachers' stated beliefs and practices. *System*, *40*(2), 282-295.

Basturkmen, H., Loewen, S., & Ellis, R. (2004). Teachers' stated beliefs about incidental focus on form and their classroom practices. *Applied Linguistics*, *25*(2), 243-272.

Beijaard, D., Verloop, N., & Vermunt, J. D. (2000). Teachers' perceptions of professional identity: An exploratory study from a personal knowledge perspective. *Teaching and Teacher Education*, *16*(7), 749-764.

Ben-Peretz, M. (2011). Teacher knowledge: What is it? How do we uncover it? What are its implications for schooling?. *Teaching and Teacher Education*, *27*(1), 3-9.

Biesta, G., Field, J., Hodkinson, P., Macleod, F. J., & Goodson, I. F. (2011). *Improving learning through the lifecourse:* London: Routledge.

Biggs, J. (1996). Western misperceptions of the Confucian-heritage learning culture. In D. Watkins & J. Biggs (Eds.), *The Chinese learner: Cultural, psychological and contextual influences* (pp.45-67). Melbourne: CERC and ACER.

Black, A. L., & Halliwell, G. (2000). Accessing practical knowledge: how? why?. *Teaching and Teacher Education, 16*(1), 103-115.

Borg, S. (2003). Teacher cognition in language teaching: A review of research on what language teachers think, know, believe, and do. *Language Teaching*, *36*(2), 81-109.

Borg, S. (2006). *Teacher Cognition and Language Education: Research and Practice*. London: Continuum.

Borg, S. (2009). Language teacher cognition. In A. Burns & J. C. Richards

(Eds.), *The Cambridge guide to second language teacher education* (pp.163-172). New York: Cambridge University Press.

Borg, S. (2012). Current approaches to language teacher cognition research: A methodological analysis. In R. Barnard & A. Burns (Eds.), *Researching language teacher cognition and practice: International case studies* (pp.11-29). Bristol: Multilingual Matters.

Borg, S. (2017). Twelve tips for doing teacher research. *University of Sydney Papers in TESOL, 12*, 163-185.

Borg, S., & Burns, A. (2008). Integrating grammar in adult TESOL classrooms. *Applied Linguistics, 29*(3), 456-482.

Borko, H. (2004). Professional development and teacher learning: Mapping the terrain. *Educational Researcher, 33*(8), 3-15.

Borko, H., Jacobs, J., & Koellner, K. (2010). Contemporary approaches to teacher professional development. In P. Peterson, E. Baker & B. McGaw (Eds.), *International encyclopedia of education* (3rd ed.)(pp.548-556). Oxford: Elsevier.

Breen, M. P., Hird, B., Milton, M., Oliver, R., & Thwaite, A. (2001). Making sense of language teaching: Teachers' principles and classroom practices. *Applied Linguistics*, 22(4), 470-501.

Bryman, A. (2015). *Social research methods* (5th ed.). Oxford: Oxford University Press.

Byram, M. S., & Feng, A. (2005). Teaching and researching intercultural competence. *Handbook of research in second language teaching and learning* (pp. 911-930). Mahwah, NJ: Lawrence Erlbaum.

Byram, M. (2015). Culture in foreign language learning-The implications for teachers and teacher training. In W. M. Chan, S. K. Bhatt & M. Nagami (Eds.), *Culture and foreign language education: Insights from research and implications for the practice* (pp. 10-37). Berlin, Germany: de Gruyter.

Burns, A., Freeman, D., & Edwards, E. (2015). Theorizing and studying the language - teaching mind: Mapping research on language teacher cognition. *The*

Modern Language Journal, *99*(3), 585-601.

Burns, A., & Richards, J.C. (2009). *Second language teacher education*. Cambridge: Cambridge University Press.

Calderhead, J. (1987). *Exploring teachers' thinking*. London, UK: Cassell.

Calderhead, J. (1996). Teachers: Beliefs and knowledge. In D. C. Berliner & R. C. Calfee (Eds.), *Handbook of educational psychology* (pp. 283-310). New York: Macmillan.

Canagarajah, S. (2016). TESOL as a professional community: A half - century of pedagogy, research, and theory. *TESOL Quarterly*, *50*(1), 7-41.

Carter, K. (1990). Teachers' knowledge and learning to teach. In W. Houston (Ed.) *Handbook of research on teacher education* (pp.291-310). New York: Macmillan.

Celce-Murcia, M. (2001). Language teaching approaches: An overview. *Teaching English as a Second or Foreign Language*, *2*, 3-10.

Chan, W. M., Bhatt, S. K., & Nagami, M. (2015). *Culture and foreign language education: Insights from research and implications for the practice*. Berlin, Germany: De Gruyter.

Chen, Z., & Goh, C. (2014). Teacher knowledge about oral English instruction and teacher profiles: an EFL perspective. *Teacher Development*, *18*(1), 81-99.

Chou, C. H. (2008). Exploring elementary English teachers' practical knowledge: A case study of EFL teachers in Taiwan. *Asia Pacific Education Review*, 9(1), 529-541.

Clandinin, D. J. (1985). Personal practical knowledge: A study of teachers' Classroom images. *Curriculum Inquiry, 15*(4), 361-385.

Clandinin, D. J., & Connelly, F. M. (1987). Teachers' personal knowledge: What counts as 'personal' in studies of the personal. *Journal of Curriculum Studies*, 19(6), 487-500.

Clandinin, D. J., & Connelly, M. (2004). Knowledge, narrative and self-study. In J. J. Loughran, M. L. Hamilton, V. K. LaBoskey & T. Russell (Eds.), *International handbook of self-study of teaching and teacher education practices* (pp. 575-600). Dodrecht: Kluwer Academic Publishers.

Clandinin, D. J., & Husu, J. (Eds.). (2017). *The Sage handbook of research on teacher education*. Thousand Oaks, CA: Sage.

Clark, C. M. (1988). Asking the right questions about teacher preparation: Contributions of research on teacher thinking. *Educational Researcher*, 17(2), 5-12.

Clark, C. M., & Peterson, P. L. (1986). Teachers' thought process. In M. C. Wittrock (Ed.), *Handbook of research on teaching* (3rd ed.) (pp.255-296). New York: Macmillan.

Clarke, D., & Hollingsworth, H. (2002). Elaborating a model of teacher professional growth. *Teaching and Teacher Education*, *18*(8), 947-967.

Clarke, A., Triggs, V., & Nielsen, W. (2014). Cooperating teacher participation in teacher education: A review of the literature. *Review of Educational Research*, *84*(2), 163-202.

Cochran, K. F., DeRuiter, J. A., & King, R. A. (1993). Pedagogical content knowing: An integrative model for teacher preparation. *Journal of Teacher Education*, *44*(4), 263-272.

Cochran-Smith, M., Feiman-Nemser, S., McIntyre, D. J., & Demers, K. E. (2008). *Handbook of research on teacher education: Enduring questions in changing contexts.* New York: Routledge.

Cohen, L., Manion, L., & Morrison, K. (2017). *Research methods in education* (8th ed.). New York: Routledge.

Connelly, F. M., Clandinin, D. J., & H. Ming Fang. (1997). Teachers' personal practical knowledge on the professional knowledge landscape. *Teaching and Teacher Education,* 13(7), 665-674.

Corbin, J., & Strauss, A. (2014). *Basics of qualitative research: Techniques and procedures for developing grounded theory* (4th ed.). Thousand Oaks, CA:

Sage.

Craig, C. J., Meijer, P. C., & Broeckmans, J. (2013). *From teacher thinking to teachers and teaching: The evolution of a research community*. London, UK: Emerald Group Publishing.

Crandall, J. (2000). Language teacher education. *Annual Review of Applied Linguistics, 20*, 34-58.

Creswell, J. W. (2013). *Research design: Qualitative, quantitative, and mixed methods approaches* (4th ed.). Thousand Oaks, CA: Sage.

Creswell, J. W. (2015). *Educational research: Planning, conducting, and evaluating quantitative and qualitative research* (4th ed.). Boston: Pearson.

Creswell, J. W., & Clark, V. L. P. (2017). *Designing and conducting mixed methods research* (3rd ed.). Thousand Oaks, CA: Sage.

Day, C. (2002). School reform and transitions in teacher professionalism and identity. *International Journal of Educational Research*, *37*(8), 677-692.

Denscombe, M. (2014). *The good research guide: for small-scale social research projects*. London: McGraw-Hill Education.

Denzin, N. K., & Lincoln, Y. S. (2017). *The Sage handbook of qualitative research* (5th ed.). Thousand Oaks, CA: Sage.

Duff, P. A. (2008). *Case study research in applied linguistics*. New York: Routledge

Duffee, L., & Aikenhead, G. (1992). Curriculum change, student evaluation, and teacher practical knowledge. *Science Education*, 76(5), 493-506.

Edge, J., & Richards, K. (1998). May I see your warrant, please?: Justifying outcomes in qualitative research. *Applied Linguistics*, 19(3), 334-356.

Elbaz, F. (1981). The teacher' s "practical knowledge" : Report of a case study. *Curriculum Inquiry,* 11(1), 43-71.

Elbaz, F. (1983). *Teacher thinking. A study of practical knowledge*. New York: Nichols Publishing Company.

Ellis, E. M. (2006). Language learning experience as a contributor to ESOL teacher cognition. *TESL-EJ,* 10(1), 1-3.

Ellis, R. (2012). *Language teaching research and language pedagogy*. Oxford: John Wiley & Sons.

Fairbanks, C. M., Duffy, G. G., Faircloth, B. S., He, Y., Levin, B., Rohr, J., & Stein, C. (2010). Beyond knowledge: Exploring why some teachers are more thoughtfully adaptive than others. *Journal of Teacher Education*, 61(1-2), 161-171.

Feiman-Nemser, S. (2001). From preparation to practice: Designing a continuum to strengthen and sustain teaching. *Teachers College Record*, 103(6), 1013-1055.

Fisher-Yoshida, B., Geller, K. D., & Schapiro, S. A. (Eds.). (2009). *Innovations in transformative learning: Space, culture, & the arts*. New York: Peter Lang.

Flick, U. (2014). *An introduction to qualitative research* (5th ed.). Thousand Oaks, CA: Sage.

Fradd, S. H., & Lee, O. (1998). Development of a knowledge base for ESOL teacher education. *Teaching and Teacher Education*, 14(7), 761-773.

Freeman, D., & Johnson, K. E. (1998). Reconceptualizing the knowledge-base of language teacher education. *TESOL Quarterly*, 32(3), 397-417.

Freeman, D. & Richards, J. C. (1996). *Teacher learning in language teaching*. Cambridge: Cambridge University Press.

Freeman, D. (2002). The hidden side of the work: Teacher knowledge and learning to teach. *Language Teaching*, 35(1), 1-13.

Fuller, A., & Unwin, L. (2004). Expansive learning environments: Integrating organizational and personal development. In H. Rainbird, A. Fuller & A. Munro (Eds.), *Workplace learning in context* (pp. 126-143). London: Routledge.

Gall, J. P., Gall, M. D., & Borg, W. T. (2010). *Applying educational research. A practical guide* (6th ed.). New York: Allyn & Bacon

García, O., & W. Li. (2014). *Translanguaging: Language, bilingualism and education*. Houndmills: Palgrave Macmillan.

Gatbonton, E. (2000). Investigating experienced ESL teachers’ pedagogical knowledge. *Canadian Modern Language Review*, 56(4), 585-616.

Gass, S. M., & Mackey, A. (2007). *Data elicitation for second and foreign language research*. New York: Psychology Press.

Gatbonton, E. (2008). Looking beyond teachers’ classroom behaviour: Novice and experienced ESL teachers’ pedagogical knowledge. *Language Teaching Research*, 12(2), 161-182.

Gholami, K., & Husu, J. (2010). How do teachers reason about their practice? Representing the epistemic nature of teachers’ practical knowledge. *Teaching and Teacher Education,* 26(8), 1520-1529.

Goh, C. C. M., Zhang, J. L., Ng, C. H., & Koh, G. H. (2005). *Knowledge, beliefs and syllabus implementation: A study of English language teachers in Singapore*. Singapore: National Institute of Education.

Goh, Y. S. (2017). *Teaching Chinese as an international language: A Singapore perspective.* Cambridge: Cambridge University Press.

Golombek, P. R. (1998). A study of language teachers’ personal practical knowledge. *TESOL Quarterly*. 32(3), 447-464.

Golombek, P. R., & Johnson, K. E. (2004). Narrative inquiry as a mediational space: examining emotional and cognitive dissonance in second - language teachers’ development. *Teachers and Teaching*, 10(3), 307-327.

Golombek, P. R. (2009). Personal practical knowledge in L2 teacher education. In A. Burns & J. Richards (Eds.). *The Cambridge guide to second language teacher education* (pp.155-162). New York: Cambridge University Press.

Gong, Y., Lai, C., & Gao, X. (2020). The Teaching and Learning of Chinese as a Second or Foreign Language: The Current Situation and Future Directions. *Frontiers of Education in China*, 15(1): 1–13.

Goodman, J. (1988). Constructing a practical philosophy of teaching: A study of preservice teachers’ professional perspectives. *Teaching and Teacher Educa-*

tion. 4(2), 121-137.

Grimmett, P. P., & Mackinnon, A. M. (1992). Craft knowledge and the education of teachers. *Review of Research in Education*, 18(1), 385-456.

Greeno, J. G., Collins, A. M., & Resnick, L. B. (1996). Cognition and learning. In D. Berliner & R. Calfee (Eds.), *Handbook of educational psychology* (pp. 15-46). New York: Macmillan.

Griffiths, M., & Tann, S. (1992). Using reflective practice to link personal and public theories. *Journal of Education for Teaching*, 18(1), 69-84.

Grossman, P. L. (1990). *The making of a teacher: Teacher knowledge and teacher education*. New York: Teachers College Press.

Gu, M., Kou, Z., & Guo, X. (2017). Understanding Chinese language teachers' language ideologies in teaching South Asian students in Hong Kong. *International Journal of Bilingual Education and Bilingualism*, 1-18. DOI: 10.1080/13670050.2017.1332000.

Guba, E., & Lincoln, Y. (2017). Competing paradigms in qualitative research. In N. Denzin & Y. Lincoln (Eds). *Handbook of qualitative research* (5th ed.) (pp.105-117). Thousand Oaks, CA: Sage.

Haggarty, L., Postlethwaite, K., Diment, K., & Ellins, J. (2011). Improving the learning of newly qualified teachers in the induction year. *British Educational Research Journal*, 37(6), 935-954.

Han, J. (2017). Chinese language and Duiwai Hanyu Jiaoxue (Teaching Chinese as a Foreign Language). In J. Han (Ed.), *Post-Lingual Chinese language learning* (pp. 19-41). London: Palgrave Macmillan.

Hill, I. (2012). Evolution of education for international mindedness. *Journal of Research in International Education*, 11(3), 245-261.

Hillocks, G. (1999). *Ways of thinking, ways of teaching*. New York: Teachers College Press.

Hitlin, S., & Elder, G. H. (2007). Time, self, and the curiously abstract concept of agency. *Sociological Theory*, 25(2), 170-191.

Hoekstra, A., Brekelmans, M., Beijaard, D., & Korthagen, F. (2009). Experienced teachers' informal learning: Learning activities and changes in behavior and cognition. *Teaching and Teacher Education*. 25(5), 663-673

Horwitz, E. K., Horwitz, M. B., & Cope, J. (1986). Foreign language classroom anxiety. *The Modern Language Journal*, 70(2), 125-132.

Irvine-Niakaris, C., & Kiely, R. (2015). Reading comprehension in test preparation classes: an analysis of teachers' pedagogical content knowledge in TESOL. *TESOL Quarterly*, 49(2), 369-392.

Jackson, J. (2014). *Introducing language and intercultural communication*. Oxon: Routledge.

Jean, G., & Simard, D. (2011). Grammar learning in English and French L2: Students' and teachers' beliefs and perceptions. *Foreign Language Annals*, 44(4), 465-492.

Johnston, B., & Goettsch, K. (2000). In search of the knowledge base of language teaching: Explanations by experienced teachers. *Canadian Modern Language Review,* 56(3), 437-468.

Johnson, K. E. (1994). The emerging beliefs and instructional practices of preservice English as second language teachers. *Teaching and Teacher Education*, 10(4), 439-452.

Johnson, K. E. (2009). *Second language teacher education: A sociocultural perspective*. New York: Routledge.

Johnson, K. E., & Golombek, P. R. (2011). *Research on second language teacher education: A sociocultural perspective on professional development*. London: Routledge.

Kamhi-Stein, L.D. (2004). *Learning and teaching from experience: Perspectives on nonnative English-speaking professionals*. Ann Arbor: The University of Michigan Press.

Kang, Y., & Cheng, X. (2014). Teacher learning in the workplace: A study of the relationship between a novice EFL teacher's classroom practices and cognition development. *Language Teaching Research*, 18(2), 169-186.

Kennedy, M. 1991. *An agenda for research on teacher learning*. East Lansing: Michigan State University.

Killen, R. (2009). *Effective teaching strategies: Lessons from research and practice* (5th ed.). Melbourne: Cengage Learning.

Kim, C., Kim, M. K., Lee, C., Spector, J. M., & DeMeester, K. (2013). Teacher beliefs and technology integration. *Teaching and Teacher Education*, 29, 76-85.

Korthagen, F. A. (2004). In search of the essence of a good teacher: Towards a more holistic approach in teacher education. *Teaching and Teacher Education*, 20(1), 77-97.

Kozinets, R. (2010). *Netnography: Doing ethnographic research online*. Thousand Oaks, CA: Sage.

Kramsch, C. (2014). Teaching foreign languages in an era of globalization: Introduction. *The Modern Language Journal*, 98(1), 296-311.

Kubanyiova, M. (2012). *Teacher development in action: Understanding language teachers' conceptual change*. New York: Palgrave Macmillan.

Kubanyiova, M., & Crookes, G. (2016). Re-envisioning the roles, tasks, and contributions of language teachers in the multilingual era of language education research and practice. *The Modern Language Journal*, 100(S1), 117-132.

Kumaravadivelu, B. (2006). *Understanding language teaching: From method to postmethod*. New York: Routledge.

Kumaravadivelu, B. (2012). *Language teacher education for a global society: A modular model for knowing, analyzing, recognizing, doing, and seeing*. New York: Routledge.

Lai, C., Li, Z., & Gong, Y. (2016). Teacher agency and professional learning in cross-cultural teaching contexts: Accounts of Chinese teachers from international schools in Hong Kong. *Teaching and Teacher Education*, 54, 12-21.

Lantolf, J. P. (2000). *Sociocultural theory and second language learning*.

Oxford: Oxford University Press.

Larsen-Freeman, D. (2006). The emergence of complexity, fluency, and accuracy in the oral and written production of five Chinese learners of English. *Applied Linguistics*, 27(4), 590-619.

Lave, J., & Wenger, E. (1991). *Situated learning: Legitimate peripheral participation*. Cambridge: Cambridge University Press.

Li, H. (2016). Acquisition, assessment and application: Theory and practice of teaching Chinese. In Zheng & Guo (Eds.) *Higher education applied Chinese language studies*. London: Sinolingua.

Liao, W., Yuan, R., & Zhang, H. (2017). Chinese language teachers' challenges in teaching in US public schools: A dynamic portrayal. *The Asia-Pacific Education Researcher*, 26(6), 369-381.

Liddicoat, A.J., & Scarino, A. (2013). *Intercultural language teaching and learning*. West Sussex: Wiley-Blackwell.

Lidstone, M. L., & Hollingsworth, S. (1992). A longitudinal study of cognitive change in beginning teachers: Two patterns of learning to teach. *Teacher Education Quarterly*, 39-57.

Liu, G. Q., & Lo Bianco, J. (2007). Teaching Chinese, teaching in Chinese, and teaching the Chinese. *Language Policy*, 6(1), 95-117.

Liu, J. (1999). Nonnative-English-speaking professionals in TESOL. *TESOL Quarterly*, 33, 85-102.

Lortie, D. (1975). *Schoolteacher: A sociological study*. Chicago: University of Chicago Press.

Lü, C., & Lavadenz, M. (2014). Native Chinese-speaking K-12 language teachers' beliefs and practices. *Foreign Language Annals*, 47(4), 630-652.

Ma, X., Gong, Y., Gao, X., & Xiang, Y. (2017). The teaching of Chinese as a second or foreign language: a systematic review of the literature 2005-2015. *Journal of Multilingual and Multicultural Development*, 1-16. DOI: http://dx.doi.org/10.1080/01434632.2016.1268146.

Ma, X., & Gao, X. (2017). Metaphors used by pre-service teachers of Chinese as an international language. *Journal of Education for Teaching*, 43(1), 71-83.

MacIntyre, P. D., & Gardner, R. C. (1991). Language anxiety: Its relationship to other anxieties and to processing in native and second languages. *Language Learning*, 41(4), 513-534.

Mangubhai, F., Marland, P., Dashwood, A., & Son, J. B. (2004). Teaching a foreign language: One teacher' s practical theory. *Teaching and Teacher Education*, 20(3), 291-311.

Marcos, J. J. M., & Tillema, H. (2006). Studying studies on teacher reflection and action: An appraisal of research contributions. *Educational Research Review*, 1(2), 112-132.

Martin, L. E., Kragler, S., Quatroche, D. J., & Bauserman, K. L. (2014). *Handbook of professional development in education: Successful models and practices, preK*-12. New York: The Guildford Press

Maxwell, J. A. (2012). *Qualitative research design: An interactive approach* (3rd ed.). Thousand Oaks, CA: Sage.

Mayer, D., & Marland, P. (1997). Teachers' knowledge of students: A significant domain of practical knowledge?. *Asia-Pacific Journal of Teacher Education*, 25(1), 17-34.

Meijer, P. C., Verloop, N., & Beijaard, D. (1999). Exploring language teachers' practical knowledge about teaching reading comprehension. *Teaching and Teacher Education,* 15(1), 59-84.

Meijer, P. C., Verloop, N., & Beijaard, D. (2001). Similarities and differences in teachers' practical knowledge about teaching reading comprehension. *Journal of Educational Research,* 94(3), 171-184.

Meirink, J. A., Meijer, P. C., Verloop, N., & Bergen, T. C. (2009). How do teachers learn in the workplace? An examination of teacher learning activities. *European Journal of Teacher Education*, 32(3), 209-224.

Merriam, S. B. (1998). *Qualitative research and case study applications in education* (2nd ed.). San Francisco: Jossey-Bass.

Merriam, S. B., Caffarella, R. S., & Baumgartner, L. (2007). Self-directed learning. *Learning in Adulthood*, 105-129.

Meyers, C., & T.B. Jones. (1993). *Promoting active learning: Strategies for the college classroom*. San Francisco: Jossey Bass.

Mezirow, J. (2000). Learning to think like an adult: Core concepts of transformation theory. In J. Mezirow & Associates(Eds.), *Learning as transformation: Critical perspectives on a theory in progress* (pp.3-33). San Francisco: Jossey-Bass.

Miles, M. B., Huberman, A. M., & Saldana, J. (2013). *Qualitative data analysis* (3rd ed.). Thousand Oaks, CA: Sage.

Mishra, P., & M. J. Koehler. (2006). Technological pedagogical content knowledge: A framework for teacher knowledge. *Teachers College Record*, 108(6), 1017-1054.

Moloney, D., & Wang, D. (2016). Limiting professional trajectories: A dual narrative study in Chinese language education. *Asian-Pacific Journal of Second and Foreign Language Education*, 1(1), 1-15.

Moloney, R. A. (2013). Providing a bridge to intercultural pedagogy for native speaker teachers of Chinese in Australia. *Language, Culture and Curriculum*, 26(3), 213-228.

Moloney, R., & Xu, H. (2015). Transitioning beliefs in teachers of Chinese as a foreign language: An Australian case study. *Cogent Education*, 2(1), 1-15.

Moorman, C., & Moorman-Weber, N. (1989). *Teacher talk: What it really means*. Bay City, MI: Institute for Personal Power.

Morton, T. & Gray, J. (2010). Personal practical knowledge and identity in lesson planning conferences on a pre-service TESOL course. *Language Teaching Research*, 14(3), 297-317.

Moussu, L., & Llurda, E. (2008). Non-native English-speaking English language teachers: History and research. *Language Teaching*, 41(3), 315-348.

Mullock，B. (2006). The pedagogical knowledge base of four TESOL teachers. *The Modern Language Journal*, 90, 48-66.

Nelson, C. D. (2010). A gay immigrant student' s perspective: Unspeakable acts in the language class. *TESOL Quarterly*, 44(3), 441-464.

Nunan, D., & Bailey, K. M. (2009). *Exploring second language classroom research: A comprehensive guide*. Boston, MA: Heinle, Cengage Learning.

Oranje, J., & Smith, L. F. (2017). Language teacher cognitions and intercultural language teaching: The New Zealand perspective. *Language Teaching Research*, 1-20. DOI: 10.1177/1362168817691319.

Orton, J. (2008). *Chinese language education in Australian schools*. Melbourne: The University of Melbourne.

Pajares, M. F. (1992). Teachers' beliefs and educational research: Cleaning up a messy construct. *Review of Educational Research*, 62(3), 307-332.

Patton, M. Q. (2015). *Qualitative research & evaluation methods: Integrating theory and practice* (4th ed.). Thousand Oaks, CA: Sage.

Phipps, S., & Borg, S. (2009). Exploring tensions between teachers' grammar teaching beliefs and practices. *System*, 37(3), 380-390.

Pinho, A. S. (2015). Intercomprehension: a portal to teachers' intercultural sensitivity. *The Language Learning Journal,* 43(2), 148-164.

Popkewitz, T. S. (2011). *Paradigm and ideology in educational research: The social functions of the intellectual*. New York: Routledge.

Priestley, M., Edwards, R., Priestley, A., & Miller, K. (2012). Teacher agency in curriculum making: Agents of change and spaces for manoeuvre. *Curriculum Inquiry*, 42(2), 191-214.

Putman, R., & Borko, H. (2000). What do new views of knowledge and thinking have to say. *Qualitative Health Research*, 9(1), 112-121.

Randall, M., & Thornton, B. (2001). *Advertising and supporting teachers*. Cambridge: CUP.

Reeves, J. (2009). A sociocultural perspective on ESOL teachers' linguistic knowledge for teaching. *Linguistics and Education,* 20(2), 109-125.

Richards, J. C. (2008). Second language teacher education today. *RELC Journal*, 39(2), 158-177.

Richards, J. C., & Farrell, T. S. C. (2005). *Professional development for language teachers: Strategies for teacher learning*. Cambridge: Cambridge University Press.

Richards, J. C., & Rodgers, T. S. (2014). *Approaches and methods in language teaching*. Cambridge: Cambridge University Press.

Richert, A. E. (2002). Narratives that teach: Learning about teaching from the stories teachers tell. In N. Lyons & V. K. LaBoskey (Eds.), *Narrative inquiry in practice: Advancing the knowledge of teaching* (pp.48-62). New York: Teachers College Press.

Roberts, C., Byram, M., Barro, A., Jordan, S., & Street, B. (2001). *Language learners as ethnographers.* London: Multilingual Matters.

Rodgers, T. S. (2001). *Language teaching methodology.* ERIC Educational Resources Information Center. Available: http:www.cal.orgericclldigestrodgers.html.

Roskvist, A., Harvey, S., Corder, D., & Stacey, K. (2017). Language teachers and their perceptions of the impact of "short-term" study abroad experiences on their teaching practice. *Electronic Journal of Foreign Language Teaching*, 14(1), 5-20.

Ruohotie-Lyhty, M. (2011). Constructing practical knowledge of teaching: eleven newly qualified language teachers' discursive agency. *The Language Learning Journal*, 39(3), 365-379.

Ryan, R. M., & Deci, E. L. (2000). Self-determination theory and the facilitation of intrinsic motivation, social development, and well-being. *American Psychologist*, 55(1), 68-78.

Ryder, J. (2011). Promoting reflective practice in continuing education in

France. *ELT Journal*, 66(2), 175-183.

Schön, D. A. (1983). *The reflective practitioner: How professionals think in action*. London: Temple Smith.

Seidman, I. (2013). *Interviewing as qualitative research: A guide for researchers in education and the social sciences.* New York: Teachers college press.

Sercu, L. (2006). The foreign language and intercultural competence teacher: The acquisition of a new professional identity. *Intercultural Education*, 17(1), 55-72.

Shavelson, R., & Stern, P. (1981). Research on teachers' pedagogical thoughts, judgments, decisions and behavior. *Review of Educational Research*, 51, 455-498.

Shin, S. J. (2010). "What about me? I' m not like Chinese But I' m not like American" : Heritage-language learning and identity of mixed-heritage adults. *Journal of Language, Identity, and Education*, 9(3), 203-219.

Shulman, L. S. (1986). Those who understand: Knowledge growth in teaching. *Educational Researcher,* 15(2), 4-14.

Shulman, L. S. (1987). Knowledge and teaching: Foundations of the new reform. *Harvard Educational Review,* 57(1), 1-22.

Shulman, L. S. (2000). Teacher development: Roles of domain expertise and pedagogical knowledge. *Journal of Applied Developmental Psychology*, 21(1), 129-135.

Shulman, L. S., & Shulman, J. H. (2004). How and what teachers learn: A shifting perspective. *Journal of Curriculum Studies*, 36(2), 257-271.

Silverman, D. (2013). *Doing qualitative research: A practical handbook* (4th ed.). Thousand Oaks, CA: Sage.

Simpson, M., & Tuson, J. (2003). *Using observations in small-scale research*. Glasgow: SCRE, University of Glasgow.

Slepkov, H. (2008).Teacher professional growth in an authentic learning environment. *Journal of Research on Technology in Education*, 41(1), 85-111.

Stake, R. (1995). *The art of case study research*. Thousand Oaks, CA: Sage.

Stake, R. (2006). *Multiple case study analysis*. New York: Guilford Press.

Strauss, A., & Corbin, J. (1990). *Basics of qualitative research: Grounded theory procedures and techniques*. Thousand Oaks, CA: Sage.

Sun, D. (2012). "Everything goes smoothly": A case study of an immigrant Chinese language teacher's personal practical knowledge. *Teaching and Teacher Education*, 28(5), 760-767.

Sung, K. Y., & Poole, F. (2016). Differences between native and non-native Chinese speaking teachers: Voices from overseas students who study Chinese in China. In C. P. Chou & J. Spangler (Eds.), *Chinese education models in a global age* (pp. 133-147). Singapore: Springer.

Swart, F., de Graaff, R., Onstenk, J., & Knezic, D. (2017). Teacher educators' personal practical knowledge of language. *Teachers and Teaching*, 1-17. DOI: 10.1080/13540602.2017.1368477.

Tarone, E., & Bigelow, M. (2005). Impact of literacy on oral language processing: Implications for second language acquisition research. *Annual Review of Applied Linguistics*, 25, 77-97.

Tillmann-Healy, L. M. (2003). Friendship as method. *Qualitative Inquiry*, 9(5), 729-749.

Timperley, H., Wilson, A., Barrar, H., & Fung, I. (2008). *Teacher professional learning and development: Best evidence synthesis iteration*. Wellington, New Zealand: Ministry of Education.

Tolosa, C., Biebricher, C., East, M., & Howard, J. (2018). Intercultural language teaching as a catalyst for teacher inquiry. *Teaching and Teacher Education*, 70, 227-235.

Tong, P., Yin, Z. & Tsung, L. (2022) Student engagement and authentic language use on WeChat for learning Chinese as a foreign language, Computer Assisted Language Learning, DOI: 10.1080/09588221.2022.2052906

Toohey, K. (2007). Conclusion: Autonomy/agency through socio-cultural lenses. In A. Barfield & S. Brown (Eds.), *Reconstructing autonomy in language education* (pp. 231-242). London: Palgrave Macmillan.

Tripp, D. (1993). *Critical incidents in teaching: Developing professional judgement*. London: Routledge.

Tsang, W. K. (2004). Teachers' personal practical knowledge and interactive decisions. *Language Teaching Research*, 8(2), 163-198.

Tsui, A. B. M. (2003). *Understanding expertise in teaching: Case studies of second language teachers*. Cambridge: Cambridge University Press.

Tsui, A. B. M. (2009). Distinctive qualities of expert teachers. *Teachers and Teaching: Theory and Practice,* 15(4), 421-439.

Vähäsantanen, K. (2015). Professional agency in the stream of change: Understanding educational change and teachers' professional identities. *Teaching and Teacher Education*, 47, 1-12.

van Dijk, E. M. (2009). Teachers' views on understanding evolutionary theory: A PCK study in the framework of the ERTE-Model. *Teaching and Teacher Education*, 25(2), 259-267.

Van Driel, J. H., Beijaard, D., & Verloop, N. (2001). Professional development and reform in science education: The role of teachers' practical knowledge. *Journal of Research in Science Teaching,* 38(2), 137-158.

Van Driel, J. H., & Berry, A. (2010). The teacher education knowledge base: Pedagogical content knowledge. In P. L. Peterson, E. Baker, & B. McGaw (Eds.), *International encyclopedia of education* (3rd ed.)(pp.656-661). Amsterdam: Elsevier.

Van Driel, J. H., & Berry, A. (2012). Teacher professional development focusing on pedagogical content knowledge. *Educational Researcher,* 41, 26-28.

Van Manen, M. (1991). *The tact of teaching: The meaning of pedagogical thoughtfulness*. London: Althouse Press.

Van Manen, M. (1995). On the epistemology of reflective practice. *Teachers and Teaching: Theory and Practice*, 1(1), 33-50.

Van Tartwijk, J., den Brok, P., Veldman, I., & Wubbels, T. (2009). Teachers' practical knowledge about classroom management in multicultural classrooms. *Teaching and Teacher Education*, 25(3), 453-460.

Varghese, M., Morgan, B., Johnston, B., & Johnson, K. A. (2005). Theorizing language teacher identity: Three perspectives and beyond. *Journal of Language, Identity, and Education*, 4(1), 21-44.

Verloop, N., van Driel, J. H., & Meijer, P. C. (2001). Teacher knowledge and the knowledge base of teaching. *International Journal of Educational Research*, 35(5), 441-461.

Vygotsky, L. S. (1978). *Mind in society: The development of higher psychological processes*. Cambridge: Harvard University Press.

Vygotsky, L. S. (1987). *Thinking and speech. The collected works of L.S. Vygotsky, Vol.* 1. New York: Plenum Press.

Walker, G. (2010). *The pedagogy of performing another culture*. Columbus, Ohio: National East Asian Languages Resource Center, Ohio State University Print.

Walker, J. C., & Evers, C. W. (1999). Research in education: Epistemological issues. In J. P. Keeves & G. Lakomski (Eds.), *Issues in Education Research* (pp. 40-56). New York: Pergamon.

Wallace, M. J. (1991). *Training foreign language teachers: A reflective approach*. Cambridge: Cambridge University Press.

Wang, D. (2016). Translanguaging in Chinese foreign language classrooms: students and teachers' attitudes and practices. *International Journal of Bilingual Education and Bilingualism*, 1-12.

Wang, D., Moloney, R., & Li, Z. (2013). Towards internationalising the curriculum: A case study of Chinese language teacher education programs in China and Australia. *Australian Journal of Teacher Education*, 38(9). DOI: http://dx.doi.org/10.14221/ajte.2013v38n9.8.

Wang, L., & Du, X. (2016). Chinese language teachers' beliefs about their roles in the Danish context. *System*, 61, 1-11.

Wedell, M., & Malderez, A. (2013). *Understanding language classroom contexts: The starting point for change.* London: Bloomsbury.

Wei, R. C., Darling-Hammond, L., Andree, A., Richardson, N., & Orphanos, S. (2009). *Professional learning in the learning profession: A status report on teacher development in the United States and abroad*. Dallas: National Staff Development Council.

Wenger, E. (1998). *Communities of practice: Learning, meaning, and identity*. Cambridge: Cambridge University Press.

Wieser, C. (2016). Teaching and personal educational knowledge–conceptual considerations for research on knowledge transformation. *European Journal of Teacher Education*, 39(5), 588-601.

Wiersma, W. (2000). *Research methods in education: An introduction* (7th ed.). Boston: Allyn and Bacon.

Williams, M., & Burden, R. (1997). *Psychology for language teachers: A social constructivist approach*. Cambridge: Cambridge University Press.

Wilson, S. M., Shulman, L. S., & Richert, A. E. (1987). 150 different ways of knowing: representations of knowledge in teaching. In J. Calderhead (Ed.), *Exploring teacher's thinking* (pp.104-124). London: Cassell Education.

Wong, A., Chong, S., Choy, D., & Lim, K. M. (2012). Investigating changes in pedagogical knowledge and skills from pre-service to the initial year of teaching. *Educational Research for Policy and Practice*, 11, 105-117.

Woods, D., & Çakır, H. (2011). Two dimensions of teacher knowledge: The case of communicative language teaching. *System*, 39(3), 381-390.

Woolfolk Hoy, A., Davis, H., & Pape, S. J. (2006). Teacher knowledge and beliefs. In P. A. Alexander, & P. H. Winne (Eds.), *Handbook of educational psychology* (pp. 715-737). New York: Macmillan.

Wu, W. (2016). Chinese language pedagogy. In Chan Sin-Wai (Ed.), *The Routledge encyclopedia of the Chinese language* (pp.137-151). New York:

Routledge.

Wyatt, M. (2009). Practical knowledge growth in communicative language teaching. *TESL-EJ*, 13(2), 1-23.

Wyatt, M., & Borg, S. (2011). Development in the practical knowledge of language teachers: a comparative study of three teachers designing and using communicative tasks on an in-service BA TESOL programme in the Middle East. *Innovation in Language Learning and Teaching*, 5, 233-252.

Xing, J. Z. (2006). *Teaching and learning Chinese as a foreign language: A pedagogical grammar*. Hong Kong: Hong Kong University Press.

Xu, H. L., & Moloney, R. (2016). Teacher personal practical knowledge as a foundation for innovative practice: Narratives of returnee teachers of CFL in overseas contexts. In R. Moloney & H. L. Xu (Eds.), *Exploring innovative pedagogy in the teaching and learning of Chinese as a foreign language* (pp. 157-176). Singapore: Springer.

Xu, S., & Connelly, F. M. (2009). Narrative inquiry for teacher education and development: Focus on English as a foreign language in China. *Teaching and Teacher Education*, 25(2), 219-227.

Yazdanpanah, L. K. (2015). A quantitative investigation of ESL teacher knowledge in Australian adult education. *TESL-EJ*, 18(4), 1-24.

Yin, R. K. (2013). *Case study research: Design and methods* (5th ed.). Thousand Oaks, CA: Sage.

Zembylas, M. (2007). Emotional ecology: The intersection of emotional knowledge and pedagogical content knowledge in teaching. *Teaching and Teacher Education,* 23(4): 355-367.

Zhang, F., & Zhan, J. (2014). The knowledge base of non-native English-speaking teachers: Perspectives of teachers and administrators. *Language and Education*, 28, 568-582.

Zhang, H., Wu, J., & Zhu, Y. (2020). Why do you choose to teach Chinese as a second language? A study of pre-service CSL teachers' motivations. *System*,

91, 102242.

Zhao, H., & Huang, J. (2010). China's policy of Chinese as a foreign language and the use of overseas Confucius Institutes. *Educational Research for Policy and Practice*, 9(2), 127-142.

Zheng, X. M. (2005). *Pedagogy and pragmatism: secondary English language teaching in the People's Republic of China*. Hongkong University Dissertation.

Zhou, W., & G. Li. 2015. Chinese language teachers' expectations and perceptions of American students' behavior: Exploring the nexus of cultural differences and classroom management. *System*, 49, 17-27.

Zhou, W., & Li, G. (2015). Pedagogical challenges in cross-cultural Chinese language teaching: Perceptions and experiences of Chinese. In P. Smith & A. Kumi-Yeboah (Eds.), *Handbook of research on cross-cultural approaches to language and literacy development* (pp. 159-183). New York: Information Science Reference.

陈静静：《教师实践性知识论：中日比较研究》，华东师范大学出版社 2011 年版。

陈向明：《质的研究方法与社会科学研究》，教育科学出版社 2000 年版。

陈向明：《对教师实践性知识构成要素的探讨》，《教育研究》2009 年第 10 期。

陈向明：《搭建实践与理论之桥：教师实践性知识研究》，教育科学出版社 2011 年版。

崔琳琳：《外语教师学习研究述评：理论、主题与方法》，《中国外语》2013 年第 6 期。

崔希亮：《汉语教师的知识结构、能力结构和文化修养》，《国际汉语》2012 年第 2 期。

顾佩娅：《外语教师教育和发展的理论、研究与实践》，《外语教学理论与实践》2008 年第 3 期。

韩曙花、刘永兵：《社会认知主义视域下的外语教师发展研究新取向》，

《外国教育研究》2013 年第 11 期。

侯磊：《论汉语国际教育中中国文化教学资源的整合与建设》，《当代教育科学》2013 年第 21 期。

黄锦章：《对外汉语教学中的理论和方法》，北京大学出版社 2004 年版。

黄启庆、刘薇：《国际汉语教师研究三十年回顾与展望》，《云南师范大学学报（对外汉语教学与研究版）》2017 年第 2 期。

姜美玲：《教师实践性知识研究》，华东师范大学出版社 2008 年版。

江新、郝丽霞：《对外汉语教师实践性知识的个案研究》，《世界汉语教学》2010 年第 3 期。

江新、郝丽霞：《新手和熟手对外汉语教师实践性知识的研究》，《语言教学与研究》2011 年第 2 期。

靳洪刚：《21 世纪的外语教学：以能力为出发点的主题导入教学新论》，《国际汉语教学研究》2015 年第 3 期。

康晓伟：《教师知识学：当代西方教师实践性知识思想研究》，北京师范大学出版社 2017 年版。

兰晓明：《实践取向的职前国际汉语教育课程模式构建：实践性知识的视角》，《国际汉语教育研究》2012 年第 2 期。

李茨婷：《国际汉语教师跨文化教学能力研究述评》，《高教发展与评估》2017 年第 5 期。

李泉：《汉语国际教育硕士培养目标与教学理念探讨》，《语言文字应用》2009 年第 3 期。

李泉：《国际汉语教师培养规格问题探讨》，《华文教学与研究》2012 年第 1 期。

李泉、丁秋怀：《中国文化教学与传播：当代视角与内涵》，《语言文字应用》2017 年第 1 期。

刘路：《国际汉语教师教育课程与反思性教学能力的培养》，《教育与教学研究》2017 年第 6 期。

刘弘：《对外汉语初任教师实践能力发展影响因素研究》，世界图书出版公司 2015 年版。

刘弘、严靓雯：《对外汉语教师课堂教学语言使用情况考察——针对一位三年教龄教师的个案研究》，《海外华文教育》2015 年第 4 期。

刘学惠：《外语教师教育与发展的概念重构和研究发展》，载吴一安等（编）《中国高校英语教师教育与发展》，外语教学与研究出版社 2008 年版。

刘学惠、申继亮：《教师认知研究回溯与思考：对教师教育之意涵》，《教育理论与实践》2006 年第 11 期。

刘珣：《汉语作为第二语言教学简论》，北京语言文化大学出版社 2002 年版。

卢福波：《对外汉语教学语法的体系与方法问题》，《汉语学习》2002 年第 2 期。

陆俭明：《汉语国际教育专业的定位问题》，《语言教学与研究》2014 年第 2 期。

陆熙雯、高立群：《对外汉语课堂互动中纠正性反馈对习得的影响》，《世界汉语教学》2015 年第 1 期。

吕必松：《对外汉语教学中的理论和方法》，北京大学出版社 2004 年版。

吕琳琼：《微课探“微”：教师实践性知识养成的叙事探究》，《外语教学》2019 年第 2 期。

马克思 • 范梅南：《实践性知识与教师专业发展》，《北京大学教育评论》2008 年第 1 期。

欧阳护华、陈慕侨：《“私下拜师”——教师实践性知识的本土化路径探索》，《中国外语》2019 年第 6 期。

裴光钢、颜奕：《中国大学外语教师实践性知识元表征探究》，《广西师范大学学报（哲学社会科学版）》2015 年第 3 期。

裴淼、刘静、谭士驰：《国外教师认知概念演变发展的研究》，《比较教育研究》2011 年第 8 期。

彭伟强、朱晓燕：《国外不同研究路向的外语教师知识研究》，《中国外语教育》2009 年第 2 期。

施良方、崔允漷：《教学理论：课堂教学的原理、策略与研究》，华东师范大学出版社 1999 年版。

石旭登：《CSL 教师教学设计的社会文化维度》，《国际汉语教学研究》2015 年第 3 期。

石中英：《全球化时代的教师同情心及其培育》，《教育研究》2010 年第 9 期。

盛双霞：《从传统的听评课到互助反思的课堂观察——基于对外汉语教师专业发展的思考》，《云南师范大学学报（对外汉语教学与研究版）》2015 年第 3 期。

宋改敏、陈向明：《教师专业成长研究的生态学转向》，《现代教育管理》2009 年第 7 期。

孙德金：《教育叙事研究与对外汉语教师发展——〈北京语言大学对外汉语教学名师访谈录〉编后》，《世界汉语教学》2010 年第 3 期。

孙德金：《“后方法”理念与对外汉语教学中的课程目标问题》，《世界汉语教学》2014 年第 4 期。

孙德坤：《教师认知研究与教师发展》，《世界汉语教学》2008 年第 3 期。

孙德坤：《教育叙事研究与对外汉语教师发展》，《世界汉语教学》2010 年第 3 期。

孙德坤：《全球化背景下的国际汉语教育与研究生培养》，《对外汉语教学与研究》2014 年第 1 期。

孙德坤：《国际汉语教师个人实践性知识个案研究》，《世界汉语教学》2014 年第 1 期。

张惠、孙钦美：《大学英语教师实践性知识构建：一项自我研究》，《外语教学理论与实践》2020 年第 4 期。

陶健敏：《国内对外汉语教师认知研究：回顾、现状与展望》，《汉语应用语言学研究》2015 年第 1 期。

陶丽、顾佩娅：《选择与补偿：高校英语教师职业能动性研究》，《外语界》2016 年第 1 期。

王淑华：《关于汉语国际教育本科专业课程设置的思考》，《云南师范大学学报（对外汉语教学与研究版）》2017 年第 1 期。

王添淼：《国际汉语教师专业发展现状及其对策》，《东北师大学报（哲学社会科学版）》2015 年第 2 期。

文秋芳：《我国应用语言学研究国际化面临的困境与对策》，《外语与外语教学》2017 年第 1 期。

吴刚平：《教师实践性知识的行动逻辑与理解转向》，《全球教育展望》2017 年第 7 期。

吴伟平：《汉语教学中的语用点：由点到面的教学实践》，《世界汉语教学》2006 年第 1 期。

吴伟平：《关于语用为纲理念在教师培训中如何落实的探讨》，《华文教学与研究》2013 年第 4 期。

吴一安：《外语教师专业发展探究》，《外语研究》2008 年第 3 期。

吴勇毅：《关于教师与教师发展研究》，《国际汉语教学研究》2015 年第 3 期。

吴勇毅：《如何研究汉语教师及其发展？》，《国际汉语教学研究》2017 年第 1 期。

吴勇毅、华霄颖、储文怡：《叙事探究下的 CSL 教师成长史研究——实践性知识的积累》，《国际汉语教学研究》2014 年第 1 期。

吴勇毅、凌雯怡：《教师认知构建与汉语教师的职业发展》，载《第十一届国际汉语教学研讨会论文选》，高等教育出版社 2013 年版。

吴勇毅、石旭登：《CSL 课堂教学中的非预设事件及其教学资源价值探讨》，《世界汉语教学》2011 年第 2 期。

谢佩纭、邹为诚：《英语新手教师实践性知识的叙事研究——基于三次重复性教学的学习经历》，《外语研究》2015 年第 4 期。

徐锦芬、程相连、秦凯利：《优秀高校英语教师专业成长的叙事研究——基于教师个人实践知识的探索》，《外语与外语教学》2014 年第 6 期。

徐锦芬、文灵玲、秦凯利：《21 世纪国内外外语 / 二语教师专业发展研究对比分析》，《外语与外语教学》2014 年第 3 期。

杨维嘉：《教学学术：高校外语教师实践性知识发展的重要途径》，《外语教学理论与实践》2016 年第 4 期。

尹静：《高校英语教师实践性知识的探究》，博士学位论文，上海外国语大学，2015 年。

[美] 约翰 • 杜威：《我们怎样思维：经验与教育》，姜文闵译，人民教育出版社 2005 年版。

翟艳，（2017），后方法时代的汉语语法教学方法分析，《华文教学与研究》，（2），52-61。

赵金铭：《“九五”期间的对外汉语教学研究》，《世界汉语教学》2000 年第 3 期。

赵金铭：《国际汉语教育研究的现状与拓展》，《语言教学与研究》2011 年第 4 期。

赵金铭：《对外汉语教学概论》，商务印书馆 2011 年版。

赵金铭、瞿艳、苏英霞：《汉语作为第二语言技能教学》，北京大学出版社 2010 年版。

张莲：《外语教师教育研究方法：回顾与展望》，《外语教学理论与实践》2008 年第 3 版。

张庆华：《高校英语教师阅读教学实践性知识个案研究》，博士学位论文，北京外国语大学，2015 年。

张新生：《〈国际汉语教师标准〉和汉语外语师资培训本土化》，《国际汉语》2014 年第 3 期。

张志江、肖肃：《英语顶岗支教生实践性知识构成个案研究》，《外国语文》2015 年第 6 期。

郑新民：《大学英语教师认知问题：个案研究》，《外语电化教学》2006 年第 2 期。

郑新民：《从技术文化视角看我国外语教师专业发展—以整体教师认知和个体教师认知互动为例》，《外语电化教学》2012 年第 5 期。

郑新民、王玉山：《如何在外语教育研究中科学地使用调查法——基于我国外语类 CSSCI 期刊文章（2008-2013 年度）的分析》，《外语电化教学》2014 年第 4 期。

郑新民、徐斌：《网络志：质化研究资料收集新方法》，《外语电化教学》2016 年第 4 期。

郑新民、左秀媛：《外语教师研究：明确的研究问题及恰当的研究方法——基于我国 2004-2013 年关于外语教师研究的评析》，《外语与外语教学》2014 年第 6 期。

钟启泉：《“实践性知识”问答录》，《全球教育展望》2004 年第 4 期。

周小兵、罗宇、张丽：《基于中外对比的汉语文化教材系统考察》，《语言教学与研究》2010 年第 5 期。

朱旭东：《教师专业发展理论研究》，北京师范大学出版社 2011 年版。

朱旭东：《论教师的全专业属性》，《教育发展研究》2017 年第 10 期。

[日] 佐藤学：《课程与教师》，钟启泉译，教育科学出版社 2003 年版。

附录　访谈提纲

背景信息

1）能介绍一下您的学习经历么？

2）大学教育经历对你现在的教学方法有什么影响？

从教经历

1）你从教以来有什么特别的经历么？

2）你如何看待自己的教学风格？你是如何选择教学方法和教学材料的？

3）以往的教师培训经历中是否有哪一次岗前或在职培训对你的教学方法有特别的帮助？

反思教学

1）您在过去教学中遇到哪些困惑？

2）你一般都是通过什么途径解决这些困惑？

教学环境

1）现在教学计划一般是什么样的？

2）学校对你的教学材料选取和教学内容的安排有什么限制吗？

关于教学

1）您会不会尝试一些新的信息技术手段用于自己的教学？为什么？

2）你觉得汉语教师需要做研究么？教师做研究对教学有什么帮助？

3）正常上课时候您一般和学生接触交流的机会多么？

4）日常开展的教研活动有哪些？观摩课？合作教学？教学研讨（关键问题分析等？）

关于学生

1）你了解这个班学生的背景信息么？（文化、语言和教育背景）

2）你觉得这些学生学习汉语的主要原因是什么？（学习汉语的动机、学习风格和偏好、学生经历、如前的学习生活状况和偏好）

3）您从留学生身上学到了什么？与学生的接触对您的教学有什么提高？